吕鹏——著

士人与匠人

历史视角下
知识的分野与演变

社会科学文献出版社
SOCIAL SCIENCES ACADEMIC PRESS (CHINA)

序　言

当前，哲学社会科学工作者（士人）境遇与自然工程科学者（匠人）相比存在一定差异。这种整体性的"偏科"现象，值得我们做一些深思。历史上是否亦如此？恰恰相反，重视士人、轻视匠人的情况曾经长期存在。本书的部分内容曾于2023年在《清华社会学评论（第18辑）》刊出，但笔者对内容进行了升级，重点提出了对于当前状况的思考，以及对未来的启示。

知识是进行国家治理、推动社会发展的重要力量。知识的主要生产者即知识分子群体，是知识社会学的一个核心研究议题。作为一种"知识考古学"的尝试，本书贯通先秦到近代的大历史阶段，考察士人与匠人两大群体境遇的演变过程：①先秦。士人与匠人地位相对平等且未出现明显的学科分化。墨家、法家、儒家、道家、名家等先贤同时涉猎两大学科类别。②秦汉到明清。匠人地位下降到底层，受到漠视与打压——经济收入低且安全得不到保障；士人成为社会精英，是国家选才入仕之源——社会地位高、经济收入高、政治地位高，这种情况在宋朝达到巅峰。③进入近代。清末，国家与社会转而学习西方科学与技术，匠人地位跃升。科举制度被废伊始，士人的地位一落千丈。历经民国时期，到新中国成立，士人的地位逐渐提升、恢复。

对士人与匠人的历史考察表明，学科发展与知识分子群体，应紧密服务国家、解决社会问题。在传统农业社会，统治阶级尤为重视民众对秩序的认同，士人（哲学社会科学从业者）成为主导。在现代社会，首要任务是经济建设，需要匠人（自然工程科学从业者）生产物质财富，解决生存和安全问题。同时，也需要士人群体生产精神财富，解决发展中的问题，增加全体国民的获得感、幸福感、归属感。在新时代，学科大融合、大交叉再次成为趋势，国家正在大力培养跨学科人才，一种新的知识图景正在展开。未来，社会将会涌现一大批既懂哲学社会科学，又懂自然工程科学的跨学科、通用人才。他们具有士人与匠人双重属性，将成为建设中国特色社会主义事业的重要力量。

目 录

大历史视角下的知识分野：
现状与问题的提出

作为一种社会分工，知识体系的发展与分立，形成了不同的从业者群体，进而造成自然工程科学、哲学社会科学知识分子的分化与分野。从中国历史来看，这两类知识分子群体作为知识的探索者和创新者，具有相同的进化源头。知识分子的社会地位并不仅仅受到知识性质的影响，更多地受到社会结构要素的塑造。在中国历史上，随着社会形态、国家需求、社会需求的变化，两类从业者群体也开始了漫长、复杂的群体性演化与进化过程。在传统农业社会中，哲学社会科学作为社会规范的推动性、建构性力量，一直处于知识生产的垄断地位。因此，掌握哲学社会科学的士人群体，就成为四民（士农工商）之首。在农业社会向工业社会转型过程中，自然工程科学工作者逐渐处于优势地位。马克思认为，工业化以来的社会，自然工程科学作为"历史的有力杠杆"和"起推动作用的革命力量"，[①]取代了哲学社会科学的统治地位。因此，具备自然工程科学的知识群体就获得了更大的话语权与更高的地位。当前，自然工程科学、哲学社会科学两种知识体系、文化气质的割裂，造成科学与人文的分野、对峙与隔阂。同时，这种对立也形成了各自的学科领地，限制了学科交融。二者长期相互割裂的局面，也形塑了知识分

---

① 《马克思恩格斯全集》第 19 卷，人民出版社，1963，第 372、375 页。

工群体的对立。这种割裂不仅影响自然工程科学和哲学社会科学的发展，甚至造成国家社会发展的"单向度"、非线性。所以，亟须改善知识分子群体分化，实现二者融合。

"知古"才能更好地"知今"。要解释好此问题，可能还需要从历史轨迹中予以大历史考察。

作为一种历史社会学或"知识考古学"尝试，① 本书试图在马克斯·韦伯提出的以财富、权力和声望为基础的经典多元分层理论② 基础上，通过对不同历史时期中两大知识群体境遇的梳理，探究不同知识群体社会境遇的变迁沉浮及其发生机制，分析知识群体境遇出现巨大差异和反转的深层次原因，探寻历史进程中塑造知识分子社会境遇的各种结构性力量，构建分析知识群体社会境遇的分析框架。从业者群体是学科发展的核心力量。从业者群体研究，是知识社会学的重要研究领域。本书主要开展从业者群体分析，既有历史进程的考察，也有对当下的关切，期待为我国当前的学科交融、交叉提供研究注解、发展借鉴和方向思考。

---

① 福柯的知识考古学是一种通过追根溯源的方式研究现实生活的新社会学，亦可称为在时间过程中理解现实的"历史社会学"。相关文献有汤明洁《福柯知识考古学的认知和主体变革——以中西文化差异问题为例》，《哲学动态》2017 年第 5 期；孙虎《福柯〈知识考古学〉的起源与话语分析研究》，《南京师大学报》（社会科学版）2018 年第 4 期；张典《福柯知识考古学的历史观》，《中国矿业大学学报》（社会科学版）2011 年第 2 期。

② 对于群体的社会分层考察，马克斯·韦伯提出了经典的多元分层理论，区分了经济秩序、法律秩序和社会秩序三种分层秩序，分别代表着财富分层、权力分层和声望分层。社会分层体系被视为由多个性质不同的系统相对独立地构成，它们分别反映了社会成员地位的不同层面，呈现了社会结构的复杂面向。参见《马克斯·韦伯社会学文集》，阎克文译，人民出版社，2010，第 174 页。

第一章

概念界定与历史经纬

一 概念界定

首先，我们需要界定两大类学科群。关于学科，目前常用四种学科分类体系。第一种是《中华人民共和国国家标准：学科分类与代码》，第二种是全国哲学社会科学规划办制定的《国家社会科学基金项目申报数据代码表》，第三种是中国国家图书馆主导制定的《中国图书馆分类法》，第四种是国务院学位委员会和教育部制定的《学位授予和人才培养学科目录》。由于第四种与高等教育联系最紧密，依据 2018 年发布的《学位授予和人才培养学科目录》，本书将理学、工学、农学、医学归属于自然工程科学，即高中学习阶段统称的"理科"，哲学、经济学、法学、教育学、文学、历史学、管理学、艺术学等归属于哲学社会科学，即"文科"。军事学因其特殊性，本书暂不讨论。然而在古代社会，学科的分类与分野并不明晰，学科体系尚未建立，并且学科分类和名称也与当前有出入。故而，为更好地探讨对古今学科演变，笔者将当前学科分类与古代分类（若有）做最大相似性的整体性聚类、归纳。为了比较古今，我们做一个通用、宽泛的总体性定义：用于改造人际关系与调节社会结构的知识，我们称之为哲学社会科学；关于利用与改造自然更好地为人类社会生活服务的知识，我们称之为自然工程科学。

二 "士人"古今流变

当代的哲学社会科学领域，包括哲学、法学、教育学、历史学、文学、艺术学等，这在古代主要是属于经史子集的范畴。秦汉以降，经史子集成为读书入仕的主要通道。所以，古代的读书人组成了知识分子阶层，即为士人。读书人群体是士人的主要来源，后者是前者群体中的精英和代表。

表1　古今学科领域对照（士人）

士人	古代	儒家、经史子集、纵横家、阴阳家、名家、法家、道家、墨家、杂家、小说家等					
知识分子（哲学社会科学）	现代	哲学	经济学	文学	法学	历史学	教育学等

在界定何为士人之前，需要先明确"士大夫"的含义。《辞源》定义，士大夫为"居官有职位的人"及"文人"。士大夫是士人的精英、部分代表。吴晗认为："官僚、士大夫、绅士、知识分子，这四者实在是一个东西。虽然在不同的场合，同一个人可能具有几种身份。然而，在本质上到底还是一个。……平常，我们讲到士大夫的时候，常常就会联想到现代的'知识分子'，这就是说，士大夫和知识分子，两者间必然有密切的关联。官僚就是士大夫在官位时的称号，绅士是士大夫的社会身份。"①吴晗的观点，已经注意到了知识分子的古今之间的密切联系。阎步克也考虑到了这种古今的联系，他认为："如果要用现代语言对士大夫之特征做一个最简化概括的话，那么，本书就不妨暂时将之定义为

---

① 吴晗、费孝通等：《皇权与绅权》，天津人民出版社，1988，第66页。

官僚与知识分子两种角色的结合。"① 由此可见，古代的知识分子，做了官就是官僚群体，没有做官或者退而致仕，称为知识分子或绅士。如刘泽华认为："士大夫可以指在位的官僚，也可以指不在位的知识分子，也可兼指。士大夫从此时起在中国历史上形成一个特殊的集团。他们是知识分子与官僚相结合的产物，是两者的胶着体。"② 所以，大致可以认定，士大夫是古代社会中官僚和知识分子的结合体，具有双重身份。尽管吴晗、刘泽华、阎步克都认为现代的知识分子是士人，但是他们所指的是文科从业者。其实，当前的知识分子群体，还应包括理工科的从业者。

"士人"和"士大夫"的词根，都是"士"。"士"是相当古老的称谓。在先秦，"士"这一语词的义涵尤为复杂。据刘泽华先生统计，在战国文献之中以"士"为中心组成的称谓和专用名词，有百余种。③ 关于"士"的起源，研究者也众说纷纭，未能形成一致的意见。目前，学界一般有两种研究途径。

一是以文字训诂入手。《说文解字》说："士，事也。数始于一，终于十，从十一。孔子曰：推十合一为士。段玉裁注曰：引申之，凡能事其事者称士。《白虎通》曰：士者事也，任事之称也。故《传》曰：通古今，辨然否，谓之士。"④ 刘向《说苑·修文》"辨然否，通古今之道，谓之士"。综合来看，掌握一门技术、技巧、方法的专业人士群体，是古人对"士"的定义。

近人吴承仕认为："《说文》：士，事也，士古以称男子，事谓耕作也。知事为耕作者，释名释言语云：'事，倳也；倳，立也，青徐人言立

---

① 阎步克：《士大夫政治演生史稿》，北京大学出版社，1996，第5页。

② 刘泽华主编《士人与社会》（先秦卷），天津人民出版社，1988，第118页。

③ 刘泽华主编《士人与社会》（先秦卷），天津人民出版社，1988，第21页。

④ 许惟贤整理《说文解字注》（第一篇上），凤凰出版社，2007，第32页。

曰傳.'……事今为职事事业之义者，人生莫大于食，事莫重于耕，故
亩物地中之事引申为一切之事也。"杨树达根据甲骨文辄以补充道："士
字甲文作⊥，＿象地，｜象苗插入地中之形，检斋之说与古文字形亦相
吻合也。"① 徐仲舒在《士王皇三字之探源》一文中提出士、王同字，均
为人端拱而坐之象，二字如加羽冠之形，则为"皇"字，故王为帝王而
士为官长。② 吴其昌考诸字形以为士、王、壬数字形近，均为斧钺之形，
又征诸文献，指出斧钺既为战士之武器，又为王权之象征，故可以用以
表示士、王。③ 郭沫若《释祖妣》："余谓士、且、王、土同系牡器之象
形"，认为士像阳物，指代男子。④ 综上可知，从文字训诂层面对"士"
的研究并未能形成统一的意见，但都强调了其蕴含的任事特征，不论是
从事耕作、担任官长还是战士，都明确了"士"所具有的职事特征。从
演化趋势看，"士"一方面是职业、本业，另一方面还包含长官、领导、
精英、阶层代表的含义。

　　二是从历史事实入手。"士"最初多指代武士，自春秋战国社会激
烈变动之后改称为文士。后传入日本，成为日本"武士道"的历史源
头。顾颉刚先生《武士与文士之蜕化》一文载："吾国古代之士，皆武士
也。士为低级之贵族，居于国中（即国都中），有统驭平民之权利，亦有
执干戈以卫社稷之义务，故谓之'国士'以示其地位之高。……讲内心
之修养者不能以其修养解决生计，故大部分人皆趋重于知识、能力之获
得。盖战国时有才之平民皆得自呈其能于列国君、相，知识既丰，更加

① 　杨树达：《积微居小学述林》卷3《释士篇》，中华书局，1983，第72页。

② 　徐仲舒在1934年发表的《士王皇三字之探源》（《中央研究院历史语言研究所集刊》第四
　　本第四分）一文中，提出士、王同字，均为人端拱而坐之象；二字如加羽冠之形，则为
　　"皇"字。故王为帝王而士为官长。

③ 　吴其昌：《金文名象疏证·兵器篇》，《国立武汉大学文哲季刊》第五卷第三期，1936年。

④ 　郭沫若：《甲骨文字研究》，科学出版社，1962，第47页。

以无碍之辩才，则白衣可以立取公卿。公卿纵难得，显者之门客则必可期也。……宁越不务农，苏秦不务工、商，而惟以读书为专业，揣摩为手腕，取尊荣为目标，有此等人出，其名曰'士'，与昔人同，其事在口舌，与昔人异，于是武士乃蜕化而为文士！"[1] 即，武士是贵族阶级中的最低等级，不从事耕作，有统驭平民、享受税赋的权利。他们主要是靠武力、知识、才能等，为国君、贵族服务，获得职业上的发展与升迁。

明末清初，顾炎武称"则谓之士者，大抵皆有职之人"。[2] 他认为，士是有职业的人，这种职业的社会经济地位高，主要指的是不从事农业劳动、不缴纳税赋、贩卖知识的读书人群体。阎步克通过分析"士"的历史演变脉络，认为"士"在不同的社会时期具有不同的含义：为一切成年男子之称、为氏族正式男性成员之称、为统治部族成员之称、为封建贵族阶级之称、为受命居官的贵族官员之称、为贵族官员的最低等级之称。不难看到，"士"这一称谓的如上义涵繁衍，与社会群体分化的一种重要形式：身份性等级分层，显示了某种相关性。[3] 从历史事实出发对"士"的研究，明确指出了士的身份等级属性，不论是文士还是武士，在社会中都具有区别于普通人的身份地位，具有超过平民的社会经济地位。

春秋时期，士成为贵族的最低等级，但仍然属于贵族。在春秋时期，战争主要是以诸侯争霸的形式，以惩罚为主要目的，而非灭国。[4] 参与和从事战争，是贵族的权力和象征，国家（诸侯国）对武士群体有

---

[1]　顾颉刚:《史林杂识初编》，中华书局，1963，第85~91页。

[2]　（清）顾炎武:《日知录集释》卷7士何事，（清）黄汝成集释，上海古籍出版社，1985，第579页。

[3]　阎步克:《士大夫政治演生史稿》，北京大学出版社，1996，第44页。

[4]　黄朴民、把梦阳:《古代兵学思想研究的挑战与超越》，《清华大学学报》（哲学社会科学版）2017年第6期。

巨大的需求，他们数量大，是主要的兵力来源。但是，到了战国阶段，各诸侯国先后开始变法，社会形态发生巨大的变化。以秦国的改革为典型，数量更为庞大的农民开始拥有土地，并成为战争的兵力来源。同时，战国阶段的战争不再是惩罚性（维护周天子权威），而是具有灭国屠城、掠夺人口财富的性质，[①]战争往往变得更加惨烈。国家需求的变化，导致社会阶级的变化。国家有了庞大的人口、兵源，转而需要专业的管理、参谋、知识型人才。在如此宏大背景之下，武士群体逐渐退出历史舞台，士人从武士开始向"文士"转变了，其贵族色彩也逐渐消散。

　　故而今人大多将士人视为读书人。有人将其简单定义为"知识分子"，[②]也有人将其等同于"知识阶层"。钱穆认为"儒即是士，士即是儒"。[③]阎步克认为士"特别地用以指称一批未必居官、非必世族，而特以道义才艺见长之人。他们可能来源于贵族或平民，但又绝不等同于贵族和平民，并且构成了一个影响巨大的分立阶层"。[④]士大夫与士人在概念上有很大相似性与关联性，因此本研究认为"士人"是中国传统社会中"读书人"统称，既包括走入仕途的士大夫，也包括未能入仕的平民士人，后者常与"士子"通用。

　　"士人"与人们常说的"文人"也存在紧密的联系和一定的区别。士人与文人的主要区别在于一种精神品格。士人在其形成时期，就始终秉承一种积极入世的态度，以治国平天下为己任，将道德追求视为终极目标，以儒家的典籍为主要学习内容。文人在古代社会中也指代

---

① 王晖、绳克：《战国始年考辨》，《史学集刊》2022年第4期；赵鼎新：《东周战争与儒法国家的诞生》，华东师范大学出版社，2006。

② 刘泽华主编《士人与社会》（先秦卷），天津人民出版社，1988，第20页。

③ 钱穆：《国史新论》，生活·读书·新知三联书店，2001，第127页。

④ 阎步克：《士大夫政治演生史稿》，北京大学出版社，1996，第127页。

读书人，但是这一群体更加注重个体，重视自我的主体性感受，强调精神意境的塑造，主要的学习内容是诗词歌赋等文学艺术。文人可以是出世的，也可以是入世的。一般而言，由于文化修养高，文人通过考试成为士人，具有较强的基础、较大的概率。隋唐时期以来国家科举制的实行，导致二者出现了一种合流的现象。这种趋势延续至清朝末年。

三　"匠人"古今流变

当代的自然工程科学，包括理学、工学、农学、医学等领域。相对于士人，匠人在古代尽管是国家所必需，但并不那么受国家（统治者）重视，而且比较零散、尚未形成科学体系，该群体的经济社会地位普遍不高。首先，我们需要考察何为"工"？据杨树达《积微居小学述林·释工》解释，"工，象曲尺之形，盖工即曲尺也"。《辞海》说，"工，匠也。凡执艺事成器物以利用者，皆谓之工"。故工又有"匠"与"匠人"的称呼。经过演变，工从一种使用工具（曲尺）变成了从事手工业的劳动者的称呼。"匠"的本义专指"木工"。《说文解字》说，"匠，木工也"。现代研究者认为，"古代工匠是手工业劳动者，在古代文献中被称为'工''匠''工巧''巧匠'"。[1]但这一说法过于简单，难以涵盖工匠的全部含义。也有人将其定义为，"从事传统手工业生产的劳动者，主要指在家庭、作坊或在手工工场里劳动的技术工人，所以又常常与'工'或'工人'同称"。[2]此定义相对全面，但只涵盖了传统社会中的

---

[1]　曹焕旭:《中国古代的工匠》，商务印书馆国际有限公司，1996，第4页。

[2]　余同元:《中国传统工匠现代转型问题研究——以江南早期工业化过程中工匠技术转型与角色转换为中心（1520—1920）》，复旦大学博士论文，2005，第26页。

民间工匠，而那些官府工匠则被排除在外。所以，"匠人"或"工匠"是具有技艺专长的人，主要指在特定场所里从事传统手工业生产且以此获取生计的劳动者。匠人与工人存在着根本性的差异，总体而言，匠人的技术水平应高于工人。在古代社会中，大量从事手工业的人都属于纯粹的体力劳动者，单纯地依靠力气获取报酬，工人不具有家族传承性，任何人（为了生计）都可以自由地成为工人。可以通俗理解为"出苦力的"；而匠人是有专业技能的，技艺高超者往往能够成为管理者，甚至进入国家官僚机构担任官职，他们的技艺具有家族传承性，大多是世代之间的直接教授、家学传承。所以，具有一定的封闭性、技术门槛性、家族性。统合来看，我国古代自然工程科学的从业者主要是"工匠"群体，他们被视为技术实践的主体，承担着古代技术发明、器物研制、工程建设、推广应用等重要职责，是推动古代技术发展、社会发展的基本性、长期性的力量群体。古代尚未形成相关学科体系，匠人因此散布在中医、农业生产、算数、地理、炼丹、天文、水利、建造、陶艺、冶炼、纺织等诸多领域。而自晚清开展洋务运动以来，我国自然工程科学从业者主要是工程师、科学家群体，成为新时代的核心技术主体。文中将古今从业者统称为"匠人"或"工匠"。因此，科学家（现代）、匠人、工匠等三者在本书中同义，均指自然工程学科领域的从业者（知识生产者），具有较高的技术含量。

表 2　古今学科领域对照（匠人）

匠人	古代	中医	农业	算术	地理志	炼丹术（金石）	天文历法	水利	营造	陶瓷	金属冶炼	纺织……
科学家（自然工程科学）	现代	医学	农学	理学				工学				

　　本书坚持"古今一系"，采用士人与匠人二分法，涵括和分析古今两类人群。"士人"指称古今哲学社会科学从业者，"匠人"指称古今自然工程学科工作者。因为历史漫长存在概念流变，故采用这两个具有最大包容性的语义集合。需要声明，本书是对自然工程科学与哲学社会科学工作者的社会境遇进行的历史谱系学研究，并非对相关学科发展史的专门性的梳理。在这里，我们仅从社会学的阶层分析视角出发，研究知识生产者与学科从业者的境遇、待遇、地位等方面的演化，在历史中探究塑造知识分子社会地位变迁浮沉的各类力量，从而通过各种制度性设置改善当下的学科分裂局面，为实现学科融合提供现实意义。

第二章

先秦时期的平等视域

在整个先秦时期，士人与匠人是一种融合、混沌、交融的状态，与后来趋势相比，尚未出现明显的社会地位分化，很多先秦大家，本身就是通才。我们可以认为，先秦是知识分子群体的未分化时期。

一　游士与"门客"：士人的平民化新角色

在西周分封制度下，"士"本来是底层贵族，地位介于大夫和庶民之间。其主要作用是保家卫国。鲁昭公七年（公元前 535 年）楚国芊尹无宇对楚灵王讲："天子经略，诸侯正封，古之制也。封略之内，何非君土？食土之毛，谁非君臣？……天有十日，人有十等。故王臣公，公臣大夫，大夫臣士，士臣皂，皂臣舆，舆臣隶，隶臣僚，僚臣仆，仆臣台。马有圉，牛有牧，以待百事。"[1] 规定了阶级结构，大夫阶层是士阶层的直接上级。《国语·晋语四》也记载晋文公元年（公元前 635 年）的政治措施云："公食贡大夫食邑，士食田，庶人食力，工商食官，皂隶食职，官宰食加，政平民阜，财用不匮。"[2] 规定了士的经济来源，从

① 杨伯峻：《春秋左传注》第 4 册，中华书局，1981，第 283 页。

② （战国）左丘明：《国语》卷 10，上海古籍出版社，1978，第 133 页。

土地中获得生活来源。《左传》桓公二年（公元前709年）晋大夫师服说："吾闻国家之立也，本大而末小，是以能固，故天子建国，诸侯立家，卿置侧室，大夫有贰宗，士有隶子弟，庶人工商各有分亲，皆有等衰。"[1]规定了士的内部还存在"子弟"，各阶层会出现膨胀、衰减。综合可以得出，当时士的等级地位高于庶民、低于贵族，是介于庶民、贵族之间的社会群体。

春秋中后期，随着社会的发展和变革，加之各诸侯国的变法运动，原来的贵族等级秩序瓦解，社会阶层发生了剧烈变化，个体际遇也发生了重大变化。刘泽华指出，"春秋中后期，士作为一个社会等级逐步解体，其社会角色也发生了倾向性的变化，即由主要从武转化为主要从事于文"。[2]士不再成为对外战争、保卫国家的主要参与者、兵力来源。在社会巨大变革的冲击下，"士"从贵族脱离，成为士农工商四民之一。贵族本身也是膨胀的，贵族后代子孙（庶孽）也开始大量地进入到士人的行列。例如，纵横捭阖的张仪出身于"魏氏余子"[3]（余子即支庶）。范雎原是"梁余子"。[4]商鞅原是"卫之诸庶孽公子也"。[5]韩非出自"韩之诸公子"。[6]孔子及其弟子颜回、曾子也都是从贵族沦为庶人的典型例证。社会上已将士人和庶人视为同一层次。《孟子·离娄上》讲"天子不仁，不保四海多；诸侯不仁，不保社稷身；卿大夫不仁，不保宗庙；士庶人不仁，不保四体"。[7]《孟子·万章下》又说："大夫倍上士、上士

① 杨伯峻：《春秋左传注》第4册，中华书局，1981，第94页。
② 刘泽华主编《士人与社会》（先秦卷），天津人民出版社，1988，第13页。
③ 司马迁：《史记·张仪列传》，中华书局，2006。
④ 刘向：《战国策·秦策三》，上海古籍出版社，1985。
⑤ 司马迁：《史记·商君列传》，中华书局，2006。
⑥ 司马迁：《史记·韩非列传》，中华书局，2006。
⑦ 孟轲：《孟子》，方勇译注，中华书局，2010，第111页。

倍中士、中士倍下士，下士与庶人在官者同禄，禄足以代其耕也。"①《管子·大匡》也载："君有过大夫不谏，士庶人有善，而大夫不进，可罚也；士庶人闻之吏，贤孝悌，可赏也。"②"士庶人"这一名称的出现表明，当时社会中士人和庶人已经被视为同一社会阶层。

除了贵族群体膨胀导致的大量"向下流动"，普通民众和工商从业者也通过"向上流动"进入到士这一阶层。《墨子·尚贤上》说："虽在农与工肆之人，有能则举之。"赵简子伐郑时誓词中有"克敌者，上大夫受县，下大夫受郡，士田十万，庶人工商遂，人臣隶圉免"，杜预注"遂"为"得遂进仕"，③这意味着庶人与工商群体可以进入到士人群体。这一时期，各行各业的人都可以通过学习而出仕，"学而入仕"成为士这一群体普遍的生存方式、生活方式、生产方式。《吕氏春秋·博志》载"宁越，中牟之鄙人也，苦耕稼之劳。谓其友曰：'何为而可以免此苦也？'其友曰：'莫如学，学三十岁则可以达矣'，宁越曰：'请以十五岁。人将休，吾将不敢休；人将卧，吾将不敢卧。'十五岁而周威公师之"。④《荀子·大略》载："子赣（子贡）、季路，故鄙人也；被文学，服礼义，为天下列士。"⑤《吕氏春秋·尊师》载："子张，鲁之鄙家也；颜涿聚，梁父之大盗也，学于孔子。段干木，晋国之大驵也，学于子夏。"《史记·老子韩非列传》载："申不害者，京人也，故郑之贱臣。学术以干韩昭侯，昭侯用为相。"《史记·甘茂列传》载："甘茂起下蔡间阎。"可见，士群体有上、下两个来源。

---

① 孟轲：《孟子》，方勇译注，中华书局，2010，第196页。

② 管仲著，谢浩范、朱迎平译注《管子全译》，贵州人民出版社，1996，第285页。

③ 李学勤主编《十三经注疏·春秋左传注疏》卷第五十七，北京大学出版社，1999，第1618~1619页。

④ 张双棣等注译《吕氏春秋译注》，北京大学出版社，2000，第842页。

⑤ （清）王先谦撰《荀子集解》，中华书局，1988，第508页。

　　封建秩序解体，传统的社会等级结构不再具有约束力，社会阶层的
流动性让士这一阶层成为成分来源、行为机制最为复杂的社会群体。"战
国时期的士，是一个令人眼花缭乱的阶层，从王廷到社会底层，从文到
武，从高雅的思想理论界到汗水滴滴的劳动场所，从神秘的外交到公开
对垒厮杀的战场，从豪杰到流氓，到处都可见到士的身影，有的一步登
天，或忽而落地，变幻莫测。有的贱如仆隶；有的能使骄傲的君主低下
高贵的头"。① 在社会动荡、诸侯纷争的乱世，士，成为一种"士无定主"
的游士，社会角色游移不定，服务对象也是不确定的。这一群体最为典
型的就是当时"门客"现象，他们通过向君主、贵族（养门客者）出售
自身的智慧、学识、预测、谋略等，从而跻身上层社会，实现衣食无忧、
阶层逆袭。在战国时期，大国之间的政治、军事、经济等竞争非常激烈，
各国诸侯都在招揽人才，尊士、争士、养士成为一种社会风尚。例如，
齐国设稷下学宫，成为战国尊士的典范。稷下学宫始于齐桓公，齐宣王
时期最盛。《史记·孟子荀卿列传》记载："齐王嘉之，自如淳于髡以下，
皆命曰列大夫，为开第康庄之衢，高门大屋，尊宠之，览天下诸侯宾客，
言齐能致天下贤士也。"②《史记·田敬仲完世家》载"宣王喜文学游说之
士，自如邹衍、淳于髡、田骈、接子、慎到、环渊之徒七十六人，皆赐
列第，为上大夫，不治而议论。是以齐稷下学士复盛，且数百千人"。除
了齐国，其他诸侯国亦同样在尊士、养士、招贤。据《吕氏春秋·期贤》
记载，魏文侯路过段干木家门，没有自恃身份，而是扶轼且施注目礼，
表示尊重。③《吕氏春秋·察贤》也记载："魏文侯师卜子夏，友田子方，
礼段干木。"邹衍为稷下先生，《史记》说他"适梁，惠王郊迎，执宾主之

① 刘泽华主编《士人与社会》（先秦卷），天津人民出版社，1988，第 20 页。
② 司马迁：《史记·孟子荀卿列传》，中华书局，2006，第 455~456 页。
③ 吕不韦编，高诱注/毕沅校正《吕氏春秋·期贤》，上海古籍出版社，1996。

礼；适赵，平原君侧行撤席；如燕，昭王拥彗先驱，请列弟子之座而受业，筑碣石宫，身亲往师之"。[①] 战国时期著名的四公子均以养士、得士闻名，家中奉养大量门客、声势浩大。《史记》记载，"齐有孟尝，魏有信陵，楚有春申，故争相倾以待士"。[②] 士人（门客）凭借知识与智慧纵横捭阖，活跃在政治、经济、军事舞台上，为主公（雇主）排忧解难，在历史上划过璀璨的轨迹，如苏秦、张仪等相关的故事至今家喻户晓。秦国的商鞅、李斯、范雎，赵国蔺相如，齐国孙膑都曾为门客，[③] 他们从平民直接拜将封侯，一跃成为社会精英。其他门客，如冯谖、侯嬴、毛遂、荆轲也都青史留名，[④] 留下了很多脍炙人口的故事。

二　匠人的尊严与地位

在先秦时期，匠人的社会地位是比较高的，尤其是与后来的封建专制时期相比较（秦汉到明清），更是如此。自殷商时代起，作为"百工"的匠人群体，就是与王室关系密切的工匠群体。在甲骨卜辞中，存在着多处统治者为工匠占卜福祸的例子，这足以说明当时的统治者对手工匠人的重视。[⑤] 他们同样是通过自己的技能、智慧为国君提供知识性服务。

① 司马迁:《史记·孟子荀卿列传》，中华书局，2006，第 455~456 页。

② 司马迁:《史记·平原君列传》，中华书局，2006。

③ 分别出自《史记·商君列传》:"鞅少好刑名之学，事魏相公叔座为中庶子。"《史记·李斯列传》:"至秦，会庄襄王卒，李斯乃求为秦相文信侯吕不韦舍人；不韦贤之，任以为郎。"《史记·范雎蔡泽列传》:"范雎者，魏人也，字叔。游说诸侯，欲事魏王，家贫无以自资，乃先事魏中大夫须贾。"《史记·廉颇蔺相如列传》:"蔺相如者，赵人也，为赵宦者令缪贤舍人。"《史记·孙子吴起列传》:"齐使以为奇，窃载与之齐。齐将田忌善而客待之。"

④ 事迹分别载于《史记·孟尝君列传》《史记·平原君列传》《史记·魏公子列传》《史记·刺客列传》。

⑤ 肖楠:《试论卜辞中的"工"与"百工"》，《考古》1981 年第 3 期。

周代的工匠，同样也是地位特殊，具有政治地位、社会地位与特权。例如，西周昭王青铜器"令彝"铭文曰："……明公朝至于成周，令舍三事令，眔卿事寮，眔诸尹，眔里君，眔百工，眔诸侯：侯、甸、男。舍四方令。"① 铭文中提到明公颁布法令，除了高级官吏和贵族，百工也在受令之列，说明他们拥有特殊的地位，而且他们在法律上也享有特殊照顾。如《尚书·酒诰》有："群饮，汝勿佚，尽执拘以归于周，予其杀。……惟工乃脢于酒，勿庸杀之，姑惟教之。"② 按照周公关于禁酒的训示，如果一般人不听禁令，就押到周地杀掉，唯有工匠，可以免予死刑，而代之以教育、训斥，说明统治者对匠人的社会价值的认可，也在客观上保证了匠人的社会地位。

春秋战国时期，匠人群体已经开始出现专业化趋势。他们以其区别于一般体力劳动的专业技能，成了一个独立的社会群体。匠人多是家庭沿袭、父子相承、世袭相替，子子孙孙都为匠人。据《国语·齐语》载："令夫工，群萃而州处，审其四时，辨其功苦，权节其用，论比协材，旦暮从事，施于四方，以饬其子弟，相语以事，相示以巧，相陈以功，少而习焉，其心安焉，不见异物而迁焉。是故其父兄之教不肃而成，其子弟之学不劳而能。夫是，故工之子恒为工。"③ 客观上，解释了匠人的家族世袭现象，即日常频繁的口耳相传、倾心讲授。《考工记》说："巧者，述之，守之世，谓之工。"《荀子》亦说："工匠之子，莫不继事。"这说明匠人的技术，初步地具备了门槛性、稀缺性、重要性。可以这样认为，匠人是掌握了相关技术、技巧、工具、方法的家族群体。

因此，当时整个社会存在着对技术、工艺、匠人群体的崇拜，甚至

① 唐兰：《西周铜器铭文分代史征》，中华书局，1986，第204页。
② （清）孙星衍：《尚书今古文注疏》，中华书局，1986，第383页。
③ （战国）左丘明：《国语》，上海古籍出版社，1978，第227页。

将他们与圣人并列。如《考工记》中提及"百工之事，皆圣人之作也。
烁金以为刃，凝上以为器，作车以行陆，作舟以行水，此皆圣人之所
作也"。[1]这说明，匠人群体在改善人类居住环境、提高社会生活质量、
丰富文化娱乐生活、提供精神终极关怀等方面，确实发挥了重要的社会
功能与作用，即"巫医乐师百工之人"的社会价值很高。而且，这一时
期的统治者延续周朝的制度，将工匠纳入权力体系，让他们依靠自身的
技艺为王室服务，并拥有较高的社会地位。所以，匠人群体仍旧与王室
关系密切，政治地位特殊。如《国语·齐语》说："处工就官府。"《国
语·晋语》中也有"工商食官"说法。在"四民"分工上，管子说，"昔
圣王之处士也，使就燕居；处工，就官府；处商，就市井；处农，就田
野"。[2]这说明，在空间居住方面，匠人群体拥有很高的地位。靠近官府，
便于他们为贵族、王室、朝廷等提供专业技术方面的服务。齐国《考工
记》把社会群体分为六类，即王公、士大夫、百工、农夫、妇功、商
旅。可见，在当时的社会序列中，工匠即"百工"群体的地位仅次于士
大夫，地位远高于一般庶民或平民。

由于拥有服务王室或官府的特殊地位，在春秋时期，"百工"可以
直接参与国家事务，具有较高的政治地位。匠人与庶民相比，更加靠近
统治阶级。《左传·襄公十四年》师旷云："自王以下，各有父兄子弟，
以补察其政……百工献艺。"杜预注云："此百事之工，各自献其艺，能
以其所能，譬喻政事，因献所造之器，取喻以谏上。"又《国语·周语
上》云："故天子听政，使公卿至于列士献诗，瞽献曲，史献书，师箴，
瞍赋，矇诵，百工谏，庶人传语，近臣尽规，亲戚补察，瞽史教诲，耆

---

① 戴吾三编著《考工记图说》，山东画报出版社，2003，第17页。

② （战国）左丘明：《国语》，上海古籍出版社，1978。

艾修之。"① 这些记载表明，匠人有大量接近天子、诸侯王的机会，并对国家政治发表意见。《国语·鲁语上》也记载，鲁庄公欲丹楹刻桷，匠庆谏诫，并陈述了以俭治国的道理。② 又《左传·襄公四年》载："秋，定姒薨。不殡于庙，无椁，不虞。匠庆谓季文子曰：'子为正卿，而小君之丧不成，不终君也。君长，谁受其咎？'初，季孙为己树六槚于蒲圃东门之外。匠庆请木，季孙曰：'略。'匠庆用蒲圃之槚，季孙不御。君子曰：'《志》所"多行无礼，必自及也"，其是之谓乎！'"③ 这些记载说明，当时的工匠群体可以直接劝谏君主的过失，参与国家事务的管理。《礼记·王制》云："凡执技以事上者，祝、史、射、御、医、卜及百工。凡执技以事上者，不贰事，不移官，出乡不与士齿。"④ 百工被认为是具有"技艺"之人，得和"祝、史、射、御、医、卜"并列，并被赋予了崇高的政治地位。所以郭沫若认为，"殷周的百工就是百官，《考工记》三十六工也都是官，是一些国家官吏管辖着各项生产工艺品的奴隶以从事生产"。⑤ 由此可见，匠人群体的政治地位比较高。学者认为，先秦时期的工匠其实可以分为两类群体，一类是在大型聚落或都邑中依附于贵族或王室的官营作坊式手工业生产者，他们与王室贵族关系密切，地位特殊，文献中记载的"工"或者"百工"多指代这一群体。二类是民间社会个体手工业中与"庶人"相当的自由民，他们本身是自由

① （战国）左丘明：《国语》，上海古籍出版社，1978，第9~10页。

② 《国语·鲁语上》："庄公丹桓宫之楹，而刻其桷。匠师庆言于公曰：'臣闻圣王公之先封者，遗后之人法，使无陷于恶。其为后世，昭前之令闻也，使长监于世，故能摄固不解以久。今先君俭而君侈，令德替矣。'公曰：'吾属欲美之。'对曰：'无益于君，而替前之令德，臣故曰庶可已矣。'公弗听。"

③ （晋）杜预注，（唐）孔颖达等疏《春秋左传正义》，上海古籍出版社，1990，第833~834页。

④ （汉）郑玄注，（唐）孔颖达疏《礼记正义》，北京大学出版社，1999，第410页。

⑤ 郭沫若：《奴隶制时代》，《郭沫若全集》（第3卷），人民出版社，1984，第47页。

的、独立的，与贵族和王室不存在直接的政治经济依附关系。[1]总体而言，无论是哪种，在当时的政治地位与社会地位都是不低的。

三 "士"与"匠"：分化前的和谐共存

先秦时期，士人与匠人的社会地位尚未出现明显分化。可以说，是一种相对平等的态势对比。士人从贵族体系中分离，成为游士与门客，分布于社会各层级，并依附于君王和贵族，整体地位高于庶民。工匠由于与王室、贵族的特殊关系，也拥有一定的社会与政治地位。《管子·小匡》提道，"士农工商四民者，国之石民也，不可使杂处，杂处则其言咙，其事乱。是故圣王之处士必于闲燕，处农必就田野，处工必就官府，处商必就市井"。[2]这时候，士农工商都是国家的民众基础，并没有等级差别，对他们的分类是一种社会治理的手段。再例如，唐兰认为，春秋时期"士"是介于大夫与平民之间的，他们有的是出身于贵族家庭的，有的则是从平民中上升的。他们可以上升为大夫，也可以"降在皂隶"。他们有的属于王公，有的属于卿大夫，就是所谓私家……但是春秋时代平民阶级正在起变化，"士"逐渐由战士变为文士。另外，他们变得很贫穷，他们没有奴隶只好用自己的子弟，所以说"士有隶子弟"，而更穷一些的就只好自己去耕田，也有一些人开始去经商。另一方面，庶人工商逐渐解放，士和庶人工商的界限，到春秋末年实际上已经打得很乱了。[3]这也说明，在社会场域方面，两个群体之间不存在明

---

① 孙周勇：《西周手工业者"百工"身份的考古学观察——以周原遗址齐家制玦作坊墓葬资料为中心》，《华夏考古》2010 年第 3 期。

② 管仲著，谢浩范、朱迎平译注《管子全译》，贵州人民出版社，1996，第 309 页。

③ 唐兰：《春秋战国是封建割据时代》，《中华文史论丛》第三辑，1963，第 28~29 页。

显的分野、分化。

除了社会地位大致相当，士人和匠人群体内部也尚未出现明显的等级分化，这体现在当时的诸子百家著作与学说之中。儒家、法家、墨家等诸多先贤都同时涉猎哲学社会科学、自然工程科学，而不是一种偏颇。他们不仅对社会有深刻的关怀、见解，同时也对自然工程科学兴趣浓厚，甚至有深入研究。

（1）墨家。《墨经》中不仅有哲学、逻辑学、经济学、社会学等方面的研究内容，也有光学、力学、物理学及数学的内容。例如《经上》言，"力，刑（形）之所以奋也"。《经说上》言，"力，重之谓。下，举，踵，奋也"。意思是力是形体启动的原因，对力的概念进行了解释。再如《经下》言，"荆之大，其沉浅也，说在具"。《经说下》称，"荆沉，荆之具也，则沉浅非荆浅也，若易五之一。则形象地说明了浮力的原理"。① 另外，《墨经》中也存在大量的几何原理。《经上》言，"同长：以正相尽也；中：同长也；圜：一中同长也；方：柱、隅四，权也"。《经说上》："同，楗与框之同长也；中，心，自是往若也；圜，规写，交也。方，矩写，交也。"② "中"是几何中的对称中心。"圜"就是圆，它的定义是"一中同长"。《经上》言："撄，相得也；仳，有以相撄有不相撄也；次，无间而不相撄也。"《经说上》："撄：尺与尺俱不尽，端与端供尽，尺与端或尽或不尽，坚白之撄妇尽，体撄不相尽；仳：两有端而后可；次：无厚而后可。"③ "撄"即几何学上"相交"，"尺"为"线"，详尽阐释了几何中点与线之间的空间位置关系。作为典型的跨学科研究的先驱，墨子在我国乃至世界科学领域都具有崇高地位，获得东

---

① 戴念祖：《中国古代物理学》，中国国际广播出版社，2010，第8页。
② 雷一东：《墨经校解》，齐鲁书社，2006，第14~15页。
③ 雷一东：《墨经校解》，齐鲁书社，2006，第15~16页。

西方的高度认可、长期缅怀。由于墨子的先驱性、前瞻性探索，"墨子"成为当代科技界的命名来源之一。例如"墨子号"量子卫星、"墨子量子奖"，可见其在自然科学领域（量子科学）的奠基性影响深远。

（2）法家。法家著作中亦有不少自然工程科学知识。《管子·度地》是一篇水利施工经验的总结，文中分析了河道水流的分类以及河水流动的力学现象，对水利问题进行了初步的科学探索。如"夫水之性，以高走下则疾，至于漂石；而下向高，即留而不行。故高其上，领瓴之，尺有十分之三，里满四十九者，水可走也。乃迁其道而远之，以势行之。水之性，行至曲必留退，满则后推前，地下则平行，地高即控，杜曲则捣毁。杜曲激则跃，跃则倚，倚则环，环则中，中则涵，涵则塞，塞则移，移则控，控则水妄行，水妄行则伤人，伤人则困，困则轻法，轻法则难治，难治则不孝，不孝则不臣矣"。[1] 其中，还提到了堤防建造及养护的办法，即"令甲士作堤大水之旁，大其下，小其上，随水而行。地有不生草者，必为之囊。大者为之堤，小者为之防。夹水，四道禾稼不伤，岁埤增之，树以荆棘，以固其地。杂之以柏杨，以备决水。民得其饶，是谓流膏。令下贫守之，往往而为界，可以毋败"。[2]《地员》则提到了根据植被不同特性与不同海拔土壤相匹配的思想，即"凡草土之道，各有谷造。或高或下，各有草土。叶下于荶，荶下于苋，苋下于蒲，蒲下于苇，苇下于藋，藋下于萎，萎下于荓，荓下于萧，萧下于薜，薜下于萑，萑下于茅。凡彼草物，有十二衰，各有所归"。[3]

（3）儒家。儒家思想中，也包含了很多"天地人"思想。儒家经典《尔雅》中体现了对于天文气象的认识："春季天空苍苍然（'春为苍

---

① 管仲著，谢浩范、朱迎平译注《管子全译》，贵州人民出版社，1996，第684页。

② 管仲著，谢浩范、朱迎平译注《管子全译》，贵州人民出版社，1996，第688页。

③ 管仲著，谢浩范、朱迎平译注《管子全译》，贵州人民出版社，1996，第702页。

天'），大气晴和而温暖（'春为清阳'），万物萌发生长（'春为发生'）；夏季大空浩浩然（'夏为昊天'），天气赤热光明（'夏为朱明'），万物长大壮荣（'夏为长嬴'）；秋季天空萧然可愍（'秋为昱天'），日高而白，天气转凉，是由露转藏的季节（'秋为白藏'），万物由成熟而凋落（'秋为收成'）；冬季万物闭藏，无所事事（'冬为上天''冬为安宁'）。对于大气景象、气候、农事都做了精炼而准确的叙述。"[1] 儒家著作《周易》既是对数学的运用，又提出了与古希腊人相似的数学思想：万物皆数，把数学当作宇宙的一种规律，将天地万物都与其联系起来。[2]

（4）道家与名家。名家和道家之间既存在差异，也有很多的联系和相似之处，他们不仅都表现出对世界的怀疑、批判的态度，而且在思维方式上也存在不少的一致性。日本学者森秀树把名家看作是"改变视角看世界，执着地追求认识能力弹性"的学派，而在《庄子·齐物论》中庄子则对名家的这种生机盎然的思想跳动情有独钟，接受了它的启示，并将之吸收到自己的体验世界，勾住了道家理论。[3] 名家提出了不少数学思想论题。例如《庄子·天下篇》征引惠施"历物"十事中就有二事：第一事是"至大无外，谓之大一；至小无内，谓之小一"；第二事是"无厚，不可积也，其大千里"。惠施提出了"大一""小一"两个名词。假如从数学思想出发，就可以用空间或时间整体来解释"大一"的"至大无外"，用空间一点或时间的瞬时来解释"小一"的"至小无内"。几何学里的线和面都是"无厚"而"有所大"的。惠施认为积累线段不能成面，积累面不能成体，对于线和面有比《墨经》更进一步的认识。[4]

---

① 刘泽华主编《士人与社会》（先秦卷），天津人民出版社，1988，第141页。
② 孙宏安：《〈周易〉与中国古代数学》，《自然辩证法研究》1991年第5期。
③ 转引自曹峰《道与名家之间》，《光明日报》2020年7月25日第11版，https://new.qq.com/rain/a/20200725A01YLW00，最后访问日期，2024年7月19日。
④ 钱宝琮主编《中国数学史》，科学出版社，1964，第22页。

第三章

秦汉到明清 I：士人与匠人的经济状况差异

自秦汉到明清的封建专制时期，二者开始出现分野。董仲舒提出的"罢黜百家，独尊儒术"被汉武帝采纳后，儒家典籍成为国家倡导的主流知识话语、知识体系。士人通过研习儒学成为统治者的助手，一直处于国家的权力核心，成为四民（士农工商）之首。士人的地位在宋朝时期达到了顶峰，并一直延续到晚清废除科举制。儒家一直认为"君子不器"，将工匠视为"末业"，是奇淫巧技、玩物丧志。在这一漫长的历史时期，匠人群体一直得不到重视，处于社会底层。与士人群体相比，其待遇同士人有"云泥之别"。直到宋朝时期，工匠处境才稍微改善。到了明清时期，匠人实现零星的以技术入仕，但与庞大的士人群体相比是九牛一毛。清末废除科举，匠人转变为科学家与工程师，社会地位才得到根本性转变，开启了全新的际遇。

　　在封建社会，士人的收入稳定，读书人或者知识分子都可以有比较稳定的生活保障，群体中的佼佼者，收入与社会地位更高。士人可以通过应试中举，成为获取国家俸禄的官员，收入稳定。虽在个别朝代（如明朝）收入微薄，但是整体来说，官员的收入相对丰厚，尤其是小部分的高层官员，更是能够积累起巨额财富。此外，士人在未中举之前，也可以享受国家（朝廷）的优惠、补助政策。他们可以进入政府学校读书。在求学期间，政府不仅会免除他们的徭役，而且会给予各种经济补助，保证他们的物质生活水平，还会资助他们参加乡试、进京会试。对于未能考取功名、做官的士人群体，还可以通过教授哲学社会科学知识，进行农业劳作，担任幕僚以及经营工商业等多种手段获取和积累财富。所以，士人群体虽然存在内部收入差距，但是整体来说，他们的谋生手段比较多样化，经济来源比较多，基本上能够获得相对丰厚的经济收入，保证相对宽裕的生存和生活条件。士人群体获得了国家一系列的体制性保障，这是匠人所不能享受的。相比较而言，匠人收入一般、生活惨淡，面临着不确定性，没有保障。匠人群体，多依赖自身技术获得收入，一部分在官府手工厂劳作，可以获取稳定的经济收入，但是人身自由多受到限制，一直到清朝废除匠籍之后才实现完全的人身自由；民间匠人可通过开办手工业作坊，进行家庭手工业生产获取经济收入，再有就是在手工业作坊中佣工为生。一般来说，技艺高超者能够获得丰厚的收入，而更多的匠人在多数情况下只能够勉强维持生计。所以，整体来说作为科学技术载体的匠人在古代社会中的收入是非常有限的，加之劳作环境较为恶劣，所以生计艰难。

一　士人收入：稳定与丰厚

（一）出仕的稳定收入

最早在春秋战国时期，入仕就成为士人群体最重要的人生价值取向。在汉朝，士人通经入仕不仅能够实现人生抱负，而且做官能够获得巨大的财富收益，当时的士人也将入仕当作获取经济利益的主要路径。据《汉书·儒林传》曰："自武帝立五经博士，开弟子员，设科射策，劝以官禄，讫于元始，百有余年……盖禄利之路然也。"①《后汉书·桓荣传》载："三十年，（桓荣）拜为太常。荣初遭仓卒，与族人桓元卿同饥厄，而荣讲诵不息。元卿嗤荣曰：'但自苦气力，何时复施用乎？'荣笑不应。及为太常，元卿叹曰：'我农家子，岂意学之为利乃若是哉！'"由此可见，士人群体之所以选择通过入仕获取财富，最主要的原因之一就是汉代官员的收入是相当丰厚的，绝大多数的官员都能维持体面的生活。在汉代，"一个秩八百石的官员，他一年的收入要相当于一个中产之家的全部家产"。②据许倬云研究，汉代"一个高级官吏的年收入超过了 1.2 万钱，而中级官吏的收入则是这个数字的 1/3。就实际生产率而言，一亩土地年产量约为 3 斛谷物，最肥沃的土地的最高年产量是每亩 6.4 斛。由此可知，一个高级官员的年收入相当于 720 亩土地的收成。中级官员的年收入相当于 240 亩一般土地的收成。……除了正常的薪俸，汉代的官员还可享有食品供应和一所官邸，另外还有来自帝王的各种馈赠和赏赐。因此，这些官员足以依赖个人收入就积聚起大量的财富"。③在正常的俸禄和赏赐之外，士人入仕之后掌握政治权力，也能够通过其他途径聚敛个人、家庭、家族财富，这些途径或者是合法的，或者是非法的。所以入仕就对士人形成了巨大的吸引力，这种吸引力是多层次的。

早在汉代，大量士人就选择通过学经走上仕途，改善自身经济状况。史书多次记载，很多人在入仕后，家庭经济状况都得到了极大的改善。如《汉书·贡禹传》记载了其做官前后家庭境况的鲜明

---

① （汉）班固：《汉书·儒林传》卷 88，中华书局，2007，第 3620 页。
② 瞿同祖：《汉代社会结构》，邱立波译，上海人民出版社，2007，第 96 页。
③ 许倬云：《汉代农业》，王勇译，广西师范大学出版社，2005，第 54~55 页。

对比。做官以前"（贡禹）家赀不满万钱，妻子糠豆不赡，裋褐不完。有田百三十亩，陛下过意征臣，臣卖田百亩以供车马"。做官以后"（贡禹）至，拜为谏大夫，秩八百石，奉钱月九千二百。廪食太官，又蒙赏赐四时杂缯绵絮衣服酒肉诸果物，德厚甚深。疾病侍医临治，赖陛下神灵，不死而活。又拜为光禄大夫，秩二千石，奉钱月万二千。禄赐愈多，家日以益富，身日以益尊，诚非草茅愚臣所当蒙也"。此外，为大众熟知的成语典故"凿壁借光"中的匡衡，年幼时家中贫困，就凿通墙壁借助邻居家的灯光读书。史书也记载匡衡确实家境贫困。《汉书》中记载："父世农夫，至衡好学，家贫，庸作以供资用。"这种境况在匡衡入仕后得到了极大的改变，即"衡封僮之乐安乡，乡本田堤封三千一百顷，南以闽佰为界"。① 我国古代是农业社会，在封建专制时期，土地是财富之本，是最重要的生产资料。读书富贵后，只有"以本守之"，才是长久之计。所以士人入仕后，为了集聚财富，大多热衷占有土地，把大量钱财用于购买土地，即"一岁典职，田宅并兼"。②《汉书》载"禹（张禹）为人谨厚，内殖货财，家以田为业。及富贵，多买田至四百顷，皆泾、渭溉灌，极膏腴上贾"。《后汉书·马防传》记载"防兄弟贵盛，奴婢各千人已上，资产巨亿，皆买京师膏腴美田"。士人一旦入仕，就可以获得大量土地、田产与财富。

---

① （汉）班固：《汉书·匡张孔马传》卷81，中华书局，2007。
② 黄晖撰：《论衡校释》卷12《程材》，《新编诸子集成》，中华书局，1990，第545页。

表3　汉代士人、匠人收入对比

单位：斛

士人（入仕）	三公	中二千石	二千石	比二千石	千石	比千石	六百石	比六百石	四百石	比四百石	三百石	比三百石	百石	比二百石	百石	斗食	佐吏
西汉	400	200	160	120	—	—	60	30	—	—	—	—	20	12	—	—	—
东汉	350	180	120	100	90	80	70	55	50	45	40	37	30	27	16	11	8
匠人（官匠）	略高于20（不低于两千钱，按照100钱约为1斛，两千钱略高于20斛）																

注：士人收入数据来源于黄惠贤、陈锋所著《中国俸禄制度史》，"—"代表官职名称不详。匠人收入依照刘泽华、孙立群《中国手工业经济通史》（先秦秦汉卷）中的推算，收入不低于两千钱。

所以，汉代的士人通过掌握政治权力，成为在社会层面和经济层面都具有巨大影响力的群体。许倬云认为："这个庞大而有影响力的知识分子阶层，在经济上也获得了特权的地位。……在汉代政治力量垄断利益与权力的情势下，只有政治权力结构中的成员有力量占取利权，而在农业经营为唯一经济形态时，土地成为主要的利权。因此只有皇帝亲贵（包括外戚、宠臣与宦侍）与政府官吏能累积资金攫取土地。汉代俸禄颇厚，汉代的中高级官吏以其俸余，颇可购置土地。……知识分子为骨干的官僚组织颇为庞大，总人数超过亲贵千百倍，而且因察举制度而来自所有郡国。因此，论分布面及掌握土地的总面积而言，知识分子阶层无疑是直接地把持土地财富的社会阶层。"[①] 士人是历史舞台的重要行为体，左右了国家发展、社会结构的走向。

自隋唐始，国家主要通过"科举制"挑选官员，形成了文官群体，此为中国历史的重要行为体。考试的内容，主要是经史子集等哲

---

① 许倬云：《秦汉知识分子》，载《求古编》，新星出版社，2006，第502页。

学社会科学知识。唐朝时期士人读书应举，进入朝廷做官享受国家俸禄，经济收入稳定，而且不用承担国家徭役赋税。唐朝官员的俸禄大体分为岁禄、月俸、职田三项，除了岁禄，唐朝官员还有月俸钱，每月按品级用现金支付，不分正从。玄宗开元二十四年（736 年）敕："百官料钱，宜合为一色，都以月俸为名，各据本官，岁月付给。"[①]《新唐书》卷55《食货五》详细记载了唐朝官员的月俸情况："一品月俸八千，食料一千八百，杂用一千二百。二品月俸六千五百，食料一千五百，杂用一千。三品月俸五千一百，杂用九百。四品月俸三千五百，食料、杂用七百。五品月俸三千，食料、杂用六百。六品月俸二千，食料、杂用四百。七品月俸一千七百五十，食料、杂用三百五十。八品月俸一千三百，食料三百，杂用二百五十。九品月俸一千五十，食料二百五十，杂用二百。行署月俸一百四十，食料三十。"[②]

在农业社会，土地是主要的财富衡量尺度。为了体现对士人的优待，唐代的统治者还将土地作为俸禄的一部分分配给现任官员，称为职田。"依品而授地，计田而出租。"[③] 从现代的视角来看，这在农业社会，无疑是非常重要的优质资产，每年都会产生收入财富。《新唐书》卷55《食货五》记载："一品有职分田十二顷，二品十顷，三品九顷，四品七顷，五品六顷，六品四顷，七品三顷五十亩，八品二顷五十亩，九品二顷，皆给百里内之地。诸州都督、都护、亲王府官二品十二顷，三品十顷，四品八顷，五品七顷，六品五顷，七品四顷，八品三顷，九品二顷五十亩。"[④]职田，顾名思义，是在职时候享有的收入来源，如果退休或

① 王溥：《唐会要》卷91，上海古籍出版社，2006。
② （宋）欧阳修、宋祁：《新唐书》卷55《食货五》，中华书局，1975，第1113页。
③ 李昉：《文苑英华》卷495《问议百官职田》，中华书局，1966，第2536页。
④ （宋）欧阳修、宋祁：《新唐书》卷55《食货五》，中华书局，1975，第1118页。

者不在职，就要收回。唐帝国的统治者为了体现对部分精英、重要官员的优待、礼遇，还开创了"永业田"，即在职官员除享有职田外，还可得永业田，自正一品八十顷至从五品五顷不等。永业田的期限具有"永久性"，子孙可袭用。入仕的俸禄如此丰厚，以至时人都将获取经济利益视为士人入仕的主要动机之一。读书人能否入仕，在收入方面呈现两种天地悬殊的结果。《全唐文》卷476沈既济《选举论》言："禄利之资太厚，得仕者如升仙，不仕者沉泉，欢娱忧苦，若天地之相远也。"① 此外，《唐国史补》卷下记载："李建为吏部郎中，常言于同列曰：'方今俊秀，皆举进士。使仆得志，当令登第之岁，集于吏部，使尉紫县。既罢又集，乃尉两畿，而升于朝。大凡中人，三十成名，四十乃至清列，迟速为宜。既登第，遂食禄；既食禄，必登朝。谁不欲也？无淹翔以守常限，无纷竞以来奔捷，下曹得其修举，上位得其历试。就而言之，其利甚博。'"②

表4　唐代士人、匠人收入对比

单位：石

士人 （入仕）	正一品	从一品	正二品	从二品	正三品	从三品	正四品	从四品	正五品	从五品	正六品	从六品	正七品	从七品	正八品	从八品	正九品	从九品
俸禄	650	550	470	430	370	330	280	240	180	140	95	85	75	65	64	59	54	49
匠人 （官匠）	尚未发现明文记载																	

注：士人数据来源于黄惠贤、陈锋所著《中国俸禄制度史》。匠人方面依据鞠清远所著《唐宋官私工业》，官府工匠收入只有零星记载，暂未发现明文规定的数量。

---

① （清）董诰等编《全唐文》卷476《选举论》，中华书局，1983，第4868页。
② （唐）李肇：《唐国史补》卷下，载《唐五代笔记小说大观》，上海古籍出版社，2000，第189页。

在正常俸禄之外，唐代官僚群体还享有免除服役的特权，尤其是科举出身的衣冠户。[①] 从现代的视角，士人群体就是农业社会的"税收洼地"，这使得很多人开始向其人身依附，为了减免徭役、输税。在唐武宗《加尊号后郊天赦文》中首见"衣冠户"一词，"江淮客户及逃移规避户税等人，比来皆系两税，并无差役。或本州百姓，子弟才沾一官，及官满后移住邻州，兼于诸军诸使假职，便称衣冠户，广置资产，输税全轻，便免诸色差役"。[②]"衣冠户"的出现是和免除赋役联系在一起的，是一种国家赋予的免税特权。当时衣冠户都免除了应纳的租税、应服的徭役，这一制度一直延续到唐末，不少衣冠户借此谋取私利，最后甚至政府官员都无法约束管制。这种"税收洼地"的制度性安排，导致国家税源萎缩、枯竭，对唐朝经济与社会造成了深远的负面影响。《全唐文》卷 866《复宫阙后上执政书》载："衣冠户以余庆所及，合守清廉。既恃其不差不科，便恣其无畏无忌。且古画地之数，限人名田。一则量其贫富，一则均其肥瘠。今凡称衣冠，罔计顷亩。是奸豪之辈，辐辏其门。但许借名，便曰纳货。既托其权势，遂恣其苞囊。州县熟知，莫能纠摘。"[③] 故而，在这种背景下，唐代官员的收入自然相当丰厚，不少位居高位者都积聚起大量的财富。如权相元载在长安"城南膏腴别墅，连疆接畛，凡数十所，婢仆曳罗绮一百余人，恣为不法，侈僭无度"。[④] 刑部尚书卢从愿"盛殖产，占良田数百顷，帝自此薄之，目为多田翁"。[⑤]

①　张泽咸先生认为唐代的史文记载中，大量的"衣冠"是指官僚士大夫，他们主要是从科举途径出身的。参见张泽咸《唐代的衣冠户和形势户》，《中华文史论丛》1980 年第 3 辑。韩国磐先生在《科举制和衣冠户》一文中认为"衣冠户"是科举制特别是进士科出身者的专称"。参见韩国磐《科举制和衣冠户》，《厦门大学学报》（哲学社会科学版）1965 年第 2 期。

②　（清）董诰等编《全唐文》卷 78 武宗《加尊号后郊天赦文》，中华书局，1983，第 820 页。

③　（清）董诰等编《全唐文》卷 866《复宫阙后上执政书》，中华书局，1983，第 9075 页。

④　（后晋）刘昫等撰《旧唐书》卷 118《元载传》，中华书局，1975，第 3411 页。

⑤　（宋）欧阳修、宋祁：《新唐书》卷 129《卢从愿传》，中华书局，1975，第 4479 页。

唐代的统治者并非不知道弊端，但种种原因之下，历朝历代还是维持了此制度。深层次的原因是统治者需要依靠文官治理国家，士人是统治阶层的边缘性延伸。

唐朝统治者也为及第的士人，免除了徭役、征兵等国家强制性义务。《新唐书》卷51《食货一》记载："太皇太后、皇太后、皇后缌麻以上亲，内命妇一品以上亲，郡王及五品以上祖父兄弟，职事、勋官三品以上有封者若县男父子，国子、太学、四门学生、俊士，孝子、顺孙、义夫、节妇同籍者，皆免课役。"[1]《唐大诏令集》卷70《南郊赦》提道："名登科第，即免征役。"《唐大诏令集》卷72《乾符二年南郊赦》载："州县除前资寄住，实是衣冠之外，便各将摄官文牒及军职略遗，全免科差，多是豪富之家，致苦贫下。准会昌中敕，家有进士及第，方免差役，其余只庇一身。"[2]杜甫《自京赴奉先县咏怀五百字》云："生长免租税，名不隶征伐。"[3]

到了宋朝，士人的政治、经济、社会地位进一步提升。宋朝的士人，政治上被皇帝赋予"共治天下"的高度。宋代官员的收入，相比唐代更加丰厚，以致士大夫都能生活无忧、颇为舒适。甚至有人称宋代为对知识分子"最好的时代"。南宋著名理学家朱熹的学生黄榦就有言："世间以仕为乐者，以其富贵也。"[4]赵翼《二十二史札记》卷25论"宋制禄之厚"时，列举了《宋史·百官志》所载俸禄之制说："此宋一代制禄之大略也。其待士大夫，可谓厚矣。惟其给赐优裕，故入仕者不

---

① （宋）欧阳修、宋祁：《新唐书》卷51《食货一》，中华书局，1975，第2468页。

② （宋）宋敏求编《唐大诏令集》，中华书局，2008。

③ 彭定求等编《全唐诗》卷226杜甫《自京赴奉先县咏怀五百字》，中华书局，1960，第2266页。

④ 黄榦：《勉斋集》，文渊阁《四库全书》本。

复以身家为虑，各自勉其治行。观真、仁、英诸朝，名臣辈出，吏治循良，及有事之秋，犹多慷慨报国。绍兴之支撑半壁，德裕之毕命疆场，历代以来，捐躯殉国者，惟宋末独多，虽无救于败亡，要不可谓非养士之报也。"[1] 在章培恒、骆玉明先生主编的《中国文学史》第五编"宋代文学·概说"中也有这样的描述："士大夫生活待遇颇为优渥舒适，即使不受贿赂不刮地皮，也吃用无忧，就连堪称清廉自觉的王禹偁，也承认'月俸虽无余，晨炊且相继。薪刍未阙供，酒肴亦能备'（《对雪》），更不必说天天吃鸡舌汤的吕蒙正和夜夜拥妓豪饮的宋祁。长久以来'寒士'们的人生向往，在宋代有了更大的得到实现的可能。"[2] 袁行霈先生主编《中国文学史》第五编"宋代文学·绪论"也称："宋王朝的财政措施是'恩逮于百官者唯恐其不足，财取于万民者不留其有余'（赵翼《二十二史札记》卷25）。大量的财富被集中起来供皇室和官僚阶层享用。宋太祖曾鼓励石守信'多积金，市田宅以遗子孙，歌儿舞女以终天年'（《宋史·石守信传》）。用物质享受笼络官员的做法，在整个宋代都没有改变过。官员们既有丰厚的俸禄，以满足奢华生活的需求，这种生活方式又可以避免朝廷的疑忌，于是纵情享乐之风盛行一时。"[3] 宋人谢维新曾说："中兴百年，虽非复升平之旧入，然国朝之待臣甚厚，养更甚优，此士大夫一命以上，皆乐于为用，盖有以养其身而固其心。"[4] 时人记载中将宋朝俸禄与唐代相比，颇有自豪之感。宋人洪迈在《斋笔·续笔》中记载："唐世朝士俸钱至微，一项之外，更无所谓料券、添给之类者。白乐天为校书郎，作诗曰：'幸逢太平代，天子好文儒。小人难

---

① 赵翼：《二十二史札记》卷 25 宋史，辽宁教育出版社，2000。
② 章培恒、骆玉明主编《中国文学史》第二版，复旦大学出版社，1996，第 294 页。
③ 袁行霈主编《中国文学史》三册，高等教育出版社，1999，第 10 页。
④ 谢维新：《古今合璧事类备后集》卷 6《俸禄》，文渊阁《四库全书》本。

大用，典校在秘书。俸钱万六千，月给亦有余。遂使少年心，日日常晏如'。及为翰林学士，当迁官，援姜公辅故事，但乞兼京兆府户曹参军，既除此职，喜而言志，至云：'诏授户曹掾，捧诏感君恩。弟兄俱簪笏，新妇俨衣巾。罗列高堂下，拜庆正纷纷。喧喧车马来，贺客满我门。置酒延贺客，不复忧空樽。'而其所得者，亦俸钱匹五万、廪禄二百石而已。今之主簿尉占优饫处，固有倍蓰于此者矣，亦未尝以为足。古今异宜，不可一概论也。杨文公在真宗朝为翰林学士，而云'虚忝甘泉之从臣，终作若敖之馁鬼'，盖是时尚为鲜薄，非后来比也。"① 这些史料都表明，宋代文官的收入情况，比唐朝更高。

　　如果细看历史阶段，宋代官员俸禄在初期其实并不高，但这并不影响宋代文官待遇最好这一结论。宋人王栐就有言："国朝待士大夫甚厚，皆前代所无。"② 杜范也同样认为"祖宗待士大夫甚厚，而绳赃吏甚严"。③ 据何忠礼先生计算，"宋初官员的全部俸禄，约只及盛唐时候官员俸钱一项的 1/5 左右"。④ 直到宋真宗时期，官员俸禄才得以改善，后面的时期则是超过了唐朝。宋代官员的俸禄，主要包括正俸、加俸和职田三部分。正俸部分可见表 6。在加俸中，最为重要的是职钱一项。所谓职钱，"宋初主要加给带大学士等职名奉差遣外任的官员，元丰改制后普遍加给在京职事官……随月支给，是正俸以外的一项固定收入。职钱依寄禄官高下分行、守、试三等。所谓'行'，指寄禄官高于职事官者，'守'指低于职事官一品者，低二品以上称'试'，二者同品则不用行、守、试之称，俸禄准'行'给"。⑤ 职钱的数量依据官职的大小不同，从十千钱到

①　（宋）洪迈：《斋笔·续笔》卷 16，中华书局，2005，第 412 页。

②　王栐：《燕翼诒谋录》卷 5，中华书局，1981。

③　杜范：《清献集》，文渊阁《四库全书》本。

④　何忠礼：《科举与宋代社会》，商务印书馆，2006，第 366 页。

⑤　黄惠贤、陈锋：《中国俸禄制度史（修订版）》，武汉大学出版社，2012，第 260 页。

一百千钱不等，①详见表5的统计。此外，对于致仕官员群体，宋代政府仍采取俸禄、赏赐等多项经济上的优待措施，保障其退休后的生活水平，对此宋人曾巩评价道："士大夫登朝廷年七十，上书去其位，天子官其一子而听旨，亦可谓荣矣。然而有若不释然者。余为之言曰：'古之士大夫倦而归者，安车几杖，膳羞被服，百物之珍好自若，天子养以宴飨、饮食、乡射之礼……既为之辩其不释然者，又欲其有以处而乐也。'"②

表5　宋代职名添支、贴职钱情况

职名	元丰添支	大观贴职
观文殿大学士	钱30贯，米3石，麦5石	贴职钱100贯，米、麦各25石，添支米3石，面5石，万字茶2斤
观文殿学士、资政殿大学士、保和殿大学士	钱20贯，米3石，麦5石	贴职钱80贯，米、麦各25石，添支米3石，绵5石，钱10贯
资政殿学士、保和殿学士	钱15贯，米3石，春、冬小绫各5匹，绢17匹，春罗1匹，冬绵50两	贴职钱70贯，米、麦各25石，添支米3石，绵5石，万字茶2斤，春、冬绫各5匹，绢17匹，绵50两，罗1匹
端明殿学士	—	贴职钱50贯，前执政70贯，米、麦各20石，添支米3石，面5石，万字茶2斤，春、冬绫各5匹，绢17匹，罗1匹，绵50两
枢密直学士	—	贴职钱40贯，米、面各10石，添支米2石，面5石，万字茶2斤，春罗1匹，冬绵50两，春、冬绫各5匹，绢17匹
龙图、天章、宝文、显谟、徽猷、敷文阁学士	钱15贯，春、冬小绫各3匹，绢15匹，春罗1匹，冬绵50两	
龙图、天章、宝文、显谟、徽猷、敷文阁直学士，保和殿待制		贴职钱30贯，米、麦各17石5斗，春、冬绫各3匹，绢15匹，罗1匹，绵50两
龙图、天章、宝文、显谟、徽猷、敷文阁待制		贴职钱20贯，米、麦各12石5斗，春、冬绫各3匹，绢15匹，春罗1匹，冬绵50两

① （元）脱脱：《宋史》卷124，中华书局，1985；黄惠贤、陈锋：《中国俸禄制度史（修订版）》，武汉大学出版社，2012，第260页。

② 《曾巩集》卷14《送周屯田序》，陈杏珍、晁继周点校，中华书局，1984，第219~220页。

续表

职名	元丰添支	大观贴职
集英殿修撰、右文殿修撰、秘阁修撰		贴职钱各 15 贯
直龙图、天章、宝文阁，直显谟、徽猷、敷文，直秘阁		贴职钱各 10 贯

资料来源：张希清等《宋朝典章制度》，吉林文史出版社，2001，第 162~163 页。

宋代的职田，则是延续了唐代的制度，政府将一定的土地分配给官员，作为职业与岗位的收入。据《宋史·职官志》"职田条"，当时定例为："凡知大藩府①二十顷，节镇十五顷，余州及军②并十顷，余小军、监七顷。通判、藩府八顷，节镇七顷，余州六顷。留守、节度、观察判官，藩府五顷，节镇四顷。掌书记以下幕职官三顷五十亩。防御、团练军使推官，军监判官三顷。令、丞、簿、尉，万户以上，县令六顷，丞四顷；不满万户，令五顷，丞三顷；不满五千户，令四顷，丞二顷五十亩。簿、尉减令之半。藩府、节镇录参，视本州判官，余视幕职官。藩府、节镇曹官，视万户县簿、尉，余视不满万户者……诸路州学教授，京朝视本州判官，选人视本州曹官。"③

俸钱、职钱和职田收入三项构成了北宋文官俸禄的主体。除此之外，各级官员还可享有不同程度的钱物补贴，如随从衣粮、日常生活资料等，涉及衣食住行的方方面面，包括添支钱、公使钱、驿券、元随傔人衣粮、傔人餐钱、茶酒厨料、茶汤钱、食料钱、折食钱、厨食

---

① 原注：三京、京兆、成都、太原、荆南、江宁府，延、秦、扬、杭、潭、广州。

② 原注：淮阳、无为、临江、广德、兴国、南康、南安、建昌、邵武、兴化。

③ （元）脱脱：《宋史》卷 172，中华书局，1985。

钱、薪蒿盐炭纸钱等，① 是正式收入之外的重要补充。赵翼在《二十二史札记》中记载了宋代官员的补贴情况："俸钱、职钱之外，又有元随、傔人衣粮（在京任宰相、枢密使，在外任使相至刺史，皆有随身，余止傔人），宰相、枢密使各七十人；参知政事至尚书左右丞各五十人；节度使百人；留后及观察使五十人，其下以是为差。衣粮之外，又有傔人餐钱（中书、枢密及正刺史以上，傔人皆有衣粮，余止给餐钱），朝官自二十千至五千，凡七等；京官自十五千至三千，凡八等；诸司使副等官九等。此外，又有茶酒厨料之给、薪蒿炭盐诸物之给、饲马刍粟之给、米面羊口之给。"② 可见，宋代文官的收入不仅高，而且种类、名目比唐朝更加复杂、多元，国家提供了全方位的收入保障。

表6　宋代士人、匠人收入对比

士人（入仕）	使相	左右仆射	尚书	左右丞	谏议大夫	秘书监	郎中	起居舍人	太常博士	太子中允至洗马	著作佐郎	大理寺丞	诸寺监丞	大理评事	太祝	校书郎
俸禄（贯）	400	90	60	55	50	45	35	30	20	18	17	14	13	10	8	7
匠人（官匠）	下等工匠						杂役兵匠				新到杂役兵匠					
	粮2石，添支钱8贯，食钱1.2贯						粮2石5斗，食钱1.2贯				粮1石5斗，食钱1贯					

注：士人收入数据来源于黄惠贤、陈锋所著《中国俸禄制度史》，匠人收入数据根据《宋会要辑稿》记录统计所得。

---

① 王福鑫：《对宋代官员俸禄水平的再认识》，《长沙理工大学学报》（社会科学版）2007年第2期，第104~107页。

② 赵翼：《二十二史札记》卷25宋史，辽宁教育出版社，2000。

宋代之后，我们再看明代。相对而言，明代官员的俸禄可以说是"自古官俸之薄，未有若此者"。据明代史学家于慎行的考察，明代宰相（即内阁大学士）的月俸，还达不到五代北汉时的一半，而比起唐代来相差就更多了。"唐世俸钱，自会昌以后，不复增减，三师二百万，三公百六十万，侍中百五十万，中书令、两省侍郎、左右仆射百四十万，尚书、御史大夫百万，节度使三十万，盖计一岁言之也。万当为十缗，二百万则二千缗矣。至北汉刘崇以太原一道正位建国，宰相月俸止百缗，节度使止三十缗，较之唐末已为太减矣。乃今一统之盛，宰相月俸犹不能半此，则近代之俸可谓至薄也。"①

首要原因在于明代废除了职田制度，官员俸禄只给粮米，自然俸禄不高。在农业社会，没有了土地，就失去了很大一部分的财富收入保障。陈秀夔在《中国财政史》中述及职田制的沿革，认为明代废除职田制，导致了俸禄的低微，即"俸给制度，本始于周代行分田定禄之制，自秦汉实行土地私有制度之后，历代仍师承其意，将政府拥有的公田授与百官为职田，作为官吏俸给的一部分。所以魏晋南北朝行田帛定禄之制，隋唐行田禄俸料之制，宋元亦有职田之制。但是到明代则废职田之制，将公田皆入官，百官止给俸米，俸给因此低微"。②其次，是因为明朝的俸禄并非完全是粮米，而是推行了复杂的俸钞折色制度，这一制度也成为影响官员实际收入的重要因素。《明史·食货六·俸饷》曾称"洪武时，官俸全给米，间以钱钞兼给，钱一千，钞一贯，抵米一石。成祖即位，令公、侯、伯皆全支米，文武官俸则米钞兼支，官高者支米十之四、五，官卑者支米十之六、八，惟九品杂职吏

①　于慎行：《谷山笔麈》卷 9 月俸，中华书局，1997，第 106~107 页。

②　陈秀夔：《中国财政史》下册，台湾正中书局，1983，第 306 页。

典、知印、总小旗军，并全支米。其折钞者，每米一石给钞十贯……仁宗立，官俸折钞，每石至二十五贯"。在此制度下，官员收入大打折扣。黄仁宇指出，当时明朝官员所得到的实际收入，仅仅相当于其名义俸禄的 4% 左右。[1] 所以，与其他朝代相比，明代的俸禄可以说是相当微薄的。

不过庆幸的是官员可以享受赋役优免的国家特权，也算获得了一定的变相经济补助，使得文官群体可以基于"税收洼地"效应俘获更多的社会财富。嘉靖二十四年（1545 年）议定《优免则例》规定："京官一品，免粮三十石、人丁三十丁。二品，免粮二十四石、人丁二十四丁。三品，免粮二十石、人丁二十丁。四品，免粮十六石、人丁十六丁。五品，免粮十四石、人丁十四丁。六品，免粮十二石、人丁十二丁。七品，免粮十石、人丁十丁。八品，免粮八石、人丁八丁。九品，免粮六石、人丁六丁。内官内使亦如之。外官各减一半。教官监生举人生员，各免粮二石、人丁二丁。杂职省祭官承差知印吏典，各免粮一石、人丁一丁。以礼致仕者，免十分之七。闲住者，免一半。"[2] 明代官员在田地经营一类的基本收入中，通常又会借助朝廷赋予他们的优免特权，从中额外获得优厚的回报。明代的制度规定，"贡、监、生员优免不过百余亩。自优免而外，田多家富者亦并承充。大约两榜乡绅无论官阶及田之多寡，决无签役之事。乙榜则视其官崇卑，多者可免二三千亩，少者亦千亩。贡生出仕者，亦视其官，多者可免千亩，少不过三五百亩。监生未仕者与生员等，即就选，所赢亦无几也"。[3]

① 黄仁宇：《十六世纪明代中国之财政与税收》，阿风等译，生活·读书·新知三联书店，2001。

② 申时行：《明会典》卷 20，中华书局，1989。

③ 叶梦珠：《阅世编》卷 6 徭役，上海古籍出版社，1981。

表 7　明代士人、匠人收入对比

单位：石

士人（入仕）	正一品	从一品	正二品	从二品	正三品	从三品	正四品	从四品	正五品	从五品	正六品	从六品	正七品	从七品	正八品	从八品	正九品	从九品
俸禄	87	74	61	48	35	26	24	21	16	14	10	8	7.5	7	6.5	6	5.5	5
匠人（官匠）	不同时期的待遇不同。据统计，工匠待遇每月支粮在 0.3 石—1 石																	

注：士人数据来源于黄惠贤、陈锋所著《中国俸禄制度史》。匠人收入依据《明会典》记载统计所得（1 石 =10 斗）。

　　此外，由于薪俸相对唐代、宋代有所降低，明朝廷为了让官员维持体面的生活，只好在常俸之外，给官员增加柴薪银。所谓的"柴薪银"是皂隶折银而来，宣德时期，宣宗因杨士奇上言京官俸禄低薄，允许官员所属皂隶纳银免役，增加官员收入。《明书·杨士奇传》记载："明初，诸司皂隶主驺从，宣德间有纳银免役者。因杨士奇言，亦京禄薄，改名曰柴薪银。"至天顺年间，根据官品的隆卑，定下官员应有皂隶的名数，每年按名收取"柴薪银"。[1]

　　清代的制度在总体上大多承袭了明代的做法，俸禄制度也不例外。所以，清朝官员的俸禄整体并不高（相对而言）。清朝在初期，对官员群体实行了严格的低收入政策，但是这些政策也面临着难以长期执行的困境。作为纠察百官的御史，都认为该政策存在很大的弊端。如御史赵璟在上奏给嘉庆皇帝的奏折中就认为俸禄过低会导致官员贪污情况的上升，"总督每年支俸一百五十五两，巡抚一百三十两，知州八十两，知县四十五两，若以知县论之，计每月支俸三两零，一家一日，粗食安饱？兼喂马匹，亦得

---

① 陈宝良：《明代社会各阶层的收入及其构成——兼论明代人的生活质量》，《西南大学学报》（社会科学版）2016 年第 3 期。

费银五六钱，一日俸不足五六日之费，尚有二十余日将忍饥不食乎？不取之百姓，势必饥寒，若督抚势必取之下属，所以禁贪而愈贪也。夫初任不得已略贪赃，赖赃以足日用，及日久赃多，自知罪已莫赎，反恶大贪；下官贿以塞上司之口，上司受赃以庇下官之贪，上下相蒙，打成一片。臣以为俸禄不增，贪风不息，下情不达，廉吏难支"。[1]

为了改善官吏的收入，自雍正时期开始，在正常的俸禄之外实行"养廉银"和"公费"两项津贴。养廉银作为官员的津贴收入，文官和武官都有，其金额常常是俸禄的数十倍。"总督的养廉银在 1.3 万两至 2 万两之间，巡抚的养廉银在 1 万两至 1.5 万两之间。州县官的养廉银，知府一般在 1000 两至 4000 两之间，知县在 400 两至 2259 两之间。"不仅高级官吏，基层官员也都有养廉银，"顺天府各官养廉：府尹四百两，府丞二百四十两，治中二百两，通判一百六十两，教授四十五两，训导四十两，经历四十五两，照磨三十三两一钱一分四厘，司狱、医馆、阴阳官各三十一两五钱二分"。[2]公费作为补贴的一部分，主要的针对对象是京官群体，而且标准不高。"内阁大学士、各部院尚书、左都御史各月支公费银五两"，以下次第减给，至"各部、院、寺、宗人府、内务府、奉宸苑、国子监、步军统领衙门、六科、仓场衙门笔帖式、国子监典籍、学正、学录、各部缮本贴写笔帖式、户部内务府理藩院太常寺光禄寺各库使、武英殿库掌、武备院营造司库守、内务府执事人，各月支银一两"。[3]这些政策，大大提高了各级官吏的收入，确保了士人的家庭能够过上安稳的生活。

虽然俸禄相对不高，但丝毫不影响清朝官员的实际收入。事实上，

---

① 蒋良骐：《东华录》卷9，齐鲁书社，2005。
② （清）惠祥等纂修《钦定户部则例》，同治十三年校刊，第75卷，第24页。
③ （清）惠祥等纂修《钦定户部则例》，同治十三年校刊，第77卷，第4页。

清朝官员不论职位高低，都有着丰厚的收入，可以利用手中的权力为自己积聚巨大的财富。物质财富，被认作是对长期苦读、备考以步入有特权的社会上层集团者的最好报偿和最高奖励。清代谚语："三年清知府，十万雪花银。"这样的谚语，虽然可能有些夸张，却也反映了清代官员聚拢财富的情况，以及社会民间舆论。尤其是清代官员的额外收入尤难估计，成为其主要的财富来源。这种情况可以从一些史料记载中窥见一斑，例如《湘潭县志》的记载。这一 19 世纪晚期湖南地方志的编纂者写道："湘潭湖外壮县也。财赋甲列，县民庶繁。殖官于此者，恒欣然乐饶。"民间为之曰："不贪不滥，一年三万。"[1]据张仲礼估算，清代知府每年的额外收入约为 52500 两，道员约为 75000 两，按察使 105000 两，布政使 150000 两，巡抚和总督约 180000 两。[2]

表8　清代士人、匠人收入对比

士人（入仕）		正从一品	正从二品	正从三品	正从四品	正从五品	正从六品	正从七品	正从八品	正九品	从九品
俸禄	银钱（两）	180	155	130	105	80	60	45	40	33.1	31.5
	粮食（斛）	180	155	130	105	80	60	45	40	33.1	31.5
匠人（官匠）		特等工匠			一等工匠				二等工匠			
收入		每季衣服银，一般在 5 两至 7 两 5 钱的范围内										
		银 12 两			银 8 两				银 6 两			

注：士人收入数据来自黄惠贤、陈峰著《中国俸禄制度史》，匠人收入来自《清宫造办处工匠生存状态初探》一文。

---

① 　陈嘉榆、王闿运：《湘潭县志》卷 6，岳麓书社，2010。

② 　张仲礼：《中国绅士研究》，上海人民出版社，2008，第 223~224 页。

（二）求学阶段的补贴收入

农业社会的统治者，非常重视士人群体，并依靠士人群体管理国家，实现中央与地方治理。古代王朝中的士人成为政府官员的只是少部分人，大量的士人在进入官场之前是专心求学，没有收入的。因此，统治者不但对已经入仕做官的读书人提供优厚的物质保障，而且从源头做起，非常重视读书人群体的物质资助，后者是文官群体的主要来源。这是国家对"读书做官"行为的系统性鼓励、引导与保障，也是对士人群体的优待、拉拢、抚慰、重视。

汉代太学，是汉武帝实施独尊儒术政策的产物。汉武帝设置五经博士成为太学的发源，给予太学生各方面的优惠和优待。《后汉书·徐防传》指出："博征儒术，开置太学。"李贤注："武帝时开学官，置博士弟子员也。"《文献通考·学校一》："元朔五年，置博士弟子员。前此博士虽各以经授徒，无考察试用之法，至是，官始为置弟子员，即武帝所谓兴太学也。"进入太学学习的士人，都能享受到免除徭役的待遇。"公孙弘等奏议太学的招生，无论是太常直录还是地方举送，其对象都在'民'的范围内，奏议中规定博士弟子'复其身'，即免除其徭役。"① 郑玄对《毛诗序·菁菁者莪》传中"君子能长育人材"笺注："长育之者，教学之，又不征役也。"免除太学生的徭役赋税，是保证他们集中精力学习的基本条件，也成为汉代及后代官学学生的基本待遇政策。同时，汉代太学也为学生提供了免费住宿的地方，"西汉中太学已建立了自己的校舍。王莽时构舍万区，顺帝时建 240 房、1850 室，有条件向学生提供

---

① 李国钧、王炳照主编《中国教育制度通史》（第一卷），山东教育出版社，2000，第346 页。

比较充足的住所"。① 用现代的话语理解，就是"包吃包住"、免除苛捐杂税和徭役。

汉代不仅有国家官学，还有地方官学，起始于景帝时文翁所立学校，同样为地方的学生（士子）免除了徭役。《后汉书·循吏传》载："（文翁）修起学官于成都市中，招下县子弟以为学官弟子，为除更繇，高者以补郡县吏，次为孝悌力田。……至武帝时，乃令天下郡国皆立学校官，自文翁为之始云。"东汉时期，任延任武威（今属甘肃）太守时，延续了设立学校的传统，"造立校官，自掾史子孙，皆令诣学受业，复其徭役。章句即通，悉显拔荣进之。郡遂有儒雅之士"。② 自文翁创始，免除徭役，即"复其身"就成为官学学生的一项基本待遇。任延办武威郡学，学生也均"复其徭役"。那么，这项待遇在当时到底具有什么样的价值呢？"汉代一般民众均有为官府服各种役的义务，只有具有某种身份者方可免除徭役，立功受爵达到一定等次也可免役。文帝时许民众纳粮买爵，'令民入粟受爵，至五大夫以上，乃复一人耳'。要买到五大夫爵位须纳粟四千石，而当时做一个县长，年俸也不过五百石而已，但仍然有许多富商大贾出资买爵，目的不是为了做官，而是求复身免役。可见'复其身'还是相当有价值的优待。"③

唐代的国子监、地方学校都为求学阶段的学生提供免费食宿，以及经济补助。《册府元龟》卷604《学校部·奏议第三》按长庆二年（822年）闰十月国子祭酒韦乾度奏称：国子监明经、进士"旧例，每给付厨、房"。④《旧唐书》卷24《礼仪志四》载："宰相军将已下子弟三百余人，

① 李国钧、王炳照主编《中国教育制度通史》（第一卷），山东教育出版社，2000，第352页。
② 范晔：《后汉书·循吏传》卷76，中华书局，2007。
③ 李国钧、王炳照主编《中国教育制度通史》（第一卷），山东教育出版社，2000，第398页。
④ （北宋）王钦若等编《册府元龟》卷604《学校部·奏议第三》，中华书局，2003，第7254页；王溥：《唐会要》卷66《国子监》，上海古籍出版社，2006，第1160页。

皆衣紫衣，充学生房，设食于廊下。贷钱一万贯，五分收钱，以供监官学生之费。俄又请青苗地头取一百文资课以供费同。旧例，两京国子监生二千余人，弘文馆、崇文馆、崇玄馆学生，皆廪饲之。"虽然安史之乱导致食宿停废，但是一旦社会安定，统治者就立即恢复食宿供应。永泰二年（766 年）正月，唐代宗敕曰："以戎狄多难，急于经略，太学空设，诸生盖寡。弦诵之地，寂寥无声，函丈之间，殆将不扫。上庠及此，甚用悯焉……宰相、朝官及神策六军军将子弟欲习业者，自今以后，并令补国子生……其中身虽有官，欲附学读书者，亦听。其学官，委中书、门下即简择行业堪为师范者充。学生员数多少，所集经业，考试等第，并所供粮料，及学馆破坏，要量事修理，各委本司作条件闻奏"。[1] 自唐代开始，朝廷都给予在官学中求学的士子一定的经济援助，帮助他们减轻经济负担，完成学业。此外，政府也会依照学生人数为学校食堂提供粮米方面的补贴和保障。《唐六典》卷 19《司农卿》记载，"给公粮者，皆承尚书省符。丁男日给米二升、盐二勺五撮，妻、妾、老男、小则减之。若老、中、小男无官及见驱使，兼国子监学生、医生，虽未成丁，亦依丁例"。[2] 根据《唐六典》记载，唐朝开元年间学校公粮供应情况见表 9。

表 9　开元年间各学校供应公粮情况

学校	学生人数（人）	每人日供公粮		全校日供公粮	
		米（升）	盐（勺）	米（升）	盐（勺）
国子监	2610	2	2.5	5220	6525
弘文馆	50	2	2.5	100	125

---

[1]　（后晋）刘昫等撰《旧唐书》卷 24《礼仪志四》，中华书局，1975，第 922~923 页。

[2]　李林甫等撰，陈仲夫点校：《唐六典》卷 19《司农卿》，中华书局，1992。

续表

学校	学生人数（人）	每人日供公粮		全校日供公粮	
		米（升）	盐（勺）	米（升）	盐（勺）
崇文馆	50	2	2.5	100	125
崇玄学	100	2	2.5	200	250
东都崇玄学	100	2	2.5	200	250
太史局	551	2	2.5	1102	1377.5
太医署	211	2	2.5	422	527.5
太卜署	30	2	2.5	60	75
京兆府	100	2	2.5	200	250
大都督府	75	2	2.5	150	187.5
中都督府	75	2	2.5	150	187.5
下都督府	62	2	2.5	124	155
上州	75	2	2.5	150	187.5
中州	62	2	2.5	124	155
下州	50	2	2.5	100	125
上县	40	2	2.5	80	100
中县	25	2	2.5	50	62.5
中下县	20	2	2.5	40	50
下县	20	2	2.5	40	50

资料来源：李国钧、王炳照《中国教育制度通史》第二卷，山东教育出版社，2000，第387页。

表9说明，中央与地方各级机构都在为学子提供求学方面的资助和物质保障。唐代地方学校也在为学子提供免费食宿。《新唐书》卷171《曹华传》载，曹华为兖州刺史时"乃身见儒士，春秋祀孔祠，立学官讲诵，斥家赀佐赡给，人乃知教，成就诸生，仕诸朝"。《全唐文》卷554韩愈《潮州请置乡校牒》记，韩愈为潮州刺史时"请摄海阳县尉，为衙推官，专勾当州学，以督生徒，兴恺悌之风。刺史出己俸百千，以

为举本，收其赢余，以给学生厨馔"。①《全唐文》卷587柳宗元《道州文宣王庙碑》也记载了地方学校中食宿的情况，"是日树表列位，由礼考宜，然后节用以制货财，乘时以僦功役，逾年而克有成。庙舍峻整，阶序廓大。讲肆之位，师儒之室，立廪以周食，圃畦以毓蔬，权其子母，赢且不竭。由是邑里之秀民，感道怀和，更来门下，咸愿服儒衣冠，由公训程。公摄衣登席，亲释经旨，丕谕本统。父庆其子，长劝其幼，化用兴行，人无争讼"。②《全唐文》卷893钱显《忠鼓王庙碑文》，称后梁王审知割据福建之时，"兴崇儒道，好尚文艺建学校以训诲，设厨馔以供给；于是兵革之后，庠序皆亡，独振古风，郁更旧俗……四方名士，万里咸来"。③从中央到地方，该政策充分调动了全国各地的学生、学子的求学热情，也在全社会树立和传播了"读书做官"的吸引力。

清代作为少数民族统治者，为了笼络汉族士人，也制定了各种措施，减轻士子的经济压力。首先是延续了明朝政策，每月给官学生廪食米。顺治初，平定之地都照明朝之制，继续给生员廪膳和免丁粮的优待；顺治元年（1644年），定"直省各学支给廪饩法"："在京者户部支给，在外者州县官支给。……各省府州儒学，食廪生员仍准廪给，增、附生员仍准在学肄业，俱照例优免"；④在清代，地方政府还会为学生发放月例银，根据各省情况数额不等。"顺天府和广西省各属或给银，或给米，贵州省各属既给银又给米，其他省均给银。贵州省府州县学廪生每名岁给廪粮银五钱，米肆石。岁给米最多的省为十二石，最少的广西省为二

---

① （清）董诰等编《全唐文》卷554韩愈《潮州请置乡校牒》，中华书局，1983，第5612页。

② （清）董诰等编《全唐文》卷587柳宗元《道州文宣王庙碑》，中华书局，1983，第5927页。

③ （清）董诰等编《全唐文》卷893钱显《忠鼓王庙碑文》，中华书局，1983，第9329页。

④ （清）刘锦藻编纂《清文献通考》卷69《学校考七·直省乡党之学》，浙江古籍出版社，1988。

石。岁给廪粮银最多的是山东肥城等县学，为玖两陆钱，最少的为甘肃洮州抚番厅学，岁给廪粮银陆钱玖分伍厘有奇……"①

（三）参加考试的补贴与补助

在唐代，地方政府也会对参加考试的士人给予资助，资助形式包括补贴路费、经济资助、免除徭役等形式。"时樊司空泽为节度使，张常侍正甫为判官。主乡荐。张公知绛有前途，启司空曰：举人中悉不如李秀才，请只送一人。诸人之资，悉以奉之。欣然允诺。"②《新唐书》卷190《钟传传》："广明后，州县不乡贡，惟（钟）传岁荐士，行乡饮酒礼，串官属临观，资以装赍，故士不远千里走传府。"也有一些地方长官因赏识士人才华就免除了他们的徭役。如《唐摭言》卷10《海叙不遇》载："任涛，豫章筠川人也，诗名早著。有'露团沙鹤起，人卧钓船流。'他皆仿此。数举败于垂成。李常侍骘廉察江西，特与放乡里之役，盲俗互有论列。骘判曰：'江西境内，凡为诗得及涛者，即与放色役，不止一任涛耳。'"③甚至出现仅仅因为其为读书人就免除徭役的情况，唐代俊仪人白履忠"特以少读书籍，县司放免"④徭役。

到了宋朝，为了向官学提供教育经费，为官学专门设置了学田，将其所得收入用来维持学校的正常运转，也为求学的士人提供经济支持和补助。学生受国家的经济补助主要有以下几个方面："第一，可以免去差役。第二，在学期间，由国家提供住宿和津贴。如熙宁五年（1072

---

①　Pao Chao Hsieh, *The Government of China, 1644-1911*,（Johns Hopkins University, 1925）pp. 148-149.

②　（宋）李昉等编《太平广记》卷179，中华书局，2013。

③　王定保：《唐摭言》卷10《海叙不遇》，载《唐五代笔记小说大观》，上海古籍出版社，2000，第1666页。

④　（后晋）刘昫等撰《旧唐书》卷192，中华书局，1975。

年）规定：外舍生每月 850 文，内舍、上舍生每月 1090 文。元丰三年（1080 年），舍生员均增加为 1100 文。崇宁三年（1104 年），外舍生增至 1240 文，内舍、上舍生增加到 1300 文。第三，国家向边远地区赴京参加太学升补考试的士子提供补贴。"[1] 吴自牧《梦粱录》卷 15 "学校"条载："朝家所给学廪，动以万计，日供饮膳，为礼甚丰。"[2] 通过一揽子政策，确保学生进京参加考试的费用无虞。

在宋代，地方官学的学生同样享受免除征役的待遇。史料记载，"凡州县学生曾经公、私试者复其身，内舍免户役，上舍仍免借借如官户法"。[3] 宋代州县学校多有学田及资产，因此学校对生员一般都提供津贴和学粮，但由于时代变化及地方财力、学校财力的差异，每个学校向学生提供的津贴数量也存在一定的差异。"北宋末年杭州的余杭县学，每人可以有米二升，钱二十文；南宋绍熙五年（1194 年），朱熹在知潭州任内，曾经上疏建议岳麓书院比照州学则例，对四方游学之士每日支给一升四合米、钱六十文，这两项足以满足一日的伙食开支。"[4] 当然，学生如果兼任学校职事，会有新的收入进项，待遇可能会更好一些，相当于现代的"勤工俭学"。淳祐年间（1241—1252 年）建康府城的明道书院，对师生的日供中，"日供职事生员米二升五合，造食钱三百文……宿斋职事生员每夜支油钱二百文"。[5] 通过制度安排，保障各地学子参加地方考试的费用。

此外，宋朝对边远地区的应试举子，也会提供路费方面的资助。

① 李国钧、王炳照总主编《中国教育制度通史》（第三卷），山东教育出版社，2000，第 157 页。
② 吴自牧：《梦粱录》卷 15，三秦出版社，2004。
③ （元）脱脱：《宋史》卷 157《选举志三》，中华书局，1985。
④ 梁庚尧编著《宋代科举社会》，东方出版中心，2017，第 119 页。
⑤ 周应合：《景定建康志》卷 29《儒学志·置书院》，南京出版社，2009。

《宋史》记载："凡州学上舍生升舍，以其秋即贡入辟雍，长吏集阖郡官及提学官，具宴设以礼敦遣，限岁终悉集阙下。自川、广、福建入贡者，给借职券，过二千里给大将券，续其路食，皆以学钱给之。"[1]《默记　燕翼诒谋录》卷 1 记载北宋时期，"远方寒士预乡荐，欲试礼部，假丐不可得，则宁寄举不试，良为可念。谨按开宝二年十月丁亥，诏西川、山南、荆湖等道，所荐举人并给往来公券，令枢密院定例施行。盖自初起程以至还乡费皆公家"。[2]在南宋时期，"地方政府常设贡士庄或贡士库，[3]以田租的收入或利息的收入作经费，补助到京城应考的考生，也有些地方政府，是以出租房屋的方法，以房租的收入作经费"。[4]

到了明代，养士的特点是"舍以聚之，禄以廪之，役以复之，科以升之"。[5]国家为具有生员科名的士人提供的经济资助，主要是统一发放的廪粮。所谓廪粮，就是明代国子监和儒学学生享受的伙食津贴。洪武年间实行会馔制（所谓"会馔"，其实就是吃"大食堂"），监生并不单独领取廪粮。国子监学生待遇较好，既有粮米，也有蔬菜和肉类，而且这种待遇也能够惠及家人。"洪武初、定官吏师生会馔。三月至十月终、日食三（口食）、每人日支米一升。十一月至次年二月终、日食二（口食）、每人日支米八合五勺。若监生有家小者、三月至十月

---

① （元）脱脱：《宋史》卷 157，中华书局，1985。

② （宋）王铚、王栐：《默记　燕翼诒谋录》卷 1，中华书局，1981。

③ 所谓贡士库，是为筹措贡士经费而设置的解库或质库，接受民间以物品质借，收取利息，质借者有用为生活费用的，也有用为商业资金的。由于商业日益兴盛，这种营业当时在城市已经常见，官府也常用来作为筹措财源的一种方法。参见梁庚尧《宋代科举社会》，东方出版中心，2017，第 132 页。

④ 梁庚尧：《宋代科举社会》，东方出版中心，2017，第 132 页。

⑤ 林炫：《林榕江先生集》卷 13《送督学高一所先生迁江西序》，书目文献出版社，1988，集部 9 册，第 181 页。

终减支、每人日支米六合九勺。十一月至二月终、不减支。其监生家小、月支食米六斗。若云南所属、并四川土官生、许带家人一名、同食廪米。其会馔物料。每人日支青菜三两、腌菜则一两五钱。豆腐、黄豆一合磨造。盐三钱。酱二钱。花椒五分。香油三分。醋、每四十人共一瓶。面、三日一（口食）、每人八两造馒头、猪肉四两作馅。酵醋三钱。豆粉一两。干粉索为汤。干鱼、三日一次、每人二两。柴每人日支二斤。"[1] 会馔制度在宣德年间停止，改为将给予学生的粮米补助等物分配给学生，按月支取。"宣德三年、停止会馔。其馒头馅肉、逐月照依时估、于顺天府都税司、门摊课钞内折支。干鱼椒盐等料、仍办本色。"[2]《皇明太学志》卷 2 记载更为详细："各官吏及习礼公侯驸马伯、吏员、监生无家小者，三月至十月，日给馔米一升。每月除朔望，该二斗八升。十一月至二月，日给米八合五勺。每月除朔望，该二斗三升八合。其馒头馅肉，逐月于顺天府都税司门摊课钞内折支。干鱼、椒盐等件，初仍办本色，正统七年，祭酒李时勉奏准：会馔鱼盐等件俱照时估折支钞；其馒头粉、汤豆腐，照馔米例给与麦豆；其椒油俱给钱钞。"[3]

相比中央，地方学校的待遇就相对一般。"洪武初、令师生廪食月米六斗。后复令日米一升。鱼肉盐醢之类、皆官给之；十五年、令廪馔月米一石；正统元年、令师生日逐会馔。有司金与膳夫、府学四名。州学三名。县学二名；弘治三年奏准、膳夫每名岁出柴薪银四两、以备会馔之用；八年、令膳夫每名岁出柴薪银十两。若师

---

① 李东阳等撰《大明会典》卷 220，广陵书社，2007。

② 李东阳等撰《大明会典》卷 220，广陵书社，2007。

③ （明）王材、郭鏊等纂修《皇明太学志》卷 2，国家图书馆出版社，2012。

生不行会馔、有司失于供应、听提学官究治。"①洪武十五年（1382年）所定师生廪馔月米一石，基本成为明代地方学校廪膳生廪粮的定例。

此外，明代国子监的监生还可以免费获得读书灯油和作课仿的纸张。"洪武十三年（1380年），奏准监生读书灯油，按月申部关用。十六年，给监生读书灯油，每人月1斤。永乐二年（1404年），令监生灯油纸札于顺天府官钱给办。灯油无家小、作课者，每人日支5钱，自五月半以后至八月半以前，炎暑，不支；其课仿纸，大月31张，小月30张。"②

明代同样免除了生员的赋役，生员的优免包括粮、差两项。明朝初期生员只能免除差役，洪武初年（1368年）规定"在京府学生员六十人、在外府学四十人、州学三十人、县学二十人、日给廪膳听于民间选补。仍免其家差徭二丁"。③正统元年（1436年），明英宗在敕谕中规定："生员之家，并以洪武年间例，除本身外，户内优免二丁差役，有司务要遵行，不许故违。"④在天顺三年（1459年），除了免除差役，也开始免除粮米。"二十四年、议定优免则例。……教官监生举人生员、各免粮二石、人丁二丁。"⑤

除了政府给予的经济支持，明代的生员还会通过自身的一些地位、优势、特权，去获取一些额外收入。"至于请托行私，起灭罔利；包揽钱粮，隐蔽差役；请祀名宦、乡贤，管分斋膳、廪粮；乡饮邀速宾介，

① 申时行：《明会典》卷78《学校·廪馔》，中华书局，1989，第453页。
② 申国昌：《明清国子监生日常生活与学习活动》，《教育研究与实验》2014年第5期。
③ 李东阳等撰《大明会典》卷78，广陵书社，2007。
④ 杨镜如编著《苏州府学志》卷4《敕谕提督学校巡按直隶监察御史》，苏州大学出版社，2013，第66页。
⑤ 申时行：《明会典》卷20《赋役》，中华书局，1989，第134页。

祭祀营求监宰；进学先为保引，行礼图充导赞；扳亲认族，上书献诗；夺授生徒，勒索束脩；霸佃学田，占种抛荒；放债收租，过取利息；科举起贡，争论盘缠；身具衣巾，杂乞人而待赈；手提秤斗，作牙侩而不辞。傍驿递，拨马差夫；予里甲，挂牌销卯；当行坐铺，赌博赢钱。彼方得意，何有愧颜？"① 甚至不少人谋取不法利益。"明季廪生，官给每岁膏火银一百二十两。三科不中，罚为吏。五等生员，亦罚为吏。五年期满，抚按考选，分别等次，以八九品未入流铨补，仍准乡试。岁考等次，临时发落，始知前旨，不先出案。又贫生无力完粮，奏销豁免。诸生中不安分者，每日（当作月者）朔望赴县恳准词十纸，名曰'乞恩'。又揽富户钱粮，立于自名下隐吞。故生员有'坐一百，走三百'之谣。"②

清代延续了为应试学子发放路费的传统。自清初起，即为各地参加会试的举子颁发盘费银。顺治八年（1651年）规定，"举人会试，由布政使给予盘费，安徽二十两，江西、湖北皆十七两，福建十五两，湖南十四两，广西十二两，浙江、河南皆十两，山西七两，陕西六两，甘肃、江苏皆五两，直隶、四川皆四两，山东一两，广东二十两"。③ 根据《户部则例》卷93 "科场经费"一节的资料说："各省政府对应（会）试的举子支付的盘费，从省库地丁银两中拨付。十八个直省中有十七个省是以银两支付，而云南省则给驿马一匹，另给银三两⋯⋯广东、安徽二十两，江西、湖北十七两，福建十五两，湖南十四两，广西十二两，浙江、河南十两，山西七两，陕西六两，甘肃五两，直隶、四川四

---

① 李维桢：《大泌山房集》卷134《陕西学政》，载《四库全书存目丛书》影印明万历三十九年刻本，集部第153册。
② 顾公燮：《丹午笔记》第52则《明季生员》，江苏古籍出版社，1985，第68页。
③ 《大清会典事例》卷339《礼部·贡举·起送会试》。

两，山东一两。"①《吾学录初编》卷5则也有记载："会试盘费：奉天每名九两、十两不等；山东额征银五百八十九两，山西一千九百四十四两；河南二千五百六十两；江宁二百九十两；苏州八百五十三两；安徽二千八百四十三两；江西一千六百四十八两；福建五千九百六十七两；湖北四千六百四十二两，湖南二千六百二十一两；陕西四千一百九十八两各有奇，俱按名数均匀摊给。浙江每名额给银十两；甘肃每名五两有奇；四川每名四两有奇；广东每名十八两至三十两有奇不等。广西每名十二两有奇，云南、贵州每名三两，往来驿马一匹。"②

清朝还免除了士子的徭役。顺治九年（1652年），清朝制定统一的学规，镌刻在卧碑上，颁布全国官学学宫，其中就明确规定："朝廷建立学校，选取生员，免其丁粮，厚其廪，设学院学道学官以教之。各衙门官以礼相待，全要养成贤才以供朝廷之用。"③顺治十二年（1655年）《钦定学政全书》卷32中曾载上谕："各省提学，将各学廪增附名数，细查在学若干，退若干，照数册报，出示各该府州县卫张挂，俾通知的确姓名，然后优免丁粮。"④乾隆元年（1736年）的上谕也显示，"任土作贡，国有常经。无论士民，均应输纳。至于一切杂色差徭，则绅衿例应优免……嗣后举贡生员等，着概免杂差，俾得专心肄业"。⑤对于具体免除的数量，在清朝时期也经历了变化。"顺治五年规定：举人、贡生、

① Pao Chao Hsieh, *The Government of China, 1644-1911*,（Johns Hopkins University, 1925）p. 161.

② 吴荣光：《吾学录初编》卷5，同治九年（1870年）江苏书局刊本，第3~4页。

③ 素尔讷：《钦定学政全书》卷4，载沈云龙主编《近代中国史料丛刊》第30辑，文海出版社，1989。

④ 素尔讷：《钦定学政全书》卷32，载沈云龙主编《近代中国史料丛刊》第30辑，文海出版社，1989，第1页。

⑤ 素尔讷：《钦定学政全书》卷32，载沈云龙主编《近代中国史料丛刊》第30辑，文海出版社，1989，第2页。

监生、生员免粮二石、免丁二。"顺治八年（1651年）开始，只免杂办差徭，不免正赋。十四年，又进一步限制，"只免本身丁徭，将优免丁粮悉应停免"。康熙二十九年（1690年）开始推行"凡绅衿等田地与民人一例当差"，但事实上，一切仍然在官府的默认下照旧实行。此后在雍正和乾隆时期都一再强调绅衿所免一切杂役，不再免丁粮。清代士人群体的优免数额虽然不断缩小，但始终存在，他们一直都拥有这种一般百姓所享受不到的特权。①

（四）处馆教书的收入

古代知识分子既不从事农业生产，又不经营工商事业，要解决生活问题，除了从政做官，便是处馆教书，收入也是不菲的（可类比当今各类补习班）。换句话说，即使不能通过考试做官，也是可以获得稳定收入的，养家糊口无忧。塾师是士人阶层最常见的职业，是他们以知识与社会交换价值的最佳途径。历代依靠教书（讲授哲学社会科学）为业者大有人在，足以衣食无忧。

教书的传统自汉代开始。汉代儒学的兴盛致使当时士人乡邑办学比较常见，范晔《后汉书·儒林列传下》卷79"论赞"中说，"自光武中年以后，干戈稍戢，专事经学，自是其风世笃焉。其服儒衣，称先王，游庠序，聚横塾者，盖布之于邦域矣。若乃经生所处，不远万里之路，精庐暂建，赢粮动有千百，其者名高义开门受徒者，编牒不下万人"。②当时入学读书的学生都需要缴纳一定数量的束脩，"乡里徐子盛者，以春秋经授诸生数百人，宫过息庐下，乐其业，因就听经，遂请留门下，为

---

① 经君健：《清代社会的贱民等级》，中国人民大学出版社，2009，第10页。
② 范晔：《后汉书·儒林列传下》卷79，中华书局，2007，第2588页。

诸生拾薪"。①承宫家贫，只能为"诸生拾薪"。所以，教授数百人也能有不错的收入，更不用说生徒成千上万的教师了。例如刘淑"少学明五经，遂隐居，立精舍讲授，诸生常数百人"；檀敷"举孝廉、辟公府，皆不就，立精舍教授，远方至者常数百人"；②蔡玄"学通五经，门徒常千人，其著录者万六千人"；张兴"声称著闻，弟子自远方至者，著录且万人"。③而且教书似乎也是一门体面的行业，士人大多乐意从事。"（蔡衍）少明经讲授，以礼让化乡里。乡里有争讼者，辄诣衍决之，其所平处，皆曰无怨。"④教书匠在汉代，具有较高的社会地位，并且在教化人心、地方治理、基层治理中发挥了重要的作用。

自唐代大兴科举以来，士人数量大增，故而从事私学教育也成为他们谋生的主要手段，依靠收取学费来维持其日常生活。官府倡导民众向学，地方官吏也会出面聘请士人进行教学。大历九年（774年）昆山县王纲为县令，"乃谕三老主吏，整序民，饰班事，大启宇于庙垣之右，聚五经于其间。以邑人沈嗣宗躬履经学，俾为博士。于是遐迩学徒，或童或冠，不召而至，如归市焉"。⑤独孤及为常州刺史，"公以为使民悦以从教，莫先乎讲习；括五经英华，使夫子微言不绝，莫备乎《论语》。于是俾儒者陈生，以《鲁论》二十篇，于郡学之中，率先讲授"。⑥

民间也有士人创办私学，招收学生，学校塾师以教书为生，靠佣金度日。聚徒讲授的大儒亦是通过学生缴纳的束脩为生，史书中有大量记

---

①　范晔：《后汉书·宣张二王杜郭吴承郑赵列传》卷 27，中华书局，2007。

②　范晔：《后汉书》卷 97《党锢列传》，中华书局，2007。

③　范晔：《后汉书》卷 190《儒林列传》，中华书局，2007。

④　范晔：《后汉书·党锢列传》卷 97，中华书局，2007。

⑤　（清）董诰等编《全唐文》卷 519，中华书局，1983。

⑥　（清）董诰等编《全唐文》卷 518，中华书局，1983。

载。《旧唐书》卷177《杨收传》载，杨收之父遗直，家世为儒，德宗朝，"客于苏州，讲学为事"。《新唐书》卷198《王恭传》载，王恭"少笃学，教授乡间，弟子数百人"。又，"（卢）鸿到山中，广学庐，聚徒至五百人"。《新唐书》卷198《曹宪传》载，"曹宪，扬州江都人。仕隋为秘书学士，聚徒教授凡数百人，公卿多从之游"。①其他史料中对于聚众教学者也多有记载，如《闽侯县志》卷73载林洪范"自幼苦学，及长，博通经传，属文宏丽，构思敏捷。累举不利，教授门徒，弟子颇有达者"。②《集异记》卷1载"蒋深，精熟二经，常教授于乡里"。③《太平广记》卷70《戚逍遥》载："戚逍遥，冀州南宫人也。父以教授自资。"《文献通考》卷231《经籍考五十八·萧颖士集十卷》载，萧颖士"善观书，一览即诵，通百家谱系、书籀学"④。《北梦琐言》卷3《不肖子三变》载，唐咸通中，"荆州有书生号唐五经者，学识精博，实曰鸿儒。旨趣甚高，人所师仰，聚徒五百辈，以束脩自给"。⑤《唐摭言》卷10《韦庄奏请追赠不及第人近代者》载，唐僖宗中和四年（884年），淮浙荒乱，顾蒙"避地至广州，人不能知，困于旅食，以至书《千字文》授于聋俗，以换斗筲之资"。⑥

宋朝士人已经把教授学生视为可长期从事的职业。袁采在《袁氏世范》卷2中《子弟当习儒业》篇明言，"其才质之美，能习进士业者，上可以取科第致富贵，次可以开门授徒，以受束脩之奉。其不能习进士业

---

① （宋）欧阳修、宋祁：《新唐书》卷198，中华书局，1975。

② 《闽侯县志》卷73，成文出版社，民国二十二年刊本。

③ （唐）薛用弱：《集异记》卷1，中华书局，1980。

④ 马端临：《文献通考》卷231，中华书局，2006。

⑤ 孙光宪：《北梦琐言》卷3，上海古籍出版社，1981。

⑥ 王定保：《唐摭言》卷10《韦庄奏请追赠不及第人近代者》，载《唐五代笔记小说大观》，上海古籍出版社，2000。

者，上可以事书札，代笺简之役，次可以习点读，为童蒙之师"。①

在官办学府中任教的士人具有稳定的收入，金额也相对可观。如范文正公在睢阳掌学，曾聘孙秀才"为学职，月可得三千以供养"。②张云卿"府尹哀之，俾为国子监说书，得月俸七千以养"。③但宋朝时期能够在官学中教授的士人只有很小的一部分，大部分的士人在地方私学从教，主要是依靠生徒数量获取收入。如《闽侯县志》卷71载：宋蔡蒙叟"隐居教授，弟子从远方至者，常满其门"。齐得一"善于教授乡里。士大夫子弟不远百里，皆就之肄业焉"。④王梅溪"执经从之者，常百余人"。⑤郑伯渊"为乡塾大师，邑中青衿半出其门"。⑥廖蕃"教授里门，从游士科第相望"。⑦《龙溪县志》卷15载陈谔，"少游太学，累试报罢，归以其学教授里人"。《宋史》卷432《李觏传》：（建昌军人李觏）举茂才异等不中，亲老，以教授自资，学者常数百人。宋代士人另一个从事教学的地方就是书院。如郑乾道"与朱松友善，时共讲学，假馆以处松，为南溪书院"。⑧林学蒙道"陈宓守延平时作道南书院，聘学蒙为学长，诸弟子执经座下者百余人"。⑨在书院中，教授的学生更多，收入也相对可观。

此外，也有士人担任家庭教师，收入则高低不一。瓯宁人范斗南，淳熙二年（1175年）登第后告诉其妻子："浦城赵氏遣仆持书，欲月与

---

① 袁采：《袁氏世范》卷2《子弟当习儒业》，黄山书社，2007，第125页。

② （宋）魏泰：《东轩笔录》卷14，中华书局，1997。

③ 邵伯温：《闻见录》卷19，载全宋笔记（第2编第7册），大象出版社，2006。

④ （元）脱脱：《宋史》卷456《孝义传》，中华书局，1985。

⑤ （宋）罗大经：《鹤林玉露》卷5，丙编，中华书局，1983。

⑥ 《晋江县志》卷12，成文出版社，清乾隆三十年刊本。

⑦ 《延平府志》卷30，成文出版社，清同治十二年重刊本。

⑧ 《延平府志》卷26，成文出版社，清同治十二年重刊本。

⑨ 《永福县志》卷8，成文出版社，清乾隆十四年刊本。

钱三十千，而邀我作馆客。"①宋孝宗时铅山周氏家族家产丰厚，以年薪十万钱聘请教师。"周氏岁入不能二千斛，内外几六百指，养其偏亲，时其祭祀，给其嫁婚，皆有定式。岁又以十万钱招延儒士，俾其幼稚学礼无缺者。"②据学者推算，宋代士人处馆的收入一般是年薪20贯，而年薪3000贯则是聘请名士为家庭教师的价格。③

明代处馆被称为"舌耕"，当时科举之风盛行，从事教育者收入自然能够得以保障。明人江盈科道："矧夫长洲号东南巨邑，人文之盛，较诸其他，何啻十倍。士之多占胶庠者，约五百以上。此五百人者，计十之六食其土之毛，无所事哺。又廪于官者二十人，借岁饩，比于笔耕。其他无田可租，无廪可支者，率授徒里巷，齿牙阁阁，传经授书，日得百钱，易斗米以黔吾突。"④所以，当时也有不少士人依赖讲学为生，如郑鄤，万历四十年（1612年）中举人，"万历四十八年，泰昌元年，开馆于郡城之先贤祠。每月三试，品其高下。既而改为两试，又改为一试，以卷多阅不给也。登门入籍者一千七百余人，凡首取者，至今多科第矣"。⑤有些人自生员时即处馆，中举后，仍操旧业。如明人陈尧记载："昔者吾师胡元棣先生，以《毛诗》教训多士。余尝卒业门下。其后先生举于乡，士从之游者日益多。"⑥国子监生与生员处馆，更是本色当行。如国子监生

① 洪迈：《夷坚志》支丁卷8《范斗南妾》，中华书局，1981，第1029页。

② 韩元吉：《南涧甲乙稿》卷16《铅山周氏义居记》，《四库全书存目丛书》影印明嘉靖黄长寿刻本，第1982册，第311页。

③ 程民生：《宋代物价研究》，人民出版社，2008，第365页。

④ 江盈科：《置学田记》，万历《长洲县志》，见《稀见中国地方志汇刊》第11册，中国书店，1992，第1080页。

⑤ 郑鄤：《峚阳草堂文集》卷16《天山自叙年谱》，转自陈宝良《明代儒学生员与地方社会》，中国社会科学出版社，2005，第298页。

⑥ 陈尧：《梧冈文正续两集合编》卷2《陈海墟应贡序》，《四库全书存目丛书》影印清康熙五十一年陈世昶抄本，台南庄严文化事业有限公司，1997，集部第101册，第411页。

陈克记载，"以《易》授诸生里中，而韩公邦奇与其子希鲁实馆之"。[①]

士人授馆的收入来源主要包括束脩，即所谓学费；节仪，即节日福利；膳食等三个方面。在馆职中，蒙师的馆谷相比经师来说就较低一些。据魏禧记载，"明末在江西宁都，若无秀才身份，出任童子之师，岁所获脯脩资不过数金"。[②] 即便是官方社学的社师"其束脩一般为每年20两银子，少者也有15两。有些义学的业师，月奉四斛。南宋以后，多以五斗为一斛，两斛为一石。月奉四斛，即二石，一年24石。若折成银子，大概也在15两"。[③] 而经师的束脩则差别较大，但基本要高于童蒙师，"大概一年约30—50两，多者有超50两，甚至还有超过100两者"。[④] 如张履祥云："今之为师者，子弟从之，必取盈其贽，多者百余金，寡者亦数十金。"[⑤] 广西提学道从江西礼聘而至的生员经师，每经师一名，束脩银60两，礼聘银6两，供给银10两，一年所入，共计76两。[⑥] 被乡绅聘用的经师，除了聘银，还有衣物馈赠。小说《醒世姻缘传》记舒秀才处馆，"每年除了四十两束脩，那四季节礼，冬夏的衣裳，真是致敬尽礼的相待"。又"俺那乡里程先生这们好秀才！教着我合表弟相觑皇！两个妻弟！一年只四十两银子"。[⑦]《江湖奇闻杜骗新书》记

① 黄瓒：《雪洲集》卷7《赠韩公邦奇七十寿序》，《四库全书存目丛书》影印明嘉靖黄长寿刻本，集部第43册，第107页。

② 魏禧：《魏叔子文集外篇》卷17《刘参传》，中华书局，2003，第797页。

③ 陈宝良：《明代儒学生员与地方社会》，中国社会科学出版社，2005，第308页。

④ 陈宝良：《明代社会各阶层的收入及其构成——兼论明代人的生活质量》，《西南大学学报》（社会科学版）2016年第3期。

⑤ （清）张履祥：《杨园先生全集》卷18《处馆说》，中华书局，2002，第298页。

⑥ 姚镆：《东泉文集》卷8《广西学政》集部第46册，《四库全书存目丛书》影印明嘉靖黄长寿刻本，第720页。

⑦ 西周生：《醒世姻缘传》，第84回，第1153页；第23回，第347页，上海古籍出版社，1981。

一秀才处馆，"年冬归，得脩金四十余两，衣被物件亦十余两，共作两大笼"。① 从明代馆师收入来看，除了正常的束脩银或馆谷，尚有礼聘银以及四时（包括清明、端阳、中元、冬至等节）的节仪。若在人家中处馆，东家还管一日三餐。一般常膳二簋，一肉一蔬；宴会四簋，二肉二蔬。② 所以，综合来看，明代处馆的收入每年在 15—50 两之间。

清代读书人从事塾师的比例非常高。有学者根据《北京图书馆藏珍本年谱丛刊》中 426 位清人记载，对清代读书人考中生员之后的职业分布做了统计，其中曾经担任塾师，从事教读的达 190 人，占总数的44.6%，③ 以致教书几乎"成了秀才的专业，也成了秀才的专利了"。④ 士人处馆根据自身功名和地区不同，收入也有所差异。一般的秀才处馆，收入不高，如清人汪辉祖所言，"寒士课徒，数月之脩少止数金，多亦不过数十金"。⑤ 清人郭尧臣著《捧腹集诗钞》中有《青毡生随口曲》14首，其第 11 首云："一岁脩金十二千，节仪在内订从前。迩来有件开心事，代笔叨光夹百钱。"⑥ 近人齐如山说清代秀才处馆束脩道："除供吃住外，每年束脩最多者不过四十吊钱，每两吊钱合目下现大洋一枚，最多者一年只挣二十元……最次的秀才，每年不过挣拾元。"又说"在前清时代，在北平教书自然比着乡间，较为优越，然亦看哪方面说，在束脩方面，实比乡下多得多，最多者每月可以到四两银子，再多就要清举人

---

① 张应俞：《江湖奇闻杜骗新书》12 类《在船骗·脚夫挑走起船货》，百花文艺出版社，1992，第 75 页。

② 张履祥：《杨园先生全集》卷 18《处馆说》，中华书局，2002，第 296 页。

③ 霍红伟：《"君子不器"：清代生员的职业选择》，《史林》2014 年第 6 期。

④ 齐如山：《中国之科名》，辽宁教育出版社，2006。

⑤ 汪辉祖：《佐治药言》"勿轻令人习幕"条，辽宁教育出版社（新世纪万有文库），1998，第 14~15 页。

⑥ 周作人：《浮世风吕》，载刘应争选编《知堂小品》，陕西人民出版社，1991，第 4 页。

了。秀才最多挣四两，最少者也要二两，都是管吃管住。按二两说，全年共二十四两，就合目下现大洋三十六元了"。[1] 但也有聘金达到每年一百金者，山西士人刘大鹏记载其受聘："前岁定馆时言明：及门者四人，看文者一人，修金一百，馔皆东家备办。此外尚带外徒二人，小儿一人。今者来馆，东家又荐一人及门，未曾言修金多寡，此亦够吾办理矣。世之舌耕者不少，余亦与之为伍耳。"[2] 设散馆者，收入较高，如有生徒 30 人至 50 人，每年可得百两以上，生徒较少之馆，可得六七十两。[3]

官办学院中的塾师收入也不甚高，约每年 40 两。道光十三年（1833 年），太谷知县孙衎重修义学之后，制定了《义学学规》。其中规定："谷邑有官地、民房数处，每年收租银 50.95 两，作为义学塾师修金。向系礼房管理，今移归儒学，庶归实用。塾师修金每年 40 两，端节、中秋每节节礼 2 两，其余作修理房屋之用。"[4] 张仲礼将担任书院山长等高收入群体计算在内，推算清代具有绅士身份的人担任教师平均收入在 100 两左右。[5] 但是士人中担任书院山长的人毕竟属于少数，大量的士人需要靠自己处馆教学获取收入，所以，19 世纪末教师年收入在 30—150 两之间，[6] 较为贴近实际情况。

（五）担任幕僚、师爷、参谋

幕僚又称幕宾、幕府、幕友、幕客、西宾等，一般是地方军政长

---

① 见齐如山《中国之科名》，载杨家骆主编《中国选举史料·清代编》，台北鼎文书局，1977，第 1090~1092 页。

② 刘大鹏遗著《退想斋日记》，乔志强标注，山西人民出版社，1990，第 5 页。

③ 罗养儒：《云南掌故》，云南民族出版社，1996，第 148 页。

④ 太谷教育志编写组编写《太谷教育志》，山西人民出版社，1993，第 16 页。

⑤ 张仲礼：《中国绅士的收入》，上海社会科学院出版社，2001，第 291 页。

⑥ 张仲礼：《中国绅士的收入》，上海社会科学院出版社，2001，第 95 页。

官聘请的助手、参谋。如果说读书做官是士人的理想途径，那么，入幕或处馆，则是读书人入仕之外的最佳选择，这方面也诞生了很多历史名人，更有"绍兴师爷甲天下"之说。"幕府"这一名称最早出现于战国："李牧者，赵之良将也，常居代雁门，备匈奴。以便宜置吏，市租皆输入莫府（幕府），为士卒费。"①士人充任幕宾佐政由来已久，具有长期的历史，也被设置成为国家正式官职。诸如南北朝时的参军、主簿、记室、军师，唐代之副使、行军司马、判官、掌书记、参谋，宋代的判官、掌书记、推官都成了"幕职官"。逐渐地，私人聘幕佐政的制度也就逐渐纳入政府官僚政治系统之内。明中期以后，幕僚制度发端，并开始正式化、普遍化。到清代，各级地方政府聘用幕宾佐理政务成为普遍现象。②士人担任幕僚的收入主要来自幕主付给的酬金，酬金一般是私人支付，并无统一标准。既因地区和时期的不同，也因门第高低、事务繁杂及幕主官阶的不同而存在差异。

唐代政府规定了幕府的薪俸，而且因为与军政长官关系密切，士人担任幕府也会有不低的被举荐、当官的机会。所以，从谋生和前途两方面考虑，士人选择担任幕府都是一个不错的选择。关于其收入，《唐会要》卷91《内外官料钱上》载："厘革诸道观察使团练使及判官料钱，观察使，每月除刺史正俸料外，每使每月请给一百贯文，杂给准时价不得过五十贯文，都团练副使，每月料钱八十贯文，杂给准时价不得过三十贯文，观察判官，每月料钱五十贯文，支使每月料钱四十贯文，推官每月料钱三十贯文，巡官准观察推官例，已上每员，每月杂给，准时

---

① 司马迁：《史记》，中华书局，2006。
② 李治安、杜家骥：《中国古代官僚政治——古代行政·管理及官僚病剖析》，书目文献出版社，1994，第235~236页。

估不得过二十贯文，如州县见任官充者。月料杂给减半。"①担任幕府的士人，即便不任职也有俸禄。如《新唐书》卷163《柳公绰传附子柳圭》载："大中中，与璧继擢进士，皆秀整而文，杜牧、李商隐称之。杜悰镇西川，表在幕府，久乃至。会悰徙淮南，归其积俸，圭不纳；悰举故事为言，卒辞之。"②

明代，入幕也可能是其走上仕途的前奏，所以大量落第士人入幕，就成为一种普遍的社会现象。如薛论道因"亲没，家贫，诸弟弱，辍博士业。读兵书，自负智囊，说剑都下，公卿间呼为刖先生。许襄毅建牙檀水，辟为参谋"；③如山人黄之璧"自负其才，旁无一人。宋西宁延为记室"；④如周鼎"博极经史，为弟子师，例当以掾曹得官，谢病归。正统中，大征闽寇，沐阳伯金忠参赞机务，辟置幕下，议进取方略，多见用"；⑤如张瀚记其高祖介然公，"尝受知于潘中丞蕃，聘之入粤，赞画岭表。调兵望气，度彼度己，一出胜算。功成后，潘将荐公大用，辄夜离故所，间道奔归，变易姓名，无从寻见"。⑥此外，出于对知识、技能、谋略的尊重，形成了一种仪式。如明代，聘用幕宾通常有一个正式的仪式，需要"择一个好日！写一个全柬拜帖！下一个全柬请帖！得设两席酒儿！当面得送五六两聘礼！有尺头放上一对儿！再着上两样鞋袜"。而且，在出发之时还要另外再送20两银子。担任幕宾每年的收入也不低，每年的脩金少者40两，多者有80两，甚至有二三百两的。⑦可见，

---

① 王溥：《唐会要》卷91《内外官料钱上》，上海古籍出版社，2006。

② （宋）欧阳修、宋祁：《新唐书》卷163《柳公绰传附子柳圭》，中华书局，1975。

③ （清）《保定府志》卷16，清康熙十二年刻本。

④ 周晖：《金陵琐事》卷3《买太史公叫》，中央书店，1935。

⑤ 钱谦益：《列朝诗集小传》乙集《周沐阳鼎》，上海古籍出版社，2008，第195页。

⑥ 张瀚：《松窗梦语》卷6《先世纪》，中华书局，1985，第121页。

⑦ 西周生：《醒世姻缘传》第85回，上海古籍出版社，1981，第1155页。

雇主与社会对幕僚（士人）的敬重。

清朝时期，士人从事幕宾所占比例甚大，担任幕僚成为士人的一种选择。据尚小明统计，生员从事幕宾者所占比例为 23.7%，接近四分之一，其比例仅次于举人。[①] 在清代，地方政府事务繁杂，非主官外，还需要吏员、衙役、长随、幕友等各类公私人员的协助和襄办，这种模式得到了最高统治者的认可。雍正元年（1723 年），清世宗降旨："各省督抚衙门事繁，非一手一足所能办，势必延请幕宾相助，其来久矣……嗣后督抚所延幕客，须拣历练老成，深信不疑之人，将姓名具题。"[②] 清代咸同之际的杨象济也曾提及县令事务繁杂，需要佐助："今县令之难为者，以一县之大，盗贼、水火、钱粮、监狱、兵刑、差役、应供迎送之繁，责之一人，则事之不举者必多，是所值使然，非人材之拙于古也。考之前代，郡县皆得自辟所属，丞赞治而掌农田水利，主簿掌簿书，尉督盗贼，故令不大劳，惟主其教化风俗之端而已。今令与其属不相往来，则不得不增多其吏，其所与为腹心者，独有幕宾。"[③]

典型者之汪辉祖是 18 世纪末 19 世纪初有名的幕僚。他是浙江绍兴人，那里以绍兴师爷闻名。在其所著《佐治药言》中，详细说明了清代不同幕僚的待遇情况："吾辈以图名未就，转而治生。惟习幕一途与读书为近，故从事者多。然幕中数席，惟刑名、钱谷岁脩较厚。余则不过百金内外，或止四五十金者。一经入幕，便无他途可谋，而幕脩之外，又分毫无可取益。公事之称手与否，主宾之同道与否，皆不可知。不合则去，失馆亦常有之事。刑名、钱谷谙练而端方者，当道每交相罗致，得

① 尚小明编著《清代士人游幕表》，中华书局，2005，第 14 页。

② 《清世宗实录》卷 5，雍正元年三月乙酉。

③ （清）杨象济：《拟策七　以刑名钱谷补县署》，载（清）葛士浚辑《皇朝经世文续编》卷 23 吏政八，1902。

馆尚易。其他书记、挂号、征比各席，非势要吹嘘，即刑钱引荐，虽裕有用之才，洁无瑕之品，足以致当道延访者什无一二，其得馆较难。以脩脯而计，刑钱一岁所入，足抵书、号、征比数年。即失馆缺用，得馆之后可以弥补。若书、号、征比得馆已属拮据，失馆更费枝梧。且如乡里课徒及经营贸易，蕴袍疏食，勤俭有素，处幕馆者章身不能无具，随从不能无人。加以庆吊往还，亲朋假乞，无一可省。岁脩百金，到家亦不过六七十金。八口之家，仅足敷衍。万一久无就绪，势且典贷无门，居处既习于安闲，行业转难于更改，终身坐困，始基误之。"按照汪辉祖说法，从整体来说，幕僚的平均收入要高于塾师的平均收入。"吾辈从事于幕者，类皆章句之儒，为童子师，岁脩不过数十金，幕脩所入，或数倍焉，或数十倍焉，未有不给于用者。且官有应酬之费，而幕无需索之人，犹待他求，夫何为者。"①此外，张仲礼在《中国绅士》中详细记录了晚清状元张謇担任幕僚的收入：22 岁成为生员，即充当江苏江宁县知县的书启，薪酬为每月 10 两银子，即每年 120 两；24 岁时，他成了淮军将领吴长庆的幕僚，每月有 20 两银子的薪水，一年有 240 两；28 岁时，他母亲去世，吴长庆升任浙江提督，赠他 100 两银子作为丧葬费用；31 岁时，除通常的薪酬外，他从吴长庆处得到 1000 两银子，这是因他筹划的计谋有助于吴长庆平定朝鲜的兵变。②据张仲礼统计"在州县官的幕僚之中，负责书启、挂号和征比的幕僚每年的平均收入为 100 两银子，就如张謇的例子所显示的。负责刑名、钱谷的幕僚所得到的收入要比上述同僚多几倍，约为 300 两至 400 两银子一年。考虑到他们的收入包括礼赠，这一幕僚的主要群体的平均收入约为每年 250

---

① 　汪辉祖：《佐治药言》"自处宜洁"条，辽宁教育出版社（新世纪万有文库），1998，第 14~15 页。

② 　张仲礼：《中国绅士》，上海社会科学院出版社，2007，第 269 页。

两银子。封疆大吏的幕僚能获得高得多的收入。叶昌炽，一位巡抚的幕僚，年收入为 1000 两银子。根据辜汤生对盛宣怀幕僚的评论来看，也许 1000 两是这一幕僚群体的最低收入，他们的平均收入可能为 1500 两银子一年"。[①]可见，清代幕僚的收入还是相当不错的。幕僚在参与谋划、提供咨询、协助治理等方面发挥了重要作用。

（六）耕读传家的生活方式

我国古代社会中耕读传家是儒家士人最为传统的生存方式，即"昼耕夜读"一直是士人谋生方式的重要选择。士人参与农耕的方式一般存在两种：一是自身参与农业劳动；二是自身不参与农业劳动，只是作为农业生产管理者参与。

唐朝大量的文学作品中，都反映了士人的这种耕读式生活。如《全唐诗》卷 125 王维《酬诸公见过》诗云："屏居蓝田，薄地躬耕。"[②]同书卷 548 薛逢《邻相反行》诗云："我今躬耕奉所天，耘锄刈获当少年。面上笑添今日喜，肩头薪续厨中烟。纵使此身头雪白，又有儿孙还稼穑。"[③]唐朝诗人殷尧藩的《寄许浑秀才》中写道："文字饥难煮，为农策最良。兴来锄晓月，倦后卧斜阳。秋稼连千顷，春花醉几场。任他名利客，车马闹康庄。"[④]

唐代的史籍中，也多有记载士人耕读的事迹。《旧唐书》卷 163《王质传》载，王质"寓居寿春，躬耕以养母，专以讲学为事"。[⑤]《唐才子

---

① 张仲礼：《中国绅士研究》，上海人民出版社，2008，第 274 页。

② （清）彭定求编《全唐诗》卷 125，中华书局，1960。

③ （清）彭定求编《全唐诗》卷 548，中华书局，1960。

④ （清）彭定求编《全唐诗》卷 492，中华书局，1960。

⑤ （后晋）刘昫等撰《旧唐书》卷 163，中华书局，1975。

传》卷2《沈千运》载，天宝中，沈千运数举不第，还山中别业。尝曰：
"衡门之下，可以栖迟。有薄田园，儿稼女织，假仰今古，自足此生。"[1]
《全唐文》卷742载刘轲《与马植书》云"脱禄不及厚孤弱，名不及善
知友，匡庐之下犹有田一成，耕牛两具，童仆为相，杂书万卷，亦足以
养高颐神"。[2] 同书卷755杜牧《唐故太子少师奇章郡开国公赠太尉牛
公（僧孺）墓志铭并序》称"孤，始七岁，长安南下杜樊乡东，文安有
隋氏赐田数顷、书千卷尚存。公年十五，依以为学，不出一室，数年业
就，名声入都中"。[3] 以耕读谋生者大多经济状况一般，属于中下层收
入群体，但其中也不乏富有田产，生活优渥者。如"陶岘，彭泽之子孙
也。开元中，家于昆山，富有田业，择家人不欺而了事者悉付之，身则
泛艖江湖，遍游烟水，往往数岁不归"。[4]

宋代的士人同样有大量依靠种田获得收入者。如方惟深"乡贡第
一，试礼部不第，即弃去。有田一廛，与其弟躬耕，闲则读书"。[5] 方
审权"慨然罢举业。其先世积书甚富，环所居有田若干亩，曰'吾耕读
于此，足了一生矣'。逍遥物外，有以自乐，岁中不一再入城府"。[6] 又
如北宋的苏辙，晚年居于颍川，以耕作为生。其孙苏籕所作《次韵大父
晒麦》中有云："西郊岁种十亩麦，自笑不耕惟坐食。吾人一饱已天幸，
此外何心更求得。我田长熟无旱潦，玉粒收来坚且好。岂同豪右执券
契，虐取多求急于盗。我家治生无奇功，累世守此慈俭风。仓困不满非

① （元）辛文房：《唐才子传》卷2，辽宁教育出版社，1998。

② （清）董诰等编《全唐文》卷742载刘轲《与马植书》，中华书局，1983，第7676页。

③ （清）董诰等编《全唐文》卷755杜牧《唐故太子少师奇章郡开国公赠太尉牛公（僧孺）
墓志铭并序》，中华书局，1983，第7825页。

④ 《苏州府志》卷91，成文出版社，1983。

⑤ 《苏州府志》卷85，成文出版社，1983。

⑥ 《莆田县志》卷22，成文出版社，1983。

所恤，冒暑一晒安敢慵。长空不见纤云起，沽酒烹鸡会邻里。炎飚不厌尘满身，冷饼行看冰上齿。闲居舍此一事无，徇时干禄姑舍诸。信知为农自足乐，秦相未必贤牵卢。"① 但是如果土地数量不多，生活则不免捉襟见肘。仁宗朝名臣孙抃家世代务农，"高曾祖以来，历五代丧乱，晦遁不出，力田以自给，取足而已，不求赢畜"。②

明代的士子也存在以耕作为生的方式。明代中叶，章丘弭氏对其子谢惟馨曾言"吾家赖以为生者，不过读与耕耳。君于读书之暇，何不于田省耕，劝戒勤惰，以望有秋，以办两税之需，以赡一家之养"。③ 甚至有士人实现治生与求学的双重收获，甘玫"持家勤俭，不废诗书，耕耘之暇，开卷朗诵，虽寒暑亦焚膏继晷，故田产渐增，而学业亦浸浸逾上……其文清新沉刻，为老师所剧爱，邑郡校士，频列前茅"。④ 尹若高"幼读书，成童失怙，无他兄弟，遂综家秉，讲治田、树桑、播艺，早晚相地所宜，及五谷废积之术，无不通晓，以故家渐裕"。⑤

当然，古代社会中选择耕作的士人大多是一种主动的选择，而不是普通农民那种必然、无奈的选择。他们经济状况都算良好，这些士人的家庭一般都拥有大量的土地，至少拥有保证温饱的土地，能够为他们提供一种悠闲从容的田园生活。若缺少土地，士人则无法依靠耕种维持生计，必然会选择其他谋生手段。

---

① 《全宋诗》卷 360，北京大学出版社，1998。
② （宋）苏颂：《朝请大夫太子少傅致仕赠太子太保孙公行状》，《苏魏公文集》卷 63，中华书局，1988，第 962 页。
③ （明）李开先：《闲居集》文之八《淑媛弭氏墓志铭》，《四库全书存目丛书》本，第 61 页。
④ 甘全亨等修《古滕甘氏族谱》卷 8《袖奇公传》，民国五年石印本。
⑤ （清）李滢：《质庵文集·清处士尹若高翁暨配李氏合葬碣铭》，载《山东文献集成》第二辑第 33 册，北京图书馆出版社，1999，第 546 页。

（七）通过经商谋生

古代社会中，士人为四民之首，社会地位高于其他民众。故而，若非迫不得已，他们并不愿从事其他行业，尤其是经商，这是其最不愿意从事的"末业"。虽然历朝都有关于士人经商的记载，但总体上，士人只是将其视为权宜之计。早在汉代，士人都避免经商，因为会被人看不起，成为以后进入仕途的障碍，[①] 所以，就有记载士人为了避免出仕而"为商贾自秽"情况。[②]

汉代以来，在绝大部分时间里，这种地位差异始终存在。到了唐朝，仍然延续了中国传统的抑商政策，商人地位仍旧不高。《旧唐书》卷 48《食货上》载："士农工商，四人各业……工商杂类，不得预于士伍。"[③] 但到了唐玄宗时期，已经有不少士人为了追求经济利益而选择经商。唐玄宗曾下《禁丧葬违礼及士人干利诏》："凡士庶人，不兼二业。或有衣冠之内，寡于廉隅，专以货殖为心，商贾为利，须革其弊，以清品流。有犯者，委京都御史台及诸道采访使具以状闻，当别处分，宣布中外，咸使知闻。"[④] 这条禁令说明当时士人经商已经具有普遍性。时人牛希济《治论》也云："今之世，士亦为商，农亦为商，商之利兼四人矣。"[⑤]

自宋朝始，社会风气发生了转变，士人经商现象已经呈现普遍性。清人沈垚在《费席山先生七十双寿序》说："宋太宗乃尽收天下之利权

① 瞿同祖：《汉代社会结构》，邱立波译，上海人民出版社，2007，第 109 页。
② （南朝宋）范晔：《后汉书·独行列传》卷 81，中华书局，2007。
③ （宋）欧阳修、（宋）宋祁：《新唐书》卷 202《文艺志中》，中华书局，1975。
④ （清）董诰等编《全唐文》卷 31 唐玄宗《禁丧葬违礼及士人干利诏》，中华书局，1983，第 349~350 页。
⑤ （清）董诰等编《全唐文》卷 845 牛希济《治论》，中华书局，1983，第 8879 页。

归于官，于是士大夫始必兼农桑之业，方得赡家，一切与古异矣。仕者既与小民争利，未仕者又必先有农桑之业方得给朝夕，以专事进取。于是货殖之事益急，商贾之事益重，非父兄先营事业于前，子弟即无由读书，以致身通显。是故古者四民分，后世四民不分。古者士之子恒为士，后世商之子方能为士，此宋元明以来变迁之大较也。"① 尤其是南方地区和西南地区的士人经商者更多。"江、淮间虽衣冠士人，狃于厚利，或以贩盐为事。"② 四川地区"凡廷试，唯蜀士到杭最迟，每展日以待"。会有言："蜀士嗜利，多引商货押船，致留滞关津。"③ 梅尧臣的《闻进士贩茶》，形象地描绘了举子贪图利润，冒险贩茶的状况。"山园茶盛四五月，江南窃贩如豺狼。顽凶少壮冒岭险，夜行作队如刀枪。浮浪书生亦贪利，史筒经箱为盗囊。津头吏卒虽捕获，官司直惜儒衣裳。却来城中谈孔孟，言语便欲非尧汤。三日夏雨刺昏垫，五日炎热讥旱伤。百端得钱事酒卮，屋里饿妇无糇粮。一身沟壑乃自取，将相贤科何尔当！"④ 所以，当时就出现了不少士人通过经商积累大量家产的现象。据《宋代蜀文辑存》卷《稽古堂记》载："资中人李处和自少传其家学，为诸生，年三十余未达，且甚贫也，乃出游，而其平生故人亲戚稍资业之，因贾于荆、襄、巴、夔之间，不十年而其利百倍。即富，则慨然曰：'是故吾之权道，岂其初心哉！吾年幸未甚大，三子长，宜有以为训。'乃毁其舟车，定居于涪之乐温，葺斋馆，益市六经百家历代史传，阖门不出，日以读书教子为事。"⑤《龟山集》中《曹子华墓志铭》载："初，朝议公场

---

① （清）沈垚：《落帆楼文集》卷24《费席山先生七十双寿序》，载《清代诗文集汇编》第598册，上海古籍出版社，2010，第312页。

② （元）脱脱：《宋史》卷182《食货下》，中华书局，1985。

③ （元）脱脱：《宋史》卷156《选举二》，中华书局，1985。

④ （宋）梅尧臣：《宛陵集》卷34，吉林出版集团有限责任公司，2005。

⑤ 傅增湘：《宋代蜀文辑存》，北京图书馆出版社，2005。

屋不偶，退屏世累……君亦以累举不售，相其兄力治生，不计有无，资其弟以学。其后家日益富，而弟涟卒以名进士登科，通金闺籍，君与有力也。"[1]

到了明代，商品经济的快速发展，在中国传统社会中一直被视为贱业的"贾"逐渐成为一个相对具有吸引力的社会职业，尽管在总体上仍然地位不高。士人经商的人数也明显增加，尤其是在商业基因发达的江南地区。"昔日逐末之人尚少，今去农而改业为工商者三倍于前矣。"[2]万历年间的林希元有云："今天下之民，从事于商贾技艺游手游食者十而五六。"[3]士人中有不少通过经商集聚了不少财富。新安士人黄仲容"挟赀南走荆湘，北游淮甸，以墨池交结天下士"，"不数年得缠十万贯矣"；[4]江苏洞庭山蒋举人某，"屡试春官不第，遂效垄断之术"，勠力商贾，"不数年称高赀矣"；[5]新淦习源雄，"自束发受书，目数行下，师长咸以国器相期。嗣因常武生意，祖父恐继起无人，爰命弃儒服贾。不数年，即缵诸掌理，大展端木之才，亿而辄中"。[6]也有不少边读书边经商者，收入并不丰厚，但足以维持家庭温饱。自号为"拙修子"的苏潜龙就以经营书肆自养，"以日之入事其母，育其弟若妹，有赢余。终日坐

---

① （宋）杨时：《龟山集》，文渊阁《四库全书》本。

② （明）何良俊：《四友斋丛说》卷13《史九》，中华书局，1997，第112页。

③ （明）林希元：《同安林次崖先生文集》卷2《王政附言疏》，《四库全书存目丛书》本，第458页。

④ （明）黄禄、（明）程天相纂修《新安黄氏会通谱·黄处士仲容公墓志铭》。

⑤ 同治《苏州府志》卷147，"杂记"引《暗然录》。转引自方志远、黄瑞卿《再论明代中后期的弃学经商之风》，《江西师范大学学报》1993年第1期。

⑥ 《新淦习氏四修族谱》载有《大学生习公勤斋岳祖老大人暨德配习母岳祖母张孺人合传》。转引自方志远、黄瑞卿《再论明代中后期的弃学经商之风》，《江西师范大学学报》1993年第1期。

肆中且鬻且读览"；①春门徐隐君"绝意进取，日翻庄老，哦陶杜诗自适。产不及中人，亦时采计然什一以佐釜庾，日中既罢，则下帘闭肆。洁一室，炉薰茗碗，萧然山泽之癯也"。②

清代在太平天国之前，社会各阶层虽有上下之间的流动，但以生员而兼营工商业者甚为罕见。从整体上来看，生员经商在清代商业活动中不占重要地位。据学者对 426 位清人的统计，考中生员后从事过商业活动的只有 6 人，仅占 1.41%。从事商业活动的多为生活贫困者，如陈尚志深受拮据生活所苦，选择经商，其经商"素不工心计，然贸易辄盈其息若有阴相之者，十余年称素封矣"。③而且士人即便经商也多为兼职，如黎安理一面教读、一面行医、一面经商；④王楚堂、周庆云都是一面经商、一面读书应举。⑤直至清末新政之后，政府采取了奖励工商业发展的政策，才有大量士人进入新式的工商实业领域，进行经营活动。

（八）其他，如佣书、占卜、行医等

除了上述几个主要的士人群体的谋生手段，还有其他一些谋生手段如占卜、行医等，一般来说，都是士人、士子在面临生存困境情况下、不得已的小众选择，并不是一种主要的方式。这些在各朝各代中也可以找到零星的记载。

---

① （清）黄宗羲：《明文海》卷 417，中华书局，1987，第 4353~4354 页。

② （明）李日华：《李太仆恬致堂集》卷 25《春门徐隐君传》，四库禁毁书丛刊本，第 587 页。

③ （清）宋书升：《旭斋文妙陈公素贞家传》，载《山东文献集成》第三辑第 35 册，北京图书馆出版社，1999，第 724 页。

④ （清）黎安理编《长山公自书年谱》，《北京图书馆藏珍本年谱丛刊》第 118 册，北京图书馆出版社，1999，第 324~332 页。

⑤ （清）王楚堂编《云翁自订年谱》，《北京图书馆藏珍本年谱丛刊》第 131 册，北京图书馆出版社，1999，第 579 页；周延礽编《吴兴周梦坡先生年谱》，《北京图书馆藏珍本年谱丛刊》第 188 册，北京图书馆出版社，1999，第 19 页。

（1）佣书。唐代有不少士人为了谋生和准备科考，受雇于他人抄写文书、资料等，获得劳务性收入，古人称之为佣书。如《全唐诗》卷100记载，扬州江都人王绍宗"嗜学，尤工草隶。家贫，常佣力写佛经以自给"。[①]《旧唐书》卷189《儒学下·王绍宗传》也载："绍宗少勤学，遍览经史，尤工草隶。家贫，常佣力写佛经以自给，每月自支钱足即止，虽高价盈倍，亦即拒之。寓居寺中，以清净自守，垂三十年。"[②]白居易《效陶潜体诗十六首》云："布裙行赁春，裋褐坐佣书。以此求口食，一饱欣有余。"[③]权德舆在《与黜陟使柳谏议书》云："今若以赀用所迫，苟进一官，则佣书贩春，亦足自给。"[④]《太平广记》卷74引《慕异记》载："陈季卿者，家于江南，辞家十年，举进士，志不能无成归，羁栖辇下，鬻书判给衣食。"[⑤]

考究其历史，士人佣书最早在战国时期就已经出现。《拾遗记》记载："张仪、苏秦二人，同志好学，迭剪发而鬻之，以相养。或佣力写书，非圣人之言不读。遇见《坟》《典》，行途无所题记，以墨书掌及股里，夜还而写之，析竹为简。二人每假食于路，剥树皮编以为书帙，以盛天下良书。"[⑥]历史上有名的苏秦、张仪，在早年都做过此类兼职性工作。到了汉朝时期，有不少士人通过佣书补贴家用、实现生活自给。

① （清）彭定求编《全唐诗》卷100，中华书局，1960。
② （后晋）刘昫等撰《旧唐书》卷189，中华书局，1975。
③ （清）彭定求编《全唐诗》卷428白居易《效陶潜体诗十六首》，中华书局，1960，第4724页。
④ （清）董诰等编《全唐文》卷489权德舆《与黜陟使柳谏议书》，中华书局，1983，第4490页。
⑤ （宋）李昉等编《太平广记》卷74，中华书局，2013。
⑥ （晋）王嘉撰，（南朝梁）萧绮录，齐治平校注《拾遗记》卷4《秦始皇》，中华书局，1981，第103~104页。

如西汉后期，卫飒"家贫，好学问，随师无粮，常佣以自给"；^①汉和帝时期，李郃"居贫，而不好治产……至京学问，常以赁书自给"；^②《拾遗记》中记载："琅琊王溥，即王吉之后。……及安帝时，家贫不得仕，乃挟竹简插笔，于洛阳市佣书。美于形貌，又多文辞。来僦其书者，丈夫赠其衣冠，妇人遗其珠玉，一日之中，衣宝盈车而归。……后以一亿钱输官，得中垒校尉。"^③可见，历史上很多士人以佣书为生活收入来源。

关于佣书的具体收入水平，相关的记载不多。《太平广记》卷106"宋衎"条记："宋衎，江淮人，应明经举。元和初，至河阴县，因疾病废业，为盐铁院书手，月钱两千，娶妻安居，不议他业。年余，有为米纲过三门者，因不识字，请衎同去，通管簿书，月给钱八千文。衎谓妻曰：'今数月不得八千，苟一月而至，极为利也。'妻杨氏甚贤，劝不令往。"^④唐代文学作品中，也有关于佣书收入的描写，《裴铏传奇·文萧》说"唐宪宗元和年间，书生文萧漂泊至钟陵郡，娶仙女为妻。生素穷寒，不能自赡，妹曰：'君但具纸，吾写孙愐《唐韵》。'一部，运笔如飞，每鬻获五缗"。^⑤从上述记载可见，佣书的收入虽然不高，但收入稳定，足以维持日常生活。

（2）占卜。在古代占卜也是一项需要专业知识与技能的职业，这也是士人的非主流、小众选择。两汉时期，很多士人在官场遇挫，或为

---

① （南朝宋）范晔：《后汉书》卷76《循吏·卫飒传》，中华书局，2007，第2485页。
② （宋）李昉等撰《太平御览》卷485《人事部》引《李郃别传》，中华书局，2000，第2221页。
③ （晋）王嘉撰，（南朝梁）萧绮录，齐治平校注《拾遗记》卷6《前汉下后汉》，中华书局，1981，第143页。
④ （宋）李昉等编《太平广记》卷106，中华书局，2013。
⑤ （唐）裴铏著，周楞伽辑注《裴铏传奇》，上海古籍出版社，1980。

生计所困时，就会凭借所学的知识，在市场上设摊卖卜，为人们预测吉凶，获得生活收入。如日者司马季主"卜于长安东市"；严君平"卜筮于成都市……裁日阅数人"。[①] 由于社会认知的阶段性，占卜能够为人们的日常生活提供一种导引。这使得占卜者具有左右个体生活、社会舆论的潜在能力。在唐代中期，政府曾对占卜控制严格，不准民间私自占卜。如玄宗曾下《禁卜筮惑人诏》："古之圣王，先禁左道，为其蠹政，犯必加刑。至如占相吉凶，妄谈休咎，假托卜筮，幻惑闾阎。矜彼愚蒙，多受欺诳。宜申明法令，使有惩革。自今以后，缘婚礼丧葬卜择者听，自余一切禁断。"[②] 到宋代，占卜已经成为一种普通的行业。宋"自至和、嘉祐以来，费孝先以术名天下，士大夫无不作卦影，而应者甚多"。[③] 不少占卜者能够与士大夫群体交游往来，"政、宣间，除擢侍从以上，皆先命日者推步其五行休咎，然后出命。故一时术者，谓士大夫穷达在我可否之间。朝士例许于通衢下马从医卜，因是此辈益得以凭依。今谈天者既出入贵人门第，揣摩时事以售其说"。[④] 占卜者的收入不固定，视其技术的高低而定。如唐术士钱知微尝至洛，居天津桥卖卜，"一卦帛十匹"。[⑤] 宣平坊王生善易筮，"每以五百文决一局，而来者云集。自辰及酉，不次而有空反者"。[⑥] 唐王绩《群卖卜赞》："君平不仕，卖卜穷年。日裁数局，常收百钱"。[⑦] 明代吴人袁景休，"读经史，喜为歌诗，

---

① （汉）班固：《汉书》卷 72，中华书局，2007，第 3056 页。

② （清）董诰等编《全唐文》卷 31，中华书局，1983。

③ （宋）魏泰：《东轩笔录》卷 11，中华书局，1997。

④ （宋）周辉：《清波杂志》卷 3，中华书局，1997。

⑤ （宋）李昉等编《太平广记》卷 77，中华书局，2013。

⑥ （宋）李昉等编《太平广记》卷 150，中华书局，2013。

⑦ （清）董诰等编《全唐文》卷 132，中华书局，1983。

芒鞋竹笠，遍游吴越山川，归而受一廛于吴市，以卖卜终老"；[1] 王奇，"为诸生，通天文、卜筮、星数之学，后以事被褫，乃以术游四方"。[2] 占卜的收入不能保证大富大贵，但是应当可以满足温饱，并有机会谋取更高的经济地位、民间声望、政治地位。到了王朝更替的乱世时期，占卜者的预言甚至成为改朝换代的舆论工具。

（3）行医。唐代以后，尤其到了宋代，医生的社会地位逐渐上升。出现一些士人转而选择行医，获取经济收入。宋增城人崔世明，试有司连黜，放弃科举，曰："不为宰相，则为良医。"遂究心岐黄之书，弃儒成医。[3]《夷坚志》卷4 "徐防御"条记载：吉州吉水人罗钦若、杨主簿与眼医徐远，同游邑野外，遇一客，注目熟视不已。三人同询之曰："汝岂能说相乎？"曰："然。"因试扣之……末乃谓徐曰："君真贵人。"三人相视错愕，虽童仆亦皆哂其妄，亦诮之曰："罗、杨皆是及第官人，徐生只一医者，负笈行术，日得百钱，他无资身之策，如何能贵？"[4] 这一史料显示，当时的一般医者，不仅收入足以维持生计，而且医者与士人同游，显示其社会地位也不低。匠人的社会地位提升，成为一少部分士人在读书做官、私塾教书、做幕僚参谋、耕读之外的非主流选择。在这里，我们也看到了宋代之后匠人地位出现了提升的萌芽。

在明清时期，这种萌芽有进一步发展的趋势。不少士人放弃举业，改学医道，获得成功，提升了医生的社会地位。明人张凤翼曾说："凡子弟业咕毕，不得籍名庠序，则降而为医。"[5] 良医多由儒徒业，这也是

---

① （清）钱谦益：《列朝诗集小传》（丁集），上海古籍出版社，2008。

② （明）顾起元：《客座赘语》卷7《王奇》，上海古籍出版社，2012。

③ 《广州府志》卷113，成文出版社，清光绪五年刊本。

④ （宋）洪迈撰、何卓点校《夷坚志》卷4，中华书局，1981。

⑤ （明）张凤翼：《处实堂集》卷6《赠通儒韩先生序》，《四库全书存目丛书》影印明万历刻本，集部第137册，第365页。

明代的特点，出现了成规模的士人群体改行行医现象。又据汪道昆记载，"今之业医者，则吾郡良。吾郡贵医如贵儒。其良者，率由儒徒业。吴山甫，故儒生也，则亦降儒而就医"。①吴从仁，"少业儒弗就，坐折肱，治轩岐之术，视诊投剂多奇中，誉乃日起。有司荐其能，升之医师，……历十有五载，进为御医"。②明人马璧，"举嘉靖戊戌进士……宦归行李萧然，室庐皆先世遗，无所增置……秋时花发，召客宴赏累日，自余闭门晏坐，间读医书，订药品，意泊如也"。③

　　清代依然延续了部分士人改行行医的趋势，并获得收入和成功。如清人胡英云，"始应童子试，曾拔置前茅，后困场屋，因淡于进取。然公素裕达，家事悉赖诸昆弟，而自不问闻，于是弃儒就医，而于眼科为尤精。方其潜心研究，尽得其神妙，故用药精确，直与彩囊承露之术同其功能。富者或驱车而迎，贫者或束装而就，公虽年近耄耋，求无不应，舍药材，备酒食，亦毫无德色"。④胡英云在医学领域达到了很高的高度，能够实现致富、结交权贵阶层。此外，甘威聚亦是因科场受挫改业岐黄，最终医名大振、家资日饶。"（甘威聚）幼读书，日五六十行，即成诵，稍长能文章。甫弱冠，邑郡校士，频列前茅，学宪按试，竟不售……因久困场屋，弃贴括，业治岐黄术。公之王考协远公，儒而医者也，有名于时，富藏简编者，有痘疹专科。公乃书理家事，夜发箧，肆方脉，反复翻阅，妙有神悟，求诊视者报剂辄效。并取协远公所著书，悉心研究，而痘疹科遂称圣手，延请问方者踵相接。经诊视，全活无

① （明）汪道昆：《太函集》卷23《医方考引》，《四库全书存目丛书》影印明万历刻本，集部第117册，第310页。
② （明）陆鈫：《少石集》卷12《赠御医吴从仁南还序》，《四库全书存目丛书》影印明万历刻本，集部第76册，第337页。
③ （明）顾起元：《客座赘语》卷7《庐苑马》，上海古籍出版社，2012。
④ 胡怀业等纂修《恒台胡氏世谱》卷3《采同公传》，民国十五年石印本。

算，医声大振，家赀亦日饶。"①史料表明，明清时期的士人行医者大都有不错的收入。据张仲礼先生研究，清代的行医者收入要高于塾师，每年的平均收入大约为200两。②因此，可以说，宋代之后，尤其是明清时期，开始有士人向匠人转变的萌芽和苗头。这虽是一种小众且非主流选择，而且从社会整体来看，士人地位高于匠人群体仍然是主流的社会模式，但毕竟也为清末之后的匠人崛起埋下了伏笔。

总结来看，从秦汉到明清时期的士人收入，普遍地高于社会其他阶层，为四民之首。具体来说，对于能够通过科举入世的精英即"幸运儿"，其收入具有国家体制性保障（俸禄、职田、补贴），且在大部分时期内享受免于税赋的特权。对于众多立志于读书做官的士子学生，国家也会在馆舍、生活、赋税、旅费等方面予以激励和照顾。除此之外，士人还可以通过教书（儒家思想）、幕府等方式实现经济独立、事业逆袭、阶层跃迁。即使通过上述方式都没有成功，还可以进行佣书、占卜、经商等活动，保障基本生活，实现衣食无忧。

二 匠人收入：不均与维持

这一时期（秦汉到明清），匠人的生活境遇与士人群体构成一种鲜明对比。自秦汉大一统之后，国家实行重农抑商政策，限制工商业的发展。商人和工匠（匠人）的社会地位一落千丈，其经济生活水平不能和士人比较。自从先秦时期以来，工匠就一直分为官办和民办两种，他们的劳作形态和收入都有所不同。官办手工业有专门的管理部门和管理人

---

① 甘全亨等修《古滕甘氏族谱》传十八《庶合公传》，民国五年石印本。
② 张仲礼：《中国绅士研究》，上海人民出版社，2008，第301页。

员，服务君主、王室、政府、军队等。唐中期之前，从事官办手工业带有服役的色彩，政府也会给予一定报酬，但水平不高。唐代中期之后，政府逐渐转向出钱雇用专业工匠，按照市价给付报酬。不过其中多有克扣，工匠地位低，收入在正常水平，仅可以勉强糊口度日。

（一）官办匠人的收入水平

在秦汉时期，官办手工业中的人员可分为两类。一类是少量的专业匠人，他们从民间征调，拥有技术，并且根据技术的高低分为师、工、匠三类；一类是卒、徒、婢等，他们是主要劳作者，在官办的作场中工作，相当于服劳役，没有任何收入。《汉书》记载："今汉家铸钱，及诸铁官皆置吏卒徒，攻山取铜铁，一岁功十万人已上。"[①]《盐铁论·水旱篇》载："卒徒工匠，以县官日作公事，财用饶，器用备。……今县官作铁器，多苦恶，用费不省，卒徒烦而力作不尽。"[②]都证明了官府手工业中使用刑徒、更卒的情况。同时，在汉代时期，有大量的奴婢在官府手工业中劳作，当时称为"工巧奴"。《汉书·食货志》载："杨可告缗遍天下，中家以上大氐皆遇告。……得民财物以亿计，奴婢以千万数……其没入奴婢，分诸苑养狗马禽兽，及与诸官。"同书也记载"（赵）过使教田太常、三辅，大农置工巧奴与从事，为作田器"。[③]官府手工业人员中只有工匠与工师可能略有报酬，有一定自由；更卒虽有人身自由，但是服役期内也是无偿劳动；奴婢与刑徒是不折不扣的无偿服役者，而且人身极不自由。[④]而且，官府不时对工匠进行压榨，这导致他们的处

---

① （汉）班固：《汉书》卷 72，中华书局，2007。

② （汉）桓宽：《盐铁论》，上海人民出版社，1974。

③ （汉）班固：《汉书》卷 24，中华书局，2007

④ 高敏：《秦汉时期的官私手工业》，《南都学坛》1991 年第 2 期。

境更加艰难。东汉崔寔就曾指出官府对工匠的压榨。"仲尼曰：人而无信，不知其可。今官之接民，甚多违理，苟解面前，不顾先哲，作使百工，及从民市，辄设计加以诱来之，器成之后，更不与直，老弱冻饿，痛号道路，守阙告哀，终不见省，历年累岁，乃才给之，又云逋直，请十与三。此逋直岂物主之罪耶？不自咎责，反复灭之，冤抑酷痛，足感和气。既尔复平弊败之物与之，至有车舆。故谒者冠，卖之则莫取，服之则不可。其余杂物，略皆此辈。是以百姓创艾，咸以官为忌讳，遁逃鼠窜，莫肯应募。因乃捕之，劫以威势。心苟不乐，则器械行沽，虚费财用，不周于事。"[1] 另外，汉代官府作场中也存在部分征发或者雇佣的工匠。《太平御览》卷 826 引用崔寔《政论》云："仆前为五原太守，土人不知缉绩，冬积草伏卧其中，若见吏，以草缠身，令人酸鼻。吾乃卖储峙，得二十余万，诣雁门、广武迎织师，使巧手作机乃纺，以教民织。"[2] 这一时期由于史料的缺乏，官府工匠的经济收入情况难以估算，但整体来说，收入水平大致应当能够维持其家庭的生活温饱。

在唐代，官府工匠主要分为短番匠、长上匠、明资匠、和雇匠等类型。长上匠与明资匠技艺水平较高，和雇匠通常是没有专长的体力劳动者。除此之外，唐代官工匠也有刑徒、官奴婢以服役的形式进行劳作。长期在官坊工作的工匠，被称为"长上匠"，他们可以获得一定的报酬，但是具体的数量暂未找到明文记载。《唐六典》卷 3 记载，在京师的长上匠"皆给贮米"，"外流长上者，外别给两口粮"；同书卷 23 载，"凡诸州匠人长上者，则州率其资纳之，随以酬顾"。[3] 短番匠按照一定的周期轮番工作，收入不详。"凡配官曹，长输其作；番户、杂户；则分为番。

---

[1]　（唐）魏征等：《群书治要》卷 45 政论，中华书局，2014。

[2]　（宋）李昉等撰《太平御览》卷 826，中华书局，2000。

[3]　（唐）李林甫等撰，陈仲夫点校《唐六典》，中华书局，1992。

番户一年三番，杂户二年五番，番皆一月。十六已上当番请纳资者，亦听之。"[1] 官府奴婢的由国家发放粮米，收入具有一定保证，但是相对比较微薄。"其官奴婢长役无番也。男子入于蔬圃，女子入厨膳，乃甄为三等之差，以给其衣粮也（四岁已上为小，十一已上为中，二十已上为丁。春衣每岁一给，冬衣二岁一给，其粮则季一给。丁奴春头巾一，布衫、裤各一件，牛皮靴一量并毡。……十岁已下男春给布衫一、鞋一量，女给布衫一、布裙一、鞋一量……官户长上者准此。其粮：丁口日给二升，中口一升五合，小口六合；诸户留长上者，丁口日给三升五合，中男给三升）。凡居作各有课程（丁奴，三当二役；中奴若丁婢，二当一役；中婢，三当一役）。凡元、冬、寒食、丧、婚、乳、娩，咸与其假焉（官户、奴婢，元日、冬至、寒食放三日假，产后及父母丧、婚放一月，闻亲丧放七日）。有疾，太常给其医药（其分番及供公廨户不在给限）。"[2]

唐朝中后期，官府做场的工匠转变为以"和雇"为主，按照市场价格支付报酬，在一定程度上保障了匠人的收入。《唐大诏令集》卷2中宗即位（684年）赦文便说："顷者户口逃亡，良由差科繁剧，非军国切要者并量事停减。若要和市、和雇，先依时价付钱。"但史料记载，唐朝工匠不仅劳动强度大，如"将作役功，因加程课，丁匠苦之"，[3] 而且工作环境也非常恶劣，如"且丁匠官奴入内，比者曾无伏监。此等或兄犯国章，或弟罹王法，往来御苑，出入禁闱，钳凿缘其身，槌杵在其手"。[4] 唐代诗人韦应物在《采玉行》中就讲述了采玉匠人的悲惨处境，

---

① （唐）李林甫等撰，陈仲夫点校《唐六典》卷6《尚书刑部》，中华书局，1992。

② （唐）李林甫等撰，陈仲夫点校《唐六典》卷6《尚书刑部》，中华书局，1992。

③ （唐）魏征主编《隋书》卷69，中华书局，1973。

④ （后晋）刘昫等撰《旧唐书》卷82，中华书局，1975。

"官府征白丁，言采蓝溪玉。绝岭夜无家，深榛雨中宿。独妇饷粮还，哀哀舍南哭"。可见，唐朝工匠的收入水平、生活水平比较低。

宋代官方工匠是以军匠为主体，以差雇匠、和雇匠为辅助和补充的构成形式。军匠具有双重身份，既是军人也是工匠。而民间工匠多为雇佣性质，称为差雇或和雇，此类记载在史书中较多。如"诏工部置物料，临安府佣工匠，仍令工部长、贰提举"[1]；"诏民宪经度，如可作陂，即募京西、江南陂匠以往"。[2] 在发展趋势方面，呈现军匠数量渐少、雇匠逐渐增多的趋势。"工作之事，兵匠不足。遂雇民工，已恐劳人。比来官司雇募拘占，更以争夺，稍不如意，断以重刑，甚非悦以使民、民忘其劳之意，应官局不以前后有籍无籍民工，仰限指挥到并放逐便。自今造作计其功限，军工委有不足，方许和雇民工。事讫即遣，不得以他事故作占留。"[3] 差雇是政府的雇佣行为，对于雇佣的工匠，政府也会给予钱粮的报酬，具有雇佣劳动的特点。徽宗宣和三年（1121 年）应奉司的奏条中明确建议："所用般车及兵夫，除见管船车人兵，并依久例，据实用数差拨兵士外，余并优立雇直，依民间体例和雇人夫，般车般载，不得科抑民间。如违，并从本司体访取旨，重行黜责。"[4] 但其作为政府行为具有一定的强制性，岳珂《愧郯录》卷 13 "京师木工"云："今世郡县官府营缮创缔，募匠庀役，凡木工率计在市之朴斫规矩者，虽居楔之技无能逃。平日皆籍其姓名，鳞差以俟命，谓之'当行'。间有幸而脱，则其侪相与讼，挽之不置，盖不出不止也，谓之'纠差'。其入役也，苟简纯拙，务闷其技巧，使人不已知；务夸其工料，使人之不愿

① （元）脱脱：《宋史·志第三十四 律历十四》，中华书局，1985。
② （元）脱脱：《宋史·志第四十八 河渠五》，中华书局，1985。
③ （清）徐松辑《宋会要辑稿》刑法 2 之 47，上海古籍出版社，1957。
④ （清）徐松辑《宋会要辑稿》职官 4 之 28，中华书局，1957。

为，而亟其斥且毕，谓之'官作'。"①

宋代工匠具体收入在不同时期，依照不同的类别，有不同的标准。一般来说，军匠的待遇是最高的。中央政府给予军匠的待遇很高，"御前军器监、军器所万全军匠，以三千七百人为额，东西作坊工匠以五千为额，本券外复增给日钱百七十，月米七斗半"；②绍兴二年（1132年）的军器所"下等工匠，每月粮二石，添支钱八百文，每日食钱一百二十文，春冬衣依借支例。杂役兵匠，每月粮二石五斗，每日食钱一百二十文，春冬衣依借支例"。③地方政府同样如此，南宋开庆年间（1259年）明州作院"军匠支钱三百文，米二升，酒一升，民匠一贯五百文，诸军子弟匠五百文，米酒视军匠之数"。④景定年间（1260-1264年），建康府作院"照作院工匠例，每名日支盐菜钱一百三十文，米二升"。⑤宋理宗时，庆元府作院"军匠日支钱三百文，米二升，酒一升，民匠一贯五百文，诸军子弟匠五百文，米、酒视军匠之数"。⑥除军匠外，织工的收入也相对丰厚。宋初开宝四年（971年），右拾遗梁周翰言"在院见管户头逐人料钱七百文、粮三石五斗、口食米豆六斗。各用女工三四人，每人月粮二石、米豆又六斗。有一户头并女工请一十六石五斗者，或少者一十三石五斗者"。⑦

宋代地方政府给予雇佣工匠的报酬视本地经济情况而定，标准不

①　（宋）岳珂：《愧郯录》卷13，中华书局，2016。

②　（清）陈梦雷、蒋廷锡：《古今图书集成·戎政典》卷266，中华书局，1986，第76册。

③　（清）徐松辑《宋会要辑稿》职官16，上海古籍出版社，1957。

④　（宋）梅应发：《开庆四明志》，载（清）徐时栋辑《宋元四明六志》，宁波出版社，2011，第33页。

⑤　（宋）周应和：《景定建康志》卷，影印文渊阁《四库全书》本，上海古籍出版社，1987，第173页。

⑥　（宋）梅应发：《开庆四明续志》卷6《作院》，成文出版社，1983。

⑦　（清）徐松辑《宋会要辑稿》食货64，上海古籍出版社，1957。

一。如绍兴二十八年（1158 年），逐州府雇佣铸铜工匠的工资是每天 250 文，米 2 升半，"提领铸钱所言：'乞行下逐州府，如有铸铜工匠愿投充近便铸钱监工匠之人，更不刺军号，日支食钱二百五十省、米二胜半，常加存恤，无至失所。'并从之"。① 当时，临安府修筑城墙雇佣的建筑工人，每天要支付给工日匠的雇值为每人每天 350 文，米 2 升半。"工匠三佰五十文，杂役军兵二佰五十文，各米二胜半。"② 匠人的收入水平，在社会处于什么水平？我们可以参考普通民众。

宋朝普通百姓的收入平均多少呢？淳熙年间，临海县令彭仲刚在《谕俗文》中指出："农工商贩之家，朝得百金，暮必尽用，博弈饮酒，以快一时，一有不继，立见饥冻。"③ 可见，普通百姓每天的收入平均大概在 100 文。再看当时的消费水平，宋末的两浙文人方逢辰，在这首诗中有笔账目："父母夫妻子妇孙，一奴一婢成九口。一口日啖米二升，茗鹾醯酱菜与薪。共来日费二三斗，尚有输官七八分。"④ 照此计算，9 口之家的日常消费，总共为 2 至 3 斗粮食，权且约以 2.5 斗计。综合衡量，工匠的收入要高于社会平均收入，甚至低一些的也能达到平均收入，足以保障家庭生活。但是随着物价水平的提升，工匠的收入也就显得捉襟见肘，并不能说非常宽裕。如宋宁宗时，湖州按朝廷指令每天造甲二副，"所用工匠，并是追逮，则非应募。其人在甲局每日等差支钱，日二百，下至一百五十文，固不敢减克。然只能养其一

① （清）徐松辑《宋会要辑稿》刑法 2 之 149，中华书局，1957，第 6570 页。
② （清）徐松辑《宋会要辑稿》方域 2 之 21，中华书局，1957，第 7341 页。
③ （宋）陈耆卿：《嘉定赤城志》卷 37 彭仲刚《崇俭素》，《四库全书存目丛书》影印明万历刻本，第 7579 页。
④ （宋）方逢辰：《蛟峰文集》卷 6《田父吟》，《四库全书存目丛书》影印明万历刻本，第 1187 册，第 555 页。

身，而不能养其一家"。① 总体来说，被政府雇佣报酬相对稳定、有保障，标准也略高于民间水平，所以民间工匠大多是愿意应召给官方做活的。《梦粱录》卷 13 云："虽医卜工役，亦有差使，则与当行同也。然虽差役，则官司和雇，支给钱米，反胜于民间雇请工钱，而工役之辈，则欢乐而往也。"②《开庆四明志》"作院"条载：官营作院的民匠"照籍轮差，每四十日一替……起程钱各五贯，回程十贯，由是人皆乐赴其役"。③

　　元朝相比宋朝而言，对工匠的管理更加严格。依据不同职业将百姓编入不同类别，而且为了保证匠人的基本来源规模，元朝规定匠人世袭。"诸匠户子女，使男习工事，女习黹绣，其辄敢拘刷者，禁之。"④匠人世袭的现象，元人名之为"承荫"，《元史》中称之为"任子"。为了保证匠人的正常劳作，元朝初期，国家就给予匠户粮米方面的报酬。"国家初定中夏，制作有程，乃鸠天下之工，聚之京师。分类置局，以考其程度而给之食，复其户，使得以专于其艺。故我朝诸工制作精巧，咸胜往昔矣。"⑤ 在元朝统治稳定之后，政府明文规定了支付给匠人的报酬标准："至元二十五年三月，尚书省户部呈：分拣到各衙门应支盐粮人口，除请钱住支外，不曾请钱人户拟四口，并只身人口，除已分拣定四口为则外，验户请粮户数亦合一体，每户多者不过四口，少者验实有口数，正身月支米三斗、盐半斤，家属大口月支米贰斗伍升，家属小口并驱大口月支米一斗伍升，驱口小口月支米七升伍合。并印钞抄纸人匠、坝河倒坝人夫，每年俱有住闲月日，拟合实役月日，每名月支米三斗、

---

① （宋）王炎：《双溪类稿》卷 23《申宰执乞权住造甲》，《四库全书存目丛书》影印明万历刻本第 1155 册，第 6 页。

② （宋）吴自牧：《梦粱录》卷 13，三秦出版社，2004。

③ （宋）梅应发：《开庆四明志》，载（清）徐时栋辑《宋元四明六志》，宁波出版社，2011。

④ （明）宋濂：《元史·志第五十一刑法二》卷 103，中华书局，1976。

⑤ （元）苏天爵：《国朝文类》卷 42《诸匠》，商务印书馆，1936。

盐半斤。都官准拟。"① 此外，元代还免除了工匠的徭役。《元典章》17
《户口条画·诸色人匠》项下记载："系官诸色元籍正匠，并改色人匠，
见入局造作者，仰依旧充匠除豁。"从政治待遇上看，元代给予了匠人
一定的政治、经济待遇，在政治上并不歧视。因为，元朝并不是单纯以
儒学治理国家，通过延揽读书做官的人才治理国家，只是统治者的选项
之一。

元朝匠人的生活水平如何呢？据史料记载："父母妻子身计家五口，
人日食米一升，是周岁食粟三十余石，布帛各人岁二端计十端，絮二
斤，计十斤，盐醯醢油一切杂费略与食粟相当，百亩之田所出仅不能
赡，又输官者，丝绢包银税粮酒醋课俸钞之类，农家别无所出，皆出
于百亩所收之子粒，好收则七八十石，薄收则不及其半，欲无冻馁得
乎？"② 其中人日食米一升，每月用米三斗，全家总计一十五斗（四口为
一十二斗）。布帛与絮岁费十端与十斤，另有盐、醯醢、油等杂费支出
及各项赋税负担。元朝的官府提供的报酬仅能保证匠人的家庭温饱和
基本生活。但是史书也有记载，元政府规定的发放标准在执行过程会
打折扣，各级官吏的克扣，让匠人的真实收入无法满足一家人的正常
生活，导致生计艰难。"湖广岁织币上供，以省臣领工作，遣使买丝他
郡，多为奸利，工官又为刻剥，故匠户日贫，造币益恶。"③ 元代的南康
杂造局，也曾经出现克扣匠户工粮的现象，"百工列周官，世业食有常。
大哉古圣人，作法垂百王。惟皇有天下，执艺集四方。内外分府局，廪
稍视所当。南康古名郡，乃在庐山阳。列肆六百家，不得食郡仓。岁

---

① 方龄贵校注《通制条格校注》卷 13，中华书局，2001。
② （元）胡祗遹：《紫山大全集》卷 23，台湾商务印书馆，1973。
③ （明）宋濂：《元史·列传第七》卷 189，中华书局，1976。

工万四千，孰敢少怠遑。愁悴六十年，悔不躬耕桑"。① 另外，也有其他地方出现克扣匠人收入的情况，甚至出现匠户典卖儿女的悲惨故事。"然则一丁入局，全家丝银尽行除免，近又将上项户计拨付本局，另行管领。其人匠按月支请，米四斗，盐半斤，不时更有赏赐钱物，其为幸民，无甚于此。且如萧山住储普化两局人匠，俱系迤北人匠，抛失家业，移来中都，今全家入局造作，又为衣食不给，致有庸力将男女质典者至甚。生受按月支请，又无食盐，每口止得官粮二斗五升，今来切详，造作乃一体工役，然成造之物固有轻重，工役各无间歇，何其盐粮不一？"② 总体来看，尽管获得了一定的政治优待，但该群体的总体生活水平仍然不高。所以，元代多有匠户生计艰难，食不果腹情况的记载。如杭州局院的工匠"类多单人细户，或内府需器用，急工集局，昼夜并作，而有寒饿色。"③ 又"丁丑（1217 年）冬，太祖巡狩于图拉河，匠官史大使帅群工恳诉于公（王德真）曰：吾侪小人，以绝食而殍者已十七八，存者亦将垂死，微公其谁救之？公即言于上，凡所获猎兽，尽以给饿者"。④

元代的郑介夫在奏议中也指出，居住在京城的工匠尚可依靠家庭产业存活，但外地的匠户基本无法维持生活，出现了大量匠户逃亡的情况。这里面，显然存在各级官吏的克扣、盘剥、陋规等情况。"如匠户一项，随朝所取匠人，与外路当工者不同。在京都者，月给家口衣粮盐菜等钱。又就开铺席买卖，应役之暇，自可还家工作。皆是本色匠人，

---

① （元）揭傒斯：《揭傒斯全集》诗集卷 7《题黄文学所作南康杂造局使曹君寿诗工粮后记》，上海古籍出版社，2012。

② （元）王恽：《秋涧集》卷 89，吉林出版集团有限责任公司，1970。

③ （明）徐一夔著，徐永恩校注《始丰稿校注》卷 3《织工对》，浙江古籍出版社，2008。

④ （元）胡祗遹：《紫山大全集》卷 16，台湾商务印书馆，1973。

供应本役，虽无事产可也。外路所签匠户，尽是贫民，俱无抵业。元居城市者，与局院附近，依靠家生，尚堪存活，然不多户也。其散在各县村落间者，十中八九与局院相隔数十百里，前迫工程，后顾妻子，往来奔驰，实为狼狈。所得衣粮，又多为官司揩除。随处滥设局官三员，典史、司吏、库子祇候人等，各官吏又有老小及带行人，一局之内，不下一二百人，并无俸给，止是捕风捉影，蚕食匠户，以供衣膳。人匠既无寸田尺土，全藉工作营生。亲身当役之后，老幼何所仰给？如抄纸、梳头、作木杂色匠人，何尝知会络丝、打线等事，非系本色，只得顾工。每月顾钱之外，又有支持追往之费，合得口粮，已准公用。工作所获，不了当官。计无所出，必至逃亡。今已十亡二三，延之数年，逃亡殆尽矣。"[1] 可见，元代的匠户制度存在很大的弊端。

明代延续了元朝时期的匠户制度，但形式有所变化、调整。明代的工匠有轮班和住坐两类。《明会典》卷 188 云："若供役工匠，则有轮班、住坐之分，轮班者隶工部，住坐者隶内府内官监。"[2] 但轮班匠制度最终无法维持，在成化年间实行纳银代役制度。成化二十一年（1485 年）工部奏准："轮班工匠有愿出银价者，每名每月：南匠出银九钱，免赴京，所司类赍勘合赴部批工；北匠出银六钱，到部随即批放。"[3] 总体而言，明代匠人待遇有基本保障，但情况也不容乐观。

官府劳作的工匠主要是从民间征募，政府发给粮米。"洪武十一年，令凡在京工匠上工者，日给柴米盐菜。歇工停给"；"永乐十九年，令内府尚衣、司礼、司设等监，织染、针工、银作等局，南京带来人匠，每

---

① （元）郑介夫《治道户计》，载（明）黄淮、杨士奇编《历代名臣奏议》卷 67，上海古籍出版社，1989。

② （明）申时行：《明会典》卷 188，中华书局，1989。

③ 《明实录》卷 261，上海书店出版社，2011。

月支粮三斗。无工住支"；"锦衣卫镇抚司月给粮一石，岁给冬衣布花。分两班上工，该班者光禄寺日支白熟粳米八合"。[①]此后，宣德七年（1432 年），"令各卫军匠、内府上工者分为两班，月支粮五斗"。[②]但不同行业的工匠每月的收入高下不一，匠人群体的收入存在内部的分化与差异。有史料记载，"服务于苏州织造局的各色人匠，每名每月给食粮 4 斗，每年计得食粮 4.8 石，折成平价银 4.8 两。苏州卫军匠在织造局服务者则工食稍高，每名每月给食粮 8 斗，每年计得食粮 9.6 石，折成平价银 9.6 两。在遵化铁厂服役的民匠，每名每月支口粮 3 斗，每年计得口粮 3.6 石，折成平价银仅 3.6 两；而同在铁厂服役的军匠，收入相对较高，每名岁支行粮 10.8 石，折成平价银为 10.8 两。此外，尚可补助冬衣布 2 匹，棉花 2.8 斤"。[③]

此外，明代的政府还免除了工匠的部分赋役（不是全免），这也是对元代政策的部分继承。"十三年奏准，宛平大兴二县管匠官、备查正匠见在做工，免其杂差外，仍免一丁帮贴应役。"[④]《大明会典》卷 188 也指出轮班匠："至期赍至部听拨，免其家他役……本户差役，定例与免二丁，余丁一体当差。"[⑤]但是需要指出，工匠免除赋役的原因是他们大多并无田地，收入的来源只能依靠官府给予的钱粮或者自身技艺的出售。"工匠及富商大贾，皆以无田免役，而农夫独受其困，此所谓舛也。"[⑥]所以，一旦出现政府官吏克扣工匠收入的情况，他们的生活就难以为继

---

① （明）李东阳等撰《大明会典》卷 189 和卷 192，广陵书社，2007。

② （明）申时行：《明会典》卷 189《工匠二》，中华书局，1989。

③ 陈宝良：《明代社会各阶层的收入及其构成——兼论明代人的生活质量》，《西南大学学报》（社会科学版）2016 年第 3 期。

④ （明）李东阳等撰《大明会典》卷 189，广陵书社，2007。

⑤ （明）李东阳等撰《大明会典》卷 188，广陵书社，2007。

⑥ （清）张廷玉等撰《明史》列传 120，中华书局，1974，第 7633 页。

了，甚至不如农民。"夫工匠执役于官，晨出暮归，岂真有奉公之义哉，为糊口计也。兴工之初，工食未领，先称贷以自给，工完支银，计其出息，十已损二矣！而府吏胥徒，蚕食于公门者，又方聚啄而睁目焉，故匠工之所得者，仅十之六七耳。此之不戢，其伤实多。"①

明代与元代相似，管理工匠的各级官吏除了克扣报酬，还要收取纳月钱（类比出租车份子钱），导致轮班匠制度无法维持，名存实亡。"各色轮班人匠，多是灾伤之民，富足者百无一二，艰难者十常八九。及赴京轮班之时，典卖田地子女，揭借钱物绢布。及至到京，或买嘱作头人等，而即时批工放回者；或私下占使而办纳月钱者；甚至无钱使用与人佣工乞食者；求其着实上工者，百无二三。"②由于没有土地方面的收入，匠人的收入结构非常单一。这种情况的出现，直接导致了匠人生活的恶化。明宣宗时期，就出现了工匠大量逃亡的情况，"近年在京工匠人多有逃者，盖因管工官及作头等不能抚恤，又私纵其强壮者不令赴工，俾办纳月钱入己，并冒关其粮赏，止令贫难者做工，又逼索其财物，受害不已，是致在逃。及差人勾取，差去之人又逼取财物，工匠受害弊非一端"。③

为了确保工程进度的正常用工需求，很多单位不得不自己想办法解决此问题。例如，龙江船厂为了保证工匠不逃亡，就将自身的田地出租给匠人维持生计，但是田地仍旧被豪强霸占，导致工匠无法生存。"及照提举司所属匠户，俱系先年起取外京人民，来京造船，原无恒产之资，生齿日繁，贫不能给，往往流移漂散，失其故艺。故每一兴工，辄募外匠。该司油麻官地，理应比照各卫所屯田，止许军人领种事例，通

---

① （明）李昭祥：《龙江船厂志》，江苏古籍出版社，1999。
② 《明英宗睿皇帝实录》卷239，上海书店出版社，2011。
③ 《大明宣宗章皇帝实录》卷63，上海书店出版社，2011。

行分给匠户，以为恒产。然召佃之时，每为有力者夺去，贫匠束手无策，自甘穷饿，良可悯恤。又恐安习已久，一时难以纷更，见今未垦之地，合无候本部委官勘明，查审各匠丁力多寡，量分承佃，不许豪家仍前霸占。其原佃过田地，候有事故，更佃之时，悉改给匠户。渐次更张，使归画一。匠户亦不许不行告官，私相授佃及佃与军民人等。以开垦工本为词，得银入己，即以盗卖官田抵罪。庶使积荒无用之地，既得以裨国用，而贫不聊生之匠，皆得借此为业，而不至于流散矣。"①

　　明代除了匠户，还有医户制度，这也是匠人群体的组成部分。对于医户而言，明代政府给予了部分的优惠政策。除了可免除一部分杂泛差役，正役和税粮不能免除。②服役的医户生活待遇也比较差。在永乐时期以前，太医院在职的一般医士只是例免原籍民差，而没有月俸；永乐时始比照天文生（钦天监的工作人员）例，请给月粮。有家的月支米五斗，无家的三斗。③成化年间，基本延续了此规定。"成化十年奏定，医士有家小者，月支米七斗；无者，五斗。医生有家小者，四斗；无者，三斗。凡医官，旧例月支米二石。弘治间，令照医士例，止支七斗。"④在史料中，尚未发现明代医户的生活境遇比匠户更为惨淡的记载。

　　清代废除匠户制度，官府除保留部分工匠外，其余所需工匠均从民间募雇，按工给值。《皇朝文献通考》卷 21 载："顺治二年令顺天府属州县，各派匠役一百名应役。时以营建太和殿，需用工匠，行令各州县派解应役。至十二年，工部以匠役缺少，工程稽迟，复奏令顺天等八府

①　（明）李昭祥：《龙江船厂志》，浙江古籍出版社，1999。

②　中国大百科全书总编辑委员会、《中国历史》编辑委员会：《中国大百科全书》历史卷，中国大百科全书出版社，1998，第 442 页。

③　刘国柱主编《中国医学史话》，北京科学技术出版社，1994，第 197 页。

④　（明）申时行：《明会典》卷 240，中华书局，1989。

派解赴工，又令山东山西二省，查各匠有愿应役者，解部供用。"清代对于官府工匠的待遇有明确的规定，但不同工匠之间的收入也不同，造成了匠人群体的内部差异化。"造办处各匠分别手艺等次，每月所食钱粮自十二两以下至二两不等，每年每季赏给收拾衣服银自十八两以下至十两不等"。又"其中收入十二两钱粮银者当为特等工匠，牙匠陈祖章即是此例；一等工匠赏银为八两，如牙匠顾彭年，画珐琅匠黄□梁、绍文，牙匠黄振效、杨淮占，每月每人工食银八两；至于二等工匠则为每月每人工食银六两，如画珐琅匠伦斯立、胡思明、罗福旻、梁观，轮子匠谭远韬即是"。此外，"南匠的每季衣服银，一般在五两到七两五钱范围内"。①《钦定大清会典事例（嘉庆朝）》明确记载了清朝在不同时期官府所雇工匠的收入，"顺治十六年（1659年）题准，内工，每匠给银二钱四分；冬月每匠给银一钱九分；外工匠夫，比内工各减银二分"；"康熙四年（1665年）题准，内工，每匠给银二钱四分；外工，每匠给银二钱二分；冬月不论内外每匠一钱四分"；"雍正元年（1723年）定，各项匠役，不分内外，每月给银一钱八分"；"乾隆元年（1736年）议准，各匠工价，每日给钱百五十四文"，折合每月银四两五钱左右。②

（二）民间匠人的收入

秦汉时期，与官府工匠相比，民间工匠收入水平更加缺乏稳定性，而且容易受到外部因素的影响，如市场、社会、官方政策变化的影响。各类工匠的收入差异也相当悬殊，但从总体来说，工匠的收入水平可能稍高于贫农，成为贫困者摆脱经济困境、积累财富的途径。《汉书》中

---

① 林欢、黄英：《清宫造办处工匠生存状态初探》，《明清论丛》第11辑，故宫出版社，2011。
② 《钦定大清会典事例（嘉庆朝）》，《近代中国史料丛编》第69辑，台北：文海出版社，1992。

《食货志》记载："夫用贫求富，农不如工，工不如商，刺绣文不如倚市门，此言末业，贫者之资也。"①

汉代的民间工匠，主要有两种存在类型与状态，生活水平比较一般。第一种是雇佣工匠，普遍存在于大中型的私营手工业中，以技术来获取一定的报酬，与雇主之间不存在人身依附关系。《后汉书·申屠蟠传》记载，申屠蟠"家贫，庸为漆工"。《西京杂记》所记，陈宝光妻因善织散花绫，而被"霍显召入其第，使作之"。②在崔寔的《四民月令》所记载的大田庄中，"二月之朔……命女工趣织布，典馈酿春酒"；"三月……清明节令蚕妾治蚕室"；"六月……命女工织缣练"。③当时雇佣工匠的具体收入史书记载较少，只能从一些相关记载进行推算。《太平经》卷114载："时以行客，赁作富家，为其奴使。一岁数千，衣出其中，余可少视，积十余岁，可谓自用。"④又崔寔《政论》谓："假令无奴，当复取客，客庸一月千（钱）。"⑤由此可知，汉代时候一般雇工的报酬一月当在千钱左右，如若是有专业技术的工匠，其报酬应当高于每月的千钱。《汉书·吴王刘濞传》曰，"卒践更，辄予平贾"。苏林注谓："平贾，以钱取人作卒，顾其时庸之平贾。"晋灼曰："谓借人自代为卒者，官为出钱，顾其时庸平也。"⑥"贾"同价，"平贾"即平价，知卒更雇人代役尚需每月二千钱。践更中有专业技术者，也有民工，可知被雇佣的工匠每月的工钱也不会低于两千钱。⑦

---

①　（汉）班固：《汉书》卷24，中华书局，2007。

②　（汉）刘歆撰，（东晋）葛洪辑抄，刘洪妹译注《西京杂记》，中华书局，2022。

③　（汉）崔寔撰，石声汉校注《四民月令校注》，中华书局，2019。

④　（汉）于吉：《太平经》卷114，中华书局，2022。

⑤　（唐）魏征等：《群书治要》卷45，中华书局，2014。

⑥　（汉）班固：《汉书》卷35，中华书局，2007。

⑦　魏明孔主编《中国手工业经济通史》（先秦秦汉卷），福建人民出版社，2005，第458页。

　　第二种是家庭手工业者及小作坊手工业。在这两类手工业中，劳动者主要是家庭成员，出于技术保密的考虑，往往是父子相传、言传身教，禁忌外人染指。如《盐铁论·水旱篇》所说："故民得占租鼓铸煮盐之时……家人相一，父子勠力，各务为善器，器不善者不集。"[①]他们的生产基础非常脆弱，生存状况要低于雇佣工匠及普通的农民。《太平御览》卷802引谢承《后汉书》称："孟尝为合浦太守，郡俗旧采珠以易米。先时二千石贪秽，使人采珠，积以自入，珠忽徙去，合浦无珠，饿死者盈路。"[②]又如"钻山石而求金银"者，"采之不足以自食"。[③]

　　在唐代，民间工匠的生活处境也并不乐观。政府在分配土地的时候区别对待，优先保障士人群体，刻意减少工匠群体所分配的数量。如《通典》卷2引开元二十五年（737年）田令称："诸以工商为业者，永业口分田各减半给之，在狭乡者并不给。"[④]民间工匠的收入水平不同的行业情况不同，当时的纺织工人属于收入较高的匠人群体，圆仁《入唐求法巡礼行记》卷1中记载：扬州开元寺曾雇缝纫工缝制衣服，"令作惟晓等三衣。五条，绢二丈八尺五寸；七条，绢四丈七尺五寸；大衣，绢四丈（廿五条），总计十一丈六尺，缝手功；作大衣，廿五条，用一贯钱；作七条，四百文；作五条，三百文；总计一贯七百文"。[⑤]《太平广记》卷487《霍小玉传》记载玉工的收入云：大历中……侍婢浣纱将紫玉钗一只，诣（侯）景先家货之。路逢内作老玉工，见浣纱所执，前来认之，曰："此钗吾所作也。昔岁霍王小女将欲上鬟，令我作此，酬我万

①　（汉）桓宽：《盐铁论》，上海人民出版社，1974。

②　（宋）李昉等撰《太平御览》卷802，中华书局，2000。

③　（晋）常璩著，任乃强校注《华阳国志校补图注》卷2《汉中志》，上海古籍出版社，1994。

④　（唐）杜佑：《通典》，中华书局，1988。

⑤　〔日〕圆仁：《入唐求法巡礼行记》，上海古籍出版社，1986。

钱。"①《太平广记》中也记载了金银工匠的收入水平。"唐定州安嘉县人王珍，能金银作，曾与寺家造功德，得绢五百匹。"②《太平广记》卷84《奚乐山》引《集异记》所载车工的工资，按件计算，普通工匠一日100文—200文，"上都通化门长店，多是车工之所居也。广备其财，募人集车，轮辕辐毂，皆有定价。每治片辋，通凿三窍，悬钱百文。虽敏手健力，器用利锐者，日止一二而已。有奚乐山者，携持斧凿，诣门自售，视操度绳墨颇精。徐谓主人：'幸分别辋材，某当并力。'主人讶其贪工，笑指一室曰：'此有六百片，甘任意施为。'乐山曰：'或欲通宵，请具灯烛。'主人谓其连夜，当倍常功，固不能多办矣。乐山乃闭户屏人，丁丁不辍。及晓，启主人曰：'并已毕矣，愿受六十缗而去也。'主人洎邻里大奇之。则视所为精妙，锱铢无失。众共惊骇。即付其钱。乐山谢辞而去"。③

从以上记载看，虽然唐代工匠收入水平尚可，但是生活境况却比较悲惨，尤其是社会、经济不景气的时候。这在文学作品中多有反映。《敦煌掇琐上辑》所载的一首唐代开元时期的民歌说："工匠莫学巧，巧即他人使。身是自来奴，妻亦官人婢。夫婿暂时无，曳将仍被耻。未作道与钱，作了擘眼你。"④唐代王建《当窗织》中描写了织工的艰辛生活："叹息复叹息，园中有枣行人食。贫家女为富家织，翁母隔墙不得力。水寒手涩丝脆断，续来续去心肠烂。草虫促促机下啼，两日催成一匹半。输官上顶有零落，姑未得衣身不着。当窗却羡青楼倡，十指不动

① （宋）李昉等编《太平广记》卷487，中华书局，2013。

② （宋）李昉等编《太平广记》卷34，中华书局，2013。

③ （宋）李昉等编《太平广记》卷84，中华书局，2013。

④ 《敦煌掇琐上辑》，台湾"中央研究院"历史语言研究所，1984。

衣盈箱。”[①]他的《织锦曲》也道尽了这些妇女夜以继日、勤苦织造的辛酸：“大女身为织锦户，名在县家供进簿。长头起样呈作官，闻到官家中苦难。回花侧叶与人别，唯恐秋天丝线干。红缕葳蕤紫茸软，蝶飞参差花宛转。一梭声尽重一梭，玉腕不停罗袖卷。窗前夜久睡髻斜，横钗欲堕垂着肩。合衣卧时参没后，停灯起在鸡鸣前。一匹千金亦不卖，限日未成宫里怪。锦江水涸贡转多，宫中尽着单丝罗。莫言山积无尽日，百尺高楼一曲歌。”[②]白居易在《赠友》诗中描述了农民弃农作金银的情景：“银生楚山曲，金生鄱溪滨。南人弃农业，求之多苦辛。披砂复凿石，矻矻无冬春。手足尽皴胝，爱利不爱身。”[③]韩愈《圬者王承福传》也记载了一位泥瓦匠的生活，其收入也仅够养活自身而已，“圬之为技贱且劳者也。有业之，其色若自得者。听其言，约而尽。问之，王其姓，承福其名，世为京兆长安农夫。天宝之乱，发人为兵。持弓矢十叁年，有官勋，弃之来归。丧其土田，手镘衣食，余叁十年。舍于市之主人，而归其屋食之当焉。视时屋食之贵贱，而上下其圬之佣以偿之；有余，则以与道路之废疾饿者焉”。[④]所以总体来说，唐朝时期工匠的工作艰辛，生活状况异常艰难。“通计工匠，率多贫窭，朝驱暮役，劳筋苦骨，箪食瓢饮，晨炊星饭，饥渴所致，疾疫交集。”[⑤]

到了宋代，随着商品经济的发展，工匠地位逐渐提高，但收入仍旧是不高，甚至是微薄的。宋代的私营手工业是指民间经营的手工业，生产者包括个体手工业者、手工作坊主和受雇工匠。宋代民间工匠的收入

---

① （清）彭定求编《全唐诗》卷298，中华书局，1960。

② （清）彭定求编《全唐诗》卷298，中华书局，1960。

③ （清）彭定求编《全唐诗》卷425，中华书局，1960。

④ （唐）韩愈：《韩愈文集》，辽海出版社，2010。

⑤ （后晋）刘昫等撰《旧唐书》卷150，中华书局，1975。

史料记载不多，只有零星记录。当时普通的雇佣工人一日的收入一般都在 100 文以下，"采茶工匠几千人，日支钱七十足"。[①]九陇县园户石光义等称："今月五日将到茶货投场破卖。每袋计一十八斤，和袋不委茶牙子除折，只称得一十四斤。其茶系第二等，每斤合准直价钱九十文。当日减下价例，每斤只收得大钱四十七文……为雇召工人，每日雇钱六十文，并口食在外。其茶破人四工只作得茶一袋，计一十八斤。"[②]北宋张耒提到洛阳西部山区山民的生活状况时，写诗道："山民为生最易足，一身生计资山木。负薪入市得百钱，归守妻儿蒸斗粟。"这些记载都说明当时民间雇工的收入大概在每日 100 文，仅够糊口。所以，具有一定专业技术的工匠收入应当高于一日 100 文。史籍中关于宋代工匠生活境况的记载却并不乐观，凸显了他们经济收入的微薄。兴元府李翁"以锻铁为业，仅免饥寒"。[③]有一扇工"适父死，而又自今春已来，连雨天寒，所制不售"，导致其无法偿还之前赊买的"绫绢钱二万"。[④]宋代绣户、织户由官府组织生产，但可以留部分自销，收入仍相当贫困。"昨知梓州，本州机织户数千家，因明道二年降敕，每年绫织三分，只卖一分，后来消折，贫不能活。"[⑤]宋代梅尧臣所作的《陶者》更凸显了士人与匠人地位的差异，"陶尽门前土，屋上无片瓦。十指不粘泥，鳞鳞居大厦"。

元代的家庭手工业者，既要缴纳赋税，又要满足家庭生活需要。所以匠户的经济压力较大，生活处境也不乐观。元代的诗歌中对此情况多有描绘，元朝人曾作《木棉歌》："秋阳收尽枝头露，烘绽青囊翻白絮。

① （宋）庄绰：《鸡肋编》卷下，中华书局，1997。
② （宋）吕陶：《净德集》卷 1，台湾新文丰出版公司，1984。
③ （宋）赵令畤：《续墨客挥犀》卷 3《小民不为利动》，中华书局，2002，第 445 页。
④ （宋）何薳：《春渚纪闻》卷 6《东坡事实·写画白团扇》，中华书局，1983，第 244 页。
⑤ （清）徐松辑《宋会要辑稿》职官 64，中华书局，1957。

田妇携筐采得归，浑家指作机中布。大儿来觅襦，小儿来觅裤。半拟偿私债，半拟输官赋。"元代王虎臣的《缫丝行》也描绘了织户艰难的生存状况，"输班轮机旋若风，吴姬拮据无好容。神蚕遭烹不自悔，以死利世功无穷。当空一缕如抽雪，宛转萦纡无断绝。谁知中有长恨端，心事从今为君说。车声愈急丝愈永，比妾愁肠犹易尽。去年丝成尽入官，弊衣不足常苦寒。今年蚕苗犹在纸，已向豪家借仓米。探汤拾绪手欲烂，辛苦无人慰憔悴。生平自知妾命薄，讵忍将愁诉夫婿。吴绫蜀锦多光辉，明朝已上他人机"。[1]此外，元代的丝织业已经存在雇佣工匠的情况了，但是工匠工作辛苦，收入仅足以维持一家人的温饱。"且过其处，见老屋将压，杼机四五具，南北向列，工十数人，手提足蹴，皆苍然无神色。进工问之曰：以余观若所为，其劳也亦甚矣，而乐何也？工对曰：此在人心。心苟无贪。虽贫，乐也；苟贪，虽日进千金，只戚戚尔。吾业虽贱，日佣为钱二百缗，吾衣食于主人，而以日之所入养吾父母妻子，虽食无甘美而亦不甚饥寒。"[2]

在明代，随着商品经济的出现和繁荣，江南地区出现了大量的民间雇佣工匠，据《苏州府志》载，"（万历年间）苏民无积聚，多以丝织为生，东北半城皆居织户。……工匠各有专能，匠有常主，计日受值，有他故，则唤无主之匠代之，曰换代。……若机房工作减，则此辈衣食无所矣"。[3]隆庆年间，常熟蒋以化《西台漫记》曰"我吴市民罔借田业，大户张机为生，小户趁织为活。每晨起，小户数百人嗷嗷相聚玄庙口，听大户呼织"。[4]明代已较为发达的纺织业中，除了工匠每个季度的工资，

---

① 顾嗣立编《元诗选》三集《敬仲集·缫丝行》，中华书局，1987。

② （明）徐一夔著，徐永恩校注《始丰稿校注》卷1《织工对》，浙江古籍出版社，2008。

③ （清）陈梦雷：《古今图书集成》676《苏州府志》，中华书局、巴蜀书社，1985。

④ 转引自洪焕椿《明清史偶存》，南京大学出版社，1992。

也会额外发给酒资作为福利，"各匠常例酒资，纱机每只常例给发机匠酒资一钱，二月朔日给付四分，三月朔日给付三分，清明给付三分，三次分给，共足一钱之数。缎机每只常例亦给付机匠酒资一钱，六月朔日给付四分，七月朔日给付三分，中秋给付三分，三次分给，共足一钱之数。至于工价，按件而计，视货物之高下，人工之巧拙，以为增减，铺匠相安，详请饬令，各相遵守"。[①] 这些工匠的收入相较前代更加可观，但从整体上而言，民间工匠收入与生活都比较一般，是远不能和读书人群体（尤其是士人）相比的。

在清代，雇佣现象已经呈现普遍化趋势。清代一则苏州材料记载"工匠各有专能，匠有常主，计日受值。有他故，则唤无主之匠代之，曰唤代。无主者，黎明立桥以待。缎工立花桥，纱工立广化寺桥，以车纺丝者曰"车匠"，立濂溪坊。什百为群，延颈而望，如流民相聚，粥后始散"。[②] 虽然不同行业的收入情况不同，但匠人整体收入水平不高。福州漆器手工业一般漆工的每日工价3角到5角，[③] 能买三四斤白米；纸业工人的工资在500文—900文。"据崇安县知县徐之宽详称：乾隆三十四年十一月三十日据席汉状告前事。……席汉来看明控告的讯。据吴贵玉供，小的今年四十二岁，是江西南丰县人，来到辖下白沙地方开厂做纸，有多年了。小的厂内雇有工人虞五开，每月工银五钱，并未立有文卷，议有年限；（江西）陈黑因喻梅家雇伊破竹造纸，每日议给工钱二十五文。喻梅请陈黑饮酒开工，陈黑查知各篷破竹每工均系钱三十文，当即辞工不做；（浙江新昌县）华更陇雇许文启帮做纸厂短工，平等

①　江苏省博物馆：《江苏省明清以来碑刻资料选集》，生活·读书·新知三联书店，1959。

②　《苏州府志》卷21《风俗》，成文出版社，1983。

③　彭泽益：《中国近代手工业史资料》，生活·读书·新知三联书店，1957，第306页。

相称，议定每月工钱九百文。"①

清代铁匠的工资在 400 文—1200 文。见"（河南永城县）雇王住在铁匠铺帮打器，每年工钱十二千文。（云南习峨县丁癸乡峨租村）卢霄汉雇李才帮打，每月是工银五钱；（广西天河县）黄士畛向办段岗铁厂，雇张廷畛在厂帮工每年给辛资银二十四两，平日同坐共食，无主仆名分；（广西上林县）罗登科同覃世元受雇罗华桂炉房帮工，言定每月各给工钱一千二百文，平日同坐共食，无主仆名分；（广东兴宁具）冯应隆到叶青机的铁炉厂工作，每月工钱四百文"。②

清代染工的工匠工资在 300 文—1000 文。见"（奉天铁岭县）张复旺雇姜有染布，讲定每月工价市钱十二千文；（浙江余姚县）余起贤学成了染匠回家，周文远荐他到维能染店去做工，讲定每月工钱八百文；（江苏铜山）耿得凭李大说合，投雇韩顺染坊佣工，议定每年工钱三千三百文，未经立约"。

清代工匠的收入水平不高，但承担着高强度工作，承受着恶劣的工作环境、管理者压迫，并出现了职业病方面的记载。如杭州丝织业，"贫民昼夜苦趋逐，往多夜作。诸凡治机丝煅金锡，皆通夕不寐"；佛山铁器铸造业，"气候于邑中为独热，以冶肆多也。……昼夜烹炼，火光烛天。四面熏蒸，虽寒亦燠"；江西景德镇制瓷业，"景镇产佳瓷，产瓷不产手；工匠来八方，器成天下走。陶业活多人，业不与时偶；富户利生财，穷工身糊口。……问伊致此由，泪枯气咽吼。嗫嚅约略言，身业陶工久。佣工依主人，窑户都昌叟。心向主人倾，力不辞抖擞。粝食充枯肠，不敢向齑韭。工贱乏赢资，异乡无亲友。服役二十年，病老逢

---

① 彭泽益：《中国近代手工业史资料》，生活·读书·新知三联书店，1957，第396~397页。

② 彭泽益：《中国近代手工业史资料》，生活·读书·新知三联书店，1957，第402~403页。

阳九，饘粥生谁供，死况思椔柳。弃我青山阳，青磷照我傍。生死不自觉，显晦竟微茫。狼狈于此极，速愿归冥乡。我已安命数，君无代徬徨"。[1] 向焯在《景德镇陶业纪事》里说："镇中居民，不识卫生为何事，数十人工作之场，所用煤油灯烛，俱为马口铁制元明灯，人之呼吸，灯之碳气，弥漫空中，烟雾朦胧，咫尺不相辨，既伤目力，且于肺部有碍。"[2] 整体而言，工匠群体，尤其是各类作坊中的工匠的生活是比较困苦的。当然，不排除少数工匠收入较高的情况出现，但相关史书记载稀少，有待于进一步发掘史料。

---

① 彭泽益:《中国近代手工业史资料》，生活·读书·新知三联书店，1957，第414~416页。

② 向焯:《景德镇陶业纪事》，景德镇开智印刷局，影印本，1920。

第四章

秦汉到明清 II：士人与匠人的社会地位比较

一　生命安全

在中原，庞大的人口基数，必然伴随巨大的社会生活、房屋建造、农业灌溉等方面的客观需求。因此，匠人群体一直保持着较大的规模，但该群体的社会地位不高。帝王的态度，通常具有风向标意义。在特定情况下，会牺牲匠人的生命。历史上，汉王朝漠视工匠生命的记录见于史料，典型者如修建帝王陵墓的工匠。帝陵工匠由全国征召，通常是国家工程技术领域的民间精英，杀掉他们对国内的技术发展极为不利。但是为了守护皇家机密，帝王一直保有杀害帝陵匠人的传统。历朝君主轻视自然工程科学，更不会考虑此举对技术发展带来的负面、滞后效应。例如，秦二世为防止秦始皇陵秘密外泄，杀掉了所有参与建造的工匠。即"葬既已下，或言工匠为机，臧皆知之，臧重即泄。大事毕，已臧，闭中羡，下外羡门，尽闭工匠臧者，无复出者。树草木以象山"。① 又见《资治通鉴》卷160载"甲申，虚葬齐献武王于漳水之西，潜凿成安鼓山石窟佛顶之旁为穴，纳其柩而塞之，杀其群匠。及齐之亡也，一匠之

---

① 司马迁:《史记·秦始皇本纪》，中华书局，2006。

子知之，发石取金而逃"。① 当然，也有仁慈君主，完工后保留工匠性命，却将他们送往前线战场，或者继续服役，任其最终死亡。可见，在漫长的封建专制时期，匠人的社会地位低下，在某些情况下生命安全都难以得到保障。

　　史书通常是掌握政治、舆论优势的士人群体所写，他们对匠人的漠视，也在影响和塑造着社会的舆论与评价。考察史书记载的人物，多是帝王将相、才子佳人，匠人很少被记载。匠人的社会地位低下，在战争中，少数民族政权除了掠夺粮食、财宝、女子、青壮年劳动力，同样重视掠夺匠人，并将他们迁移到本国长期生活。如中晚唐时期，军阀割据，少数民族政权多次从中原地区掠夺工匠。代宗广德元年（763年）十月，吐蕃军入据长安十五天，"吐蕃既立广武王承宏，欲掠城中士、女、百工，整众归国"。② 即，他们全盘掠夺了城市中的知识分子、女子、匠人，强迫他们迁移到吐蕃生活。文宗太和三年（829年），南诏出兵占据成都，掠夺大量工匠。"蛮留成都西郭十日，其始慰抚蜀人，市肆立堵。将行，乃大掠子女、百工数万人及珍货而去。"从而使得"自是南诏工巧埒于蜀中"。③ 匠人群体的迁入，使得南诏国的手工业技术水平大大提高。这些少数民族政权对中原王朝匠人群体的价值，显然具有更加清晰的认知。《辽史》中也记载，辽灭亡后晋，带走全部工匠。即"壬寅，晋诸司僚吏、嫔御、宦寺、方技、百工、图籍、历象、石经、铜人、明堂刻漏、太常乐谱、诸宫县、卤簿、法物及铠仗，悉送上京"。④ 北宋灭亡后，金人除了打劫金银器物，也掳掠了大量的

① 司马光：《资治通鉴》卷160，中华书局，2009。
② 司马光：《资治通鉴》卷223，中华书局，2009。
③ 司马光：《资治通鉴》卷244，中华书局，2009。
④ （元）脱脱：《辽史》卷4，中华书局，1974。

工匠。即，"金人以帝及皇后、皇太子北归。凡法驾、卤簿，皇后以下车辂、卤簿，冠服、礼器、法物，大乐、教坊乐器，祭器、八宝、九鼎、圭璧，浑天仪、铜人、刻漏，古器、景灵宫供器，太清楼秘阁三馆书、天下州府图及官吏、内人、内侍、技艺、工匠、娼优，府库畜积，为之一空"。①

元朝的统治者，对匠人给予非常高的重视。张维华认为："'屠城'是蒙古军队嗜好，但有一种人蒙古贵族不愿屠杀者，就是工匠。如1211年，拖雷接受马鲁守军的投降，接着将全城居民赶出城，除400名工匠外，17万市民尽遭屠戮。"②花剌子模的讹答剌城，被蒙古军攻破后，"那些刀下余生的庶民和工匠，蒙古人把他们掳掠而去，或者在军中服役，或者从事他们的手艺"。③《静修先生文集》卷21《武遂杨翁遗事》载"保州屠城，惟匠者免。予冒入匠中，如予者亦甚众"。而孙威为工匠首领，"前后所领平山、安平诸工人，皆俘虏之余"。④元朝横扫欧亚大陆，在灭亡其他政权之后，一致的选择是将匠人收罗并带走。蒙古对金朝也是如此。在灭亡金朝过程中，蒙古"诸侯王及功臣家争遣使十出，括匠天下，刘某以大丞相行尚书省于燕，亦遣公（王兴秀）括祁、蠡、深三州匠为局，使公监之"。⑤金朝灭亡后"是日，宫车三十七两，太后先，中宫次之，妃嫔又次之，宗族男女凡五百余口，次取三教、医流、工匠、绣女皆赴北"。⑥灭亡西夏后，"太祖既定西夏，括诸

① 脱脱：《宋史·本纪第二十三》，中华书局，1985。

② 张维华主编《中国古代对外关系史》，高等教育出版社，1993，第215页。

③ 〔伊朗〕志费尼：《世界征服者史（上册）》，内蒙古人民出版社，1980，第99页。

④ 刘因：《静修先生文集》卷8《中顺大夫彰德路总管浑源孙公先茔碑铭》。

⑤ 姚燧：《牧庵集》卷21《怀远大将军招抚使王公神道碑》。

⑥ 脱脱：《金史》卷115，中华书局，1975。

色人匠，小丑以业弓进，赐名怯延兀兰，命为怯怜口行营弓匠百户，徙居和林"。①《黑鞑事略》中写道："霆尝考之，鞑人始初草昧，百工之事，无一而有……后来灭回回，始有物产，始有工匠，始有器械。盖回回百工技艺极精，攻城之具尤精。后灭金虏，百工之事于是大备。"② 由于蒙古统治者对匠人的重视和收集，其工艺与社会生产水平得到了极大的提升，促进了社会生产力的发展，增强了国力。金、蒙古等少数民族（游牧民族）对于匠人有如此大的需求，其根本原因之一在于这些少数民族地区的发展水平，总体而言相对中原王朝更为滞后。

二　政治前途

（一）士人（文官）成为国家权力精英主体

秦汉以降，国家的教育机构所传授的知识以儒家经典为主，甚少有自然工程科学内容。丁国祥指出，"以汉代最高学府太学为例，其教师称为博士，博士通常专攻一部儒家经典。太学的教学内容，全部是老师对儒家经典进行逐字逐句解说。东汉末年，又出现了专门研究文学艺术的鸿都门学，虽跳出了经学的藩篱，但仍是纯粹的人文学科，自然学科在当时完全被排斥在高等学校的门墙之外"。③ 这在其后两千年的封建专制时期一直未变，奉为中国哲学社会学科发展的圭臬。科举制度设立后，读书入仕几乎成为进入国家行政机关的唯一渠道，士人几乎成为国家选材的唯一对象。甚至到了后期阶段，宋明理学成为唯一的考试大纲，并

---

① 宋濂：《元史·朵罗台传》卷 134，中华书局，1976。
② 彭大雅撰，许全胜校注《黑鞑事略校注》，兰州大学出版社，2014。
③ 丁国祥：《中国当代高等教育中重理轻文现象历史成因探析》，《鞍山师范学院学报》2012 年第 3 期。

提供了一整套的标准答案，进一步束缚了社会思想。

1.秦汉时期的文官主要来自士人

自秦汉始，官僚群体的主要来源就是士人。以两汉为例，"虽然在高祖、惠帝时期一度出现过布衣将相之局，但在武帝以后，士人大批入仕，在总体数量上占据了优势，直至东汉灭亡，这种状况没有改变"。① 汉代至武帝时，察举与征辟为主的选官制度逐渐规范化。汉武帝采取"独尊儒术"政策后，经术通明成为选拔官员的基本条件，统治者也采取措施建立其通向政治的通道，如在中央设立太学，在地方设立郡国学校等。"始（夏侯）胜每讲授，常谓诸生曰：'士病不明经术；经术苟明，其取青紫如俯拾地芥耳。学经不明，不如归耕。'"②这段描述是对这一现象的生动表现，在此背景下，士人源源不断地流入官场，《汉书·儒林传》中记载："卿大夫士吏彬彬多文学之士矣。"据统计，汉武帝以后士人就成为国家官僚系统后备军。例如，《汉书》中武帝以后立传者共有188人，其中士人150人，约占80%。

东汉时期以儒生为代表的士人已经具有强大的群体性力量，"东汉功臣多近儒"。东汉除部分外戚与宗室因特权入仕外，选拔官吏时基本秉持非士不用原则，不论是察举、征辟，还是特召，都从士人中间选拔。据清黄大华《东汉三公年表》统计，光武朝三公23名，其中王况不见于范晔《后汉书》，余下22人中明确为士出身者有10人；据万斯同《东汉九卿年表》，光武朝任九卿职者44人，其中3人不见于范晔《后汉书》，余下41人中，明确为儒士身份者17人。③《后汉书》正传

---

① 刘泽华主编《士人与社会》（秦汉魏晋南北朝卷），天津人民出版社，1988，第220页。

② 班固：《汉书》卷75，中华书局，2007，第3159页。

③ 王保顶：《汉代士人阶层的演变》，《江苏行政学院学报》2001年第2期。

中记载 491 人，有 407 人出身士人，约占 83%。① 汉代，士人几乎垄断了进入仕途的途径。钱穆先生就曾指出，"汉高祖以来一个代表一般平民社会的、素朴的农民政府，现在转变为代表一般平民社会的、有教育、有智识的士人政府，不可谓非当时的又一进步"。② 士人政府的形成意味着士人成为政府管理人员的主要人员，成为帝国权力的实践个体。

2. 唐朝设立科举制之后，对科举入仕资历尤为看重

通过科举入仕者不仅升迁速度快，而且在高级官员中所占比例最高。"朝廷设文学之科，以求髦俊，台阁清选，莫不由兹。"③ 在唐朝中后期，进士出身逐渐成为问鼎首席文官（宰相）的政治资历标配，成为大家都认可的潜规则。"正是在贞元、元和之际这个时期，大部分高级官员开始由进士出身者担任，进士科成为高级官吏的主要来源。进士在宰相中占有了绝对优势，终唐一代没有再发生变化。"④ 据统计，武则天时期，宰相中科举出身者 20 人，占总数一半。玄宗开元元年至二十二年（713-734 年），宰相总数为 27 人，科举出身 18 人，占三分之二。肃宗时，宰相 16 人，科举出身者 6 人，占三分之一强。代宗时，宰相 12 人，科举出身者 7 人，超过半数。⑤ 而相比之下，经由其他途径入仕者则升迁缓慢。在唐朝，史书集中他途入仕者非常稀少。如"有出身二十余年而不获禄者""二十许年不离一尉"⑥ "六十尚不离一尉"⑦ 等，是相当普遍的情况。

---

① 刘泽华主编《士人与社会》（秦汉魏晋南北朝卷），天津人民出版社，1988，第 221 页。
② 钱穆：《国史大纲》，商务印书馆，1994，第 149 页。
③ 王溥：《唐会要》卷 76《贡举中》，上海古籍出版社，2006。
④ 吴宗国：《唐代科举制度研究》，辽宁大学出版社，1997，第 180 页。
⑤ 吴宗国：《唐代科举制度研究》，辽宁大学出版社，1997，第 165~175 页。
⑥ 元结：《元次山集》卷 9《问进士》，中华书局，2022。
⑦ 王溥：《唐会要》卷 7《吏曹条例》，上海古籍出版社，2006。

表 10　唐朝几位皇帝在位期间宰相数与进士出身数

单位：人

在位皇帝	宪宗	穆宗	敬宗	文宗	武宗	宣宗	懿宗
宰相总数	29	14	7	24	15	23	21
进士出身者	17	9	7	19	12	20	20

唐代的统治者对士人也格外爱重、尊重。如《唐语林》卷 4 记载："宣宗爱美进士，每对朝臣，问'登第否'？有以科名对者，必有喜，便问所赋诗赋题，并主司姓名。或有人物优而不中第者，必叹息久之。尝于禁中题'乡贡进士李道龙'。"宣宗皇帝甚至常常"微服长安中，逢举子则狎而与之语。时以所闻质于内庭学士及都尉，皆耸然莫知所自。故举士自此尤盛，旷古无俦"。①

唐代为了笼络读书人，在科举考试的录取过程中也刻意照顾寒门子弟，减少官宦子弟录取名额。武宗时期，会昌三年（843 年）王起知贡举，"凡有亲戚在朝者，不得应举。远人得路，皆相贺庆而已"。②《唐摭言》卷 7 有一条题目就叫"好放孤寒"："元和十一年，岁在丙申，李凉公下三十三皆取寒素。时有诗曰：'元和天子丙申年，三十三人同得仙。袍似烂银文似锦，相将白日上青天。'""李太尉德裕颇为寒畯开路。及谪官南去，或有诗曰：'八百孤寒齐下泪，一时南望李崖州。'"③为了照顾寒门子弟，统治者已经有些矫枉过正了，导致一些有才能的官宦子弟无法上榜，而一些平庸之辈则滥竽充数。"昭宗皇帝颇为寒畯开路。崔合州榜放，但是子弟，无问文章厚薄，邻之金瓦，其间屈人不少。孤寒中惟程晏、黄滔擅场之外，其余以呈试考之，滥得亦不

---

① 王谠：《唐语林》卷 4，上海古籍出版社，1978。

② 范摅：《云溪友议》卷中《赞皇勋》条原注云，中华书局，2017。

③ 王定保：《唐摭言》卷 7，载《唐五代笔记小说大观》，上海古籍出版社，2000。

少矣。"①

3. 宋朝的"重文抑武"国策，造就了士人的黄金时代

《宋史》卷 155《选举一》载："天圣初，宋兴六十有二载，时取才唯进士、诸科为最广，名卿巨公，皆由此选，而仁宗亦向用之，登上第者不数年，辄赫然显贵矣。"②《宋史》卷 439《文苑传序》甚至说："上之为人君者，无不典学；下之为人臣者，自宰相以至令录，无不擢科。"③宋朝统治者对科举取士的重视，也造就了"宋之政治，士大夫之政治也。政治之纯出于士大夫之手者，惟宋为然。"④经统计，两宋通过科举共取士 115427 人，平均每年取士人数约为唐代的 5 倍、元代的 30 倍、明代的 4 倍，以及清代的 3.4 倍，⑤宋代可以说是名副其实的"科举社会"。

宋朝士人登第即授官，而且授官品阶高。"甲、乙第进士及《九经》，皆授将作监丞、大理评事，通判诸州，其余亦优等授官。"⑥再有，进士出身者升迁速度快。北宋时期规定，官员升迁，进士出身者享受例跳一级的优待，其余荫补官员则只能依照正常程序升迁。《宋史·职官九》载："诸寺、监主簿，秘书省校书郎，秘书省正字有出身转大理评事，无出身转太常寺奉礼郎。"南宋人章如愚亦云："祖宗旧制（按指元丰官制改革前）出身自郎中，三迁而至秘书监，荫补人自郎中，五迁而至秘书监，所以示别也……其后增置奉直、中奉，而有

---

① 王定保：《唐摭言》卷 7，载《唐五代笔记小说大观》，上海古籍出版社，2000。

② 脱脱：《宋史》卷 155，中华书局，1985。

③ 脱脱：《宋史》卷 439，中华书局，1985。

④ 柳诒徵：《中国文化史》下卷，东方出版中心，1998，第 516 页。

⑤ 张希清：《论宋代科举取士之多与冗官问题》，《北京大学学报》（哲学社会科学版）1987 年第 5 期，第 106~107 页。

⑥ 脱脱：《宋史》卷 157，中华书局，1985。

出身人不迁中散大夫、奉直（大夫），则犹仿佛旧制也。"① 统治者此类恩遇长期如此，导致社会民众对于官员的快速升迁也就习以为常，甚而认为本应如此。《儒林公议》言："太宗临轩放榜，三五名以前皆出贰郡符，迁擢荣速。陈尧叟、王曾初中第，即登朝领太史之职，赐以朱韨。尔后状元登第者，不十余年皆望柄用，人亦以是为常，谓固得之也。"②

在这种政治生态下，宋朝高级官员几乎均由科举一途入仕。"科举取士，肇于汉，详于唐，我朝莫盛焉，公卿大夫不由是而进，歉如也。"③ 宋朝宰相基本是进士出身，"北宋的 71 名宰相中，有 64 名是进士或制科出身，除赵普等四名开国元老外，由恩荫出身的只有贾昌朝、陈执中和吴敏三人；而南宋的 63 名宰相，则全为进士出身"。④ 而且宋朝官员中进士所占比例比前代大为提高。据统计，《宋史》传记中，除后妃、诸王、公主等传外，正附传记载共 2529 人，其中科举出身者 1420 人，占官员总数的 56%。⑤ 根据金旭东⑥ 对《宋史》的统计分析，宋代共任命过宰相 133 人、执政 482 人。宰相中除 5 人无传外，78% 为进士出身；执政中除 82 人无传外，72% 为进士出身。可见在宋代，进士已稳定地成为高级官员的主要来源。

为照顾未及第的士人，鼓励其长期读书应试，宋朝推行"特奏名"

---

① 章如愚：《群书考索》后集卷 4《职官门》，文渊阁《四库全书》本第 937 册，(台北) 商务印书馆 1986 年影印本。

② 田况：《儒林公议》卷上，中华书局，2017。

③ 陈造：《江湖长翁集》卷 23《扬州进士题名记序》，文渊阁《四库全书》本。

④ 何忠礼：《略论宋代的科举迷信及其对士人的影响》，《浙江大学学报》(人文社会科学版) 2009 年第 1 期。

⑤ 冯尔康主编《中国社会结构的演变》，河南人民出版社，1994，第 504 页。

⑥ 金旭东：《试论宋代的恩荫制度》，《云南社会科学》1985 年第 3 期。

制度，对那些屡次参加科考而不中的举人，按照其参加次数的多寡可直接参加殿试。如，开宝二年（969年）诏令："汉诏有云：'结童入学，白首空归。'此盖愍乎耆老无成而推恩于一时也。朕务于取士，期在得人，岁命有司，大开贡部，进者俾升上第，退者俟乎再来。而礼闱相继籍到十五举已上贡士司马浦等一百六人，皆困顿风尘，潦倒场屋，学固不讲，业亦难专，非以特恩，终成遐弃。浦等宜各赐本科出身，今后不得为例。"①虽言"今后不得为例"，"特奏名"自宋太祖施行后还是成为定制，仁宗时期，每科均有特奏名。

宋朝还规定，凡参加特奏名的士人"不论殿试成绩如何，均赐予一定的出身或官衔。太祖、太宗朝尚未分等，均赐本科出身。真宗、仁宗朝，一般分为三等，此本科出身，将作试监主簿、诸州长史、文学、助教。英、神、哲、徽四朝，一般分为五等，第一等赐本科出身、假承务郎，第二等京府助教，第三等上州文学，第四等下州文学，第五等诸州助教。南宋时，仍分为五等，一般第一等第四名以下赐登仕郎，第二等京府助教，第三、四、五等同英、神、哲、徽朝"。②

此外，宋朝统治者也积极劝导广大士子向学。如宋仁宗《劝学文》："朕观无学人，无物堪比伦。若比于草木，草有灵芝木有椿；若比于禽兽，禽有鸾凤兽有麟；若比于粪土，粪滋五谷土养民。世间无限物，无比无学人。"③宋真宗的《劝学诗》则更为广大民众所熟知："富家不用买良田，书中自有千钟粟。安居不用架高堂，书中自有黄金屋。出门莫恨无人随，书中车马多如簇。娶妻莫恨无良媒，书中自有颜如玉。男儿欲

---

① 徐松辑《宋会要辑稿》，中华书局，1957。

② 黄云鹤：《唐宋下层士人研究》，河北人民出版社，2006，第88页。

③ 石成金：《传家宝》二集卷5《时习编》，天津社会科学院出版社，1992。

遂平生志，五经勤向窗前读。"①

4. 明朝对士人格外重视

明朝也是对士人非常优待的时代。如吕坤所言："国家恩典，惟养士为最隆。一人庠序，便自清高：乡邻敬重，不敢欺凌；官府优崇，不肯辱贱；差徭概州县包当，词讼各衙门存体；岁考搭棚、饼果、花红、纸笔，何者非民脂民膏；科年酒席、彩乐、夫马、盘缠，一切皆荣名荣利。"② 明太祖为凸显士人的特殊地位，亲自为士人设计服饰。"举世衣冠，往往通用。惟有生员衣冠，皇祖特为留意。襕衫之制，中用玉色，比德于玉也；外用青边，玄素自闲也；四面攒阑，欲其规言矩行，范围于道义之中而不敢过也；束以青丝，欲其节制谨度，收敛于礼法之内而不敢纵也；绦穗下垂，绦者条也，心中事事有条理也；圆领官服，以官望士，贵之也。惟有头巾制度未定。一日皇祖微行，见士带一巾，问何巾。曰四方平定巾。皇祖曰，四方平定，必须民安。乃将巾前面按一掌作民字样，遂为儒巾"。③

明朝初期，百废待兴。国家建设亟须人才，尚有以荐举入仕者，而随着政权的日益稳定，荐举也就被废止。《明史·选举制》载："明制，科目为盛，卿相皆由此出，学校则储才以应科目者也。其径由学校通籍者，亦科目之亚也，外此则杂流矣。然进士、举贡、杂流三途并用，虽有畸重，无偏废也。荐举盛于国初，后因专用科目而罢。"荐举之外，无论是以荫得官，抑或纳赀得官，均在被人诋毁之列。以荫得官，被看

---

① 转引自徐梓《〈三字经〉：一篇劝学文献》，《寻根》2011 年第 5 期。

② 吕坤：《实政录》卷 1《贡士出身六》，《四库全书存目丛书》影印明万历二十六年赵文炳刻本，子部第 164 册，第 339 页。

③ 陈义钟编校《海瑞集》，中华书局，1962，第 19 页。

作"豢养之子"；以粟拜爵，被视若"铜臭之夫"。① 明中叶之后，入仕就逐渐仅剩科举一途："国家取士之途盖三变云。往在洪、永间，天造草昧，士各以所长奋，毋问所从来，时盖有其人，而无其格。宣、正、成、弘之世，文教大兴，士品乃定，诸服大僚、备肺腑者，彬彬然多制科之途矣。而负奇蕴珍之夫，亦间缘他途以起，而未尝限其人。嘉、隆以来，制科益重，缙绅大夫十九其人。"②

5.清代延续明代，选官任官仍重科举、视为正途

《清史稿》中《选举志》记载了科举正途与其他异途的区别，这是比较经典的对两种途径的评价。"凡满、汉入仕，有科甲、贡生、监生、荫生、议叙、杂流、捐纳、官学生、俊秀。定制由科甲及恩、拔、副、岁、优贡生、荫生出身者为正途，余为异途。异途经保举，亦同正途，但不得考选科、道。非科甲正途，不为翰、詹及吏、礼二部官。……其由异途出身者，汉人非经保举、汉军非经考试，不授京官及正印官，所以别流品，严登进也。"③ 清朝统治者不仅强调了科举正途的重要性，规定了正途和异途的差别，而且明确了正途之中又以进士一途尤为重要。"清代入仕，进士和举、贡判若两途。进士内除授翰林院修撰、编修、检讨、庶吉士、六部主事、内阁中书、鸿胪寺行人、大理石评事、国子监监丞、博士、助教、太常寺博士；外除授知州、知县、推官、教授等职。举人拣选、考职或大挑，乃得任内阁中书、国子监学正、学录、知县、州学正、县教谕等官。优、拔贡生、荫生和其他贡监考职，比之举人，更等而下之。所以清代有'科甲进士，高自位置；他途进者，依附

---

① 吕坤：《实政录》卷1《官恩例官出身》，《四库全书存目丛书》影印明万历二十六年赵文炳刻本，子部第164册，第339页。

② 叶向高：《苍霞草全集》卷2《三途并用议》，江苏广陵古籍刻印社，1994，第169页。

③ 赵尔巽等：《清史稿》卷110，中华书局，1998。

从人'之说。"①

从明代开始，进士被入翰林视为入阁之路，清代的宰辅也多半出自此途。"（庶吉士）三年考试散馆，优者留翰林为编修、检讨，次者改给事中、御史、主事、中书、推官、知县、教职。其例先后不一，间有未散馆而授职编、检者。或供奉内廷，或宣谕外省，或校书议叙，或召试词科，皆得免其考试。凡留馆者，迁调异他官。有清一代宰辅多由此选，其余列卿尹膺疆寄者，不可胜数。士子咸以预选为荣，而鼎甲尤所企望。"②清朱克敬的文章《翰林仪品记》中有记载："国朝士路，以科目为正。科目重翰林，卜相非翰林不与；大臣饰终必翰林乃得谥文；他官叙资，亦必先翰林。翰林入直两书房（上书房职，授王子读；南书房职，拟御纂笔札），及为讲官，迁詹事府者，人尤贵之。"所以"自康、雍以来，名臣大儒多起翰林"。③

另外，清政府为了笼络士人学子，大开恩科。康熙五十二年（1713年）乡、会试恩科为庆祝康熙皇帝六旬万寿而开，是清代恩科之始。"嗣后每遇十年，皇上万寿正诞即加一科，亿万斯年，永为定例。"④雍正元年（1723年），为庆祝新皇帝继承大统特开恩科。此类恩科，史称登极恩科。雍正谕吏部："朕于雍正元年特行开科，并广额数，欲振兴文教，俾单寒绩学之士，人人自奋。"⑤在康熙的基础上，雍正不仅创造了新的恩科理由，而且为安抚士人，扩大了录取名额。如时人尹会一记：

① 王德昭：《清代科举制度研究》，中华书局，1984，第56页。
② 赵尔巽等：《清史稿》卷108，中华书局，1977。
③ 朱克敬：《瞑庵二识》，岳麓书社，1983。
④ 王原祁等：《万寿盛典初集》，文渊阁《四库全书》本。
⑤ 《清世宗实录》卷7，雍正元年五月乙未，第146页。

"恭达皇上龙飞之元年，恩科会试加额中取。"①孔毓珣述："皇上御极以来加意作人，特开恩科，又增入学之额。"②除此之外，雍正时期还给予了恩科士人其他优待，其内容包括：为回避不得应试的士子提供一次参试机会，另行考取；酌量擢用生员；许两次中副榜者为举人，可以参加会试；从本届恩科乡试落第者中挑选前两名为举人；对本届会试之一甲三名及二甲第一名给予特别优待。③乾隆时期再次扩大恩科举办的频次，将皇太后的六十寿庆也作为开恩科的理由，并作为定例："今岁（乾隆十六年，1757年）恭逢圣母皇太后六旬万寿，慈福沾被，海宇同之，敬稽皇祖圣祖仁皇帝万寿，特开乡、会恩科，广作人雅化。"④对高龄落第举子进行恩赐，是乾隆朝科举的一大特色。整个乾隆一朝，对七八十岁以上参加会试的年老落第者的恩赐就达20次之多，人数达到几百人，这是历朝所没有过的。⑤恩科之盛乃至有清一代，有将近四分之一的科举乡、会试均冠以"恩科"之名。⑥以上都充分说明，为稳固统治，历代统治者重视笼络士人，都给予其非常高的政治待遇。在农业社会，士人就是专业的治国人才的主要群体来源。

（二）匠人陷入底层内卷、入仕艰难

与士人相比，工匠在政治待遇方面则相去甚远。工匠的技艺大多

①　尹会一：《健余先生文集》卷三《广西乡试录后序》，清畿辅丛书本。

②　孔毓珣：《西林县建学设官疏（雍正元年）》，载《（雍正）广西通志》卷113，文渊阁《四库全书》本。

③　宗韵：《恩科制、科举功能嬗变与清代教育危机》，《华东师范大学学报》（教育科学版）2014年第4期。

④　《清高宗实录》卷391，乾隆十六年闰五月辛卯，第139~140页。

⑤　《光绪大清会典事例》卷354《礼部·贡举·恩赐》，光绪二十五年八月石印本。

⑥　宗韵：《恩科制、科举功能嬗变与清代教育危机》，《华东师范大学学报》（教育科学版）2014年第4期。

世代承袭，这一特点自春秋战国时就如此。进入封建社会，在绝大部分的时间里，王朝政府将其以制度和律法固定下来，造成他们无法进行社会流动。成为匠户，只能从事工匠类工作，不得更换职业，这就堵死了工匠做官通道，入仕更是艰难。直到宋朝商业经济繁荣，政府才放开了"工匠子弟不得入仕"的限制。

1. 秦汉到魏晋时期

秦汉时期，工匠群体在政治上是难有作为的，该群体的政治地位低，甚至与政府之间存在人身依附关系。学者认为，"劳役制是秦汉官府手工业的最大特征，官府手工业里面的'工匠'与'工师'，名义上虽为自由人，实际上接近于人身不自由的奴隶与刑徒"。①《史记·平准书》将民间手工业者统称为"末作"。可见，秦汉时期匠人群体的政治地位低下，导致社会地位也不高。

到了魏晋南北朝时期，国家在政治上形成了世家门阀大族势力，对工匠入仕的限制更加严格。北魏统治者为维护士人的地位，曾颁布诏令要求工商从业者不得进入官员队伍。"丙子，诏曰：工商皂隶，各有厥分，而有司纵滥，或染清流。自今户内有工役者，唯止本部丞，已下准次而授。若阶藉元勋、以劳定国者不从此制。"②士人群体也要求，对于官员的选拔必须严格限定出身。如北魏大臣韩显宗曾上书孝文帝："朝廷每选举人士，则校其一婚一宦，以为升降，何其密也。至于开伎作宦途，得与膏粱华望接闻连甍，何其略也。此愚臣之所惑。今稽古建极，光宅中区，凡所徙居，皆是公地，分别伎作，在于一言，有何为疑而阙盛美。"③我们甚至可以推断，匠人地位的下降是由于士

①　高敏：《秦汉时期的官私手工业》，《南都学坛》1991 年第 2 期。

②　（北齐）魏收：《魏书·帝纪第七高祖纪上》，中华书局，1974。

③　魏收：《魏书·第四十八》，中华书局，1974。

人群体的刻意打压。

2. 隋唐

在隋朝，隋文帝制定了"工商不得仕进"的规定，即规定工匠不许做官。到了唐代，此规定被继承。《唐律》规定："凡官人，身及同居大功已上案，自执工商，家专其业，皆不得入仕。"[1] 唐太宗明确说过，"工匠杂色之流，假令术逾侪类，止可厚给财物，必不可超授官秩，与朝贤君子比肩而立，同坐而食"。[2] 可见，唐朝的统治者认为匠人就是被雇用来干活的，不能与士人并列为伍。此外，唐政府对工匠进行严格的人身控制，规定工匠要世代沿袭匠籍，其身份、职业都不可以改变并且不得另入他籍，这严格限制了匠人的社会流动。《唐律》规定："工、商皆为（谓）家专其业以求科（利）者"、[3] "一入工匠后，不得别入诸色"。[4]《旧唐书》卷43载："凡习学文武者为士，肆力耕桑者为农，巧作器用者为工，屠沽兴贩者为商。工商之家，不得预于士。"[5] 卷48亦载："士农工商，四人各业。食禄之家，不得与下人争利。工商杂类，不得预于士伍。"[6] 唐太宗时期，著名画家阎立本自认为从事画师是一种耻辱，将其视为"末技"，告诫自己的儿子不要再从事作画。"太宗尝与侍臣学士泛舟于春苑，池中有异鸟，随波容与。太宗击赏，数诏座者为咏，召立本令写焉。时阁外传呼云：画师阎立本。时已为主爵郎中，奔走流汗，俯伏池侧，手挥丹粉，瞻望座宾，不胜愧赧。退诫其子曰：吾少好读书，

---

① 李林甫：《唐六典》卷2《尚书吏部》，中华书局，1992。
② 刘昫等撰《旧唐书》卷177，中华书局，1975。
③ 袁文兴、潘寅生主编《唐六典全译》，甘肃人民出版社，1997，第98页。
④ 袁文兴、潘寅生主编《唐六典全译》，甘肃人民出版社，1997，第234页。
⑤ 刘昫等撰《旧唐书》卷43，中华书局，1975。
⑥ 刘昫等撰《旧唐书》卷48，中华书局，1975。

幸免面墙，缘情染翰，颇及侪流。唯以丹青见知，躬厮役之务，辱莫大焉！汝宜深诫，勿习此末伎"。① 在阎立本看来，尽管已经在朝廷做了主爵郎中，并且因为画画名气大、获得皇帝垂青，也为自己的"末技"感到耻辱。

唐朝中期之后，工匠不能入仕的情况有所改变，有匠人因技术入仕（总体比例很低）。如神功元年（697年），"比来诸色伎术因荣得官"。②但是，这种现象被视为一种僭越，为士大夫群体所不容。如唐顺宗时，韦贯之在金忠义子以荫为馆生的时候，坚决反对，认为其自身是工匠，不符合规定，最后终于将其子罢免。"新罗人金忠义以机巧进，至少府监，荫其子为两馆生。贯之持其籍不与，曰：工商之子，不当仕。忠义以艺通权幸，为请者非一，贯之持之愈坚。既而疏陈忠义不宜污朝籍，词理恳切，竟罢去之"。③匠人入仕违背了读书做官的主流道路，必然会被庞大的文官集团所反对、打压。

3. 宋朝

宋朝为了强化封建统治，广泛招徕士人，大大放宽了参加科举考试的限制，但是对于工匠群体仍旧限制，规定"籍非本土，假户冒名，身是工商杂类，及曾为僧道者"④，不得参加科举考试。不过这一规定在实际执行过程中并未严格执行，往往凡具有一定文化修养的人，皆可投牒自进。太宗淳化三年（992年）三月二十一日，朝廷明诏规定："国家开贡举之门，广搜罗之路……如工商、杂类人内有奇才异行，卓然不群

---

① 刘昫等撰《旧唐书》卷81，中华书局，1975。

② 宋敏求编《唐大诏令集》卷100《厘革伎术官制》，中华书局，2008。

③ 刘昫等撰《旧唐书》卷162，中华书局，1975。

④ 徐松辑《宋会要辑稿》选举3之25，中华书局，1957。

者，亦许解送。"①这使过去一直被排斥于仕途之外的"工商、杂类"子弟有了应举的可能。由此可见，宋代是一个相对开放的朝代，对读书人优待，对其他阶层的群体也不十分排斥。到了南宋，开放、包容的程度进一步提升，机会窗口有所扩大。史料记载，至如"狞干、黥吏之子"及"以屠杀为业"②者，皆可成为举人。随着对工匠群体参与科举考试的限制得以取消，开始出现少数匠人做官的特例。"以至木工杨琰，因缘其（宋用臣）力，累官以至西京左藏库副使。"③宋神宗时"韶州岑水场坑炉户汤潮下班殿侍"，"以潮数出私钱，捕获强盗故也"。④宋徽宗时宰相李邦彦就出身银匠，《宋史》载"李邦彦，字士美，怀州人。父浦，银工也"。⑤

　　当然需要指出，匠人做官仅是少数、零星案例。而且，工匠入仕受到士人群体的极力、持续性的反对。吏部就多次上奏工匠有功者可以赏赐，不应入仕。"元祐元年，吏部言：诸色人援引徼求，入流太冗。应工匠伎艺之属无法入官者，虽有劳绩，并止比类支赐，未经酬奖者亦如之。"⑥"十一月十五日，吏部言：诸色人援引旧制，侥求入官者甚众。小不如意，则经御史台、登闻鼓院理诉。若不约束，恐入流太冗。请今后诸色工匠、舟人、伎艺之类初无法合入官者，虽有劳绩，并止比类随功力小大支赐。其已前未经酬奖者亦如之。则侥幸之路塞，而赏不滥。从之。"⑦这反映出士人群体对匠人群体的态度，可以给与物质，但不愿

①　徐松辑《宋会要辑稿》，中华书局，1957。

②　《名公书判清明集》卷13《哗鬼讼师》，卷14《宰牛者断罪拆屋》，中华书局，1987。

③　李焘：《续资治通鉴长编》卷385，中华书局，2004。

④　李焘：《续资治通鉴长编》卷300，中华书局，2004。

⑤　脱脱：《宋史》卷352，中华书局，1985。

⑥　脱脱：《宋史》，中华书局，1985。

⑦　（清）徐松辑《宋会要辑稿》职官10之1，中华书局，1957。

意分享权力机会。宋徽宗时也曾下诏，匠人官职到一定职位后就不能再提升了。"政和四年八月二十六日，诏：应自今杂流入仕，因功赏推恩，谓吏人、公人、作匠、技术之类，至武功大夫止，不迁横行遥郡。虽奉特旨，许执奏"。[1] 文官集团是官场的主要群体，其态度也是皇帝需要考虑和照顾到的。

4. 明朝

明朝延续了宋朝的政策，匠人从政的结构性机会部分被打开。尽管在明朝初期，规定匠户不可随意更改户籍，但在实际生活中，却流于形式。明朝时期，大量的工匠子弟通过科举，改变了户籍。"班匠之制，一以开国之初所定为额。阅数百载后，其子孙或耕、或商、或吏，不复知有先世之业，而犹使之供班，或令折银，徒为无穷之累。"[2] 而且，工匠的子孙多有通过科举入仕除籍者。如"沈（钺）出松江之上海。永乐初有讳良者，君之曾祖也，随驾来京，占匠籍，今为顺天之宛平人。良生敬，敬生尚书，禄君以尚书荫为国子生，治举业，甚有功。试不偶，以母命就选正德丙子，授光禄寺，掌醢署"。[3] 根据《明清历科进士提名碑录》记载，明代登科进士者24184名，其中匠户出身者854名，占3.5%。[4] 可见，尽管匠人仍然不是帝国官员的主要来源，但确实机会大大增长。

明代曾规定，"中外文臣皆由科举而进，非科举者毋得与官"。[5] 但

①　（清）徐松辑《宋会要辑稿》选举24之3，中华书局，1957。

②　王夫之：《噩梦》，转引自谢国桢选编《明代社会经济史料选编》，福建人民出版社，2005，第364页。

③　陆深：《奉训大夫宁海州知州沈君墓志铭》，见《俨山集》卷72，载《四库全书》第1268册，上海古籍出版社，1987。

④　罗丽馨：《明代匠户之仕官及其意义》（上），《大陆杂志》卷81，1990。

⑤　姚广孝：《明太祖实录》卷52，《洪武三年五月己亥》条，清宣统元年石印本，第1020页。

是在明朝后期，这一规定也被打破，出现了大量的工匠以技术入仕，开辟了工匠入仕的新路径，改变了只能依靠读书、科举入仕的局面。对匠人来说，在国家工程建设、宫殿营造中取得业绩者，就有机会被皇帝授予官职。"八年七月敕修隆善寺工竣，授工匠三十人官尚宝少卿，任道逊等以书碑皆进秩；工匠赵奎等五十四人以中官请，悉授职；土木衣文绣，匠作班朱紫，道流所居拟于宫禁。"① 但是，匠人入仕仍旧不被社会观念所接纳，当时的士人群体仍旧对匠人抱有偏见，多有对工匠入仕的不满、矛盾、抱怨、打压。"画史、工匠滥授官职者多至数百人，宁可不罢？御用监匠人李纶等以内降得官，裕言：先有诏，文官不由臣部推举传乞除授者，参送法司按治。今除用纶等，不信前诏，不可。"② 石匠陆祥、木匠蒯祥都曾官至工部左侍郎，这个品秩已经不低，士大夫对陆、蒯以匠人的身份入仕，心理上非常反对与排斥，公然表达此类观点，并视之为可笑。《万历野获编》记载，"当天，顺毕工时，尚书赵荣，侍郎蒯祥、陆祥，各赏银二十两，纻丝二袭。荣以楷书，二侍郎，一木匠、一石匠也，三堂俱异途可笑"。③ 武宗初立，内府工匠以营造加恩，工科都给事中王缜率同官进谏："陛下初登大宝，工匠末技已有以微劳进者，诚不可示后世。宜散遣先朝诸画士，革工匠所授官。"④ 嘉靖时期，徐杲以木匠官拜工部尚书，这样高的品秩更是前所未有，引起了士人群体的极大不满、愤慨与反对。所以，在明世宗逝后，徐杲就以破坏政体而被革职。《明实录》载："隆庆元年正月乙亥，革工部尚书徐杲职闲住。杲本木工，工部官匠，先以修

---

① 张廷玉等撰《明史》列传73、87、97，中华书局，1974。

② 张廷玉等撰《明史》列传69、71，中华书局，1974。

③ 沈德符：《万历野获编》，中华书局，1989。

④ 张廷玉等撰《明史》卷201，中华书局，1974。

建功，历升前职。至是考察自陈，下吏部查议。都给事中王元春劾杲，以匠役官正卿，其子文灿传升锦衣卫指挥世袭，皆滥名器，坏政体，并宜汰黜。吏部覆奏，从之。"[1] 客观来说，工部是匠人任职做官概率最大的部门。在当时的政治环境下，匠人做官只能是皇帝的直接提拔。但是，吏部是文官掌握的。匠人做官被视为少数的异类，因此工部尚书徐杲被"革职闲住"也就不足为奇了。

此外，匠人即使入仕做官，在物质方面也不可能获得平等的对待。匠官的俸禄只给半俸。《大明会典》卷 39 载："十年题准，匠官升级，悉照见行例支与半俸，奏扰者治罪；二十三年题准，匠官加俸，后又升级者，止照今升品级支半俸。其节次所加之俸，不许重支。"[2] 对于工匠进入仕途的现象，当时士大夫群体的普遍看法是百工已经享有俸禄，工作是其分内之事，不应再加恩裳。如"伏惟自古国家建官分职，下至百工技艺之人，皆有月给俸粮，使之各食其食，而事其事。……至于升官，止惟武职论功，盖因用其死命，其余则皆遇缺抡材铨补，非以酬劳也。今赵奎等岁入官廩，成此工作，乃其职分，岂应更加升赏。"[3] 这是士人群体对匠人做官的集体性心态的一个集中体现。

5. 清代

顺治时期废除了匠籍，实现了工匠的人身自由，而且清代延续了明朝"凡宫殿工成，在工员役，均别久暂，叙赏有差"的旧例。匠人做官的机会，已经在部分地打开。因参与营造有功得以入仕者，以"样式雷"家族最为典型。雷氏家族自雷金玉后便世代垄断了样式房掌案一

---

① 《明实录》，上海书店出版社，2015。

② 李东阳等撰《大明会典》卷 39，广陵书社，2007。

③ 《御选明臣奏议》卷 20，台北华文书局，1968。

职。①显然，读书人不可能，也不愿意去从事这样的工作。除了营造类工匠，清代其他行业的工匠得以入仕的也相当多。由于强大的文官集团的态度，匠人做官只能靠皇帝、重臣的直接支持。如"青浦叶雨臣，名梦雷，幼习银匠。及冠，北游至京师，受佣于人。康熙某年端午，同伴皆出游，明珠经其肆，出元宝一令剪之。叶为跳剪两端，不差累黍，明叹赏，招至邸，令司会计。寻以奶娘女佛氏妻之，并保以官，使入户部供职"。银匠叶雨臣通过偶然的机会，重臣明珠向康熙保举，进入户部做官（大概率是技术岗位）。此外，银匠的家人也跟着做了官。"其族弟有名照二官者，初业锻铁，雨臣贵，招之去，亦得官，由知府擢巡道"。②在画师做官方面，朱圭因雕刻书画精细工致，被选入养心殿供事，大内字画，俱出其手。以效力久，授为鸿胪寺叙班。③此外，清代著名的象牙雕刻家施天章（字焕文），雍正、乾隆年间，在清宫造办处供职，曾深得雍正皇帝信任，被提升为序班。《竹人录》记载其"工绘事，以刻竹名，巧若神工。雍正间，织造使者以所刻进，命供奉如意馆，所造益精，一时无两"④。可以看到，清朝对匠人的机会开放程度比较大。工匠群体中那些技艺高超的佼佼者，有机会突破匠籍身份限制进而入仕做官，有了皇帝、皇家的肯定，甚至可以世代为官，荫及子孙、身边人，他们无疑是少数幸运儿。

6. 清末的变局

到了清末，随着西方技术的传入，社会阶层结构出现"大变局"。

---

①　朱启钤：《样式雷考》，载《中国营造学社汇刊》第4卷第1期，知识产权出版社，2006。

②　徐珂：《清稗类钞》第三册《爵秩类》，中华书局，1986。

③　冯桂芬纂、李铭皖、谭钧培修《同治苏州府志（3）》，载《中国地方志集成·江苏府县志辑（9）》，凤凰出版社、上海书店、巴蜀书社，2008，第769页。

④　金元钰、褚德彝：《竹人录、竹人续录》，浙江人民美术出版社，2011。

国家开始转变态度，对匠人重要性的认识得以全面提高。传统的工匠群体，逐渐转变为掌握现代技术的工程师与科学家，他们多能够以技术入仕，并获得国家的重用。"前因东南军务需才孔亟，以曾国藩酌保数员。监生赵烈文、方骏谟、华蘅芳、徐寿等，议叙从九品。"① 在军事需要的情况下，曾国藩破格举荐和提拔了人才，品秩为从九品，这些人多为技术人才，没有经过科举考试。晚清政府也逐渐认识到学习海外技术的重要性，不仅官方资助，向西方派出留学生，而且鼓励社会、民间资助留学生海外游学。留学归国的工程师、科技人才在诸多行业中都取得了卓有成效的工作业绩，清政府也顺应时代变革，做出了必要的政策调整。按照科举的惯例给予极高的出身，如宣统元年（1909 年）"复有赏给旧日游学生以进士、举人者，如拟列一等之詹天佑、魏翰、李维格、郑清廉、邝荣光、吴迎会、杨廉臣均给以工科进士……皆回国多年，办事历有成绩，由各省督抚保送，简派大臣会同学部覆定，是又未经考试而给予出身者也"。② 这些官职的授予，不需要经过科举考试，但需要各省督抚考察、举荐。

综上，随着商品经济发展，自宋朝始，不再限制工匠参加科举考试，工匠子弟也逐渐进入仕途。此外，不少工匠依靠自身技术入仕，在明清两朝尤为明显，社会的开放性确实有所增强。但是从总体来说，国家政治权力仍旧为庞大的士人群体所掌控，匠人入仕者受到他们的极力排斥、打压、妨碍。绝大部分官吏仍是通过科举考试入仕，工匠所占的比例仍旧极低。以宰相（含参知政事、平章政事、内阁大学士、军机大臣等）为例，据《中国宰相全传》记载，秦汉到明清 1270 位宰相中，

---

① 文庆等纂辑《筹办夷务始末》（同治朝）卷 21，上海古籍出版社，2008。

② 张之洞、刘坤一：《筹议变通政治人才为先折》，见《张文襄公全集》卷 54，台北文海出版社，1970。

除李邦彦（宋代）1人出身工匠，其余1269位宰相均为士人。[①] 毕竟在封建专制的农业社会，科举入仕才是正途与主流。

三　地位声誉

封建专制时期，士人与匠人在社会上的地位和声誉也分化明显，士人凭借与政权的结合，其地位一直高居四民之首。而匠人不仅长期处于社会底层，而且政府限制其不得随意更换职业，[②] 导致其阶层固化，他们失去了上升的渠道和动力。

（一）士人被重视、尊敬和推崇

士人在封建专制时期始终拥有极高的社会声誉，政府也额外给予他们一些特权、皇恩、尊荣等，更让其成为社会各阶层的向往，持续吸附民间精英。

1. 汉朝士人开始参与系统性治理

汉朝政府依赖士人群体对地方进行治理和教化，为其带来了极大的社会威望，成为不可忽视的力量，社会地位甚至还在经济地位之上。"士族进可成政治集团，退而为社会势力，皆由经业传授，德行所致，而经济势力犹其次焉"。[③] 史料记载，士人不仅在普通民众中享受威望，甚至盗贼都对其非常尊敬。韩韶为嬴长，"时太山贼公孙举伪号历年，守令不能破散，多为坐法"。"贼闻其贤，相戒不入嬴境。余县多被寇盗，

---

① 数据来源于魏洛等编《中国宰相全传》，工商出版社，1996。

② 《明史》卷78记载："凡军、匠、灶户，役皆永充"。

③ 刘增贵：《汉代豪族研究——豪族的士族化与官僚化》，台湾大学博士学位论文，1985，第264页。

废耕桑，其流入县界求索衣粮者甚众"。①《后汉书·郑玄传》载："建安元年，(郑玄) 自徐州还高密，道遇黄巾贼数万人，见玄皆拜，相约不敢入县境。"②又，"汉末，黄巾贼起，天下饥荒，人民相食。寇到博昌，闻旗姓字，乃相谓曰：'宿闻任子旗，天下贤人也。今虽作贼，那可入其乡邪？'遂相帅而去"。③

这种对士人尊崇的社会观念甚至扩散到了中原王朝周边的少数民族群体。"荀恁，字君大，少亦修清节。资财千万，父越卒，悉散与九族。隐居山泽，以求厥志。王莽末，匈奴寇其本县广武，闻恁名节，相约不入荀氏闾。"④士人为民众、民间所信服，故而在出现动乱之时，士人往往成为政府安抚百姓的不二人选。"时遭元二之灾，人士荒饥，死者相望，盗贼群起，四夷侵畔。鹥等崇节俭，罢力役，推进天下贤士何熙、役讽、羊浸、李郃、陶敦等列于朝廷，辟杨震、朱宠、陈禅置之幕府，故天下复安"。⑤士人群体在社会中的领导作用，甚至成为维持政权的基础性支撑力量。范晔在《后汉书·陈蕃传》中说："然其信义足以携持民心。汉世乱而不亡，百余年间，数公之力也。"⑥可见，士人在朝廷为官，而且在地方深度参与教化、基层治理，发挥一种系统性支撑的作用。

2. 唐代奠定了进士的社会美誉度

唐代科举及第者比例较低，一旦成为进士，就会受到整个社会的尊

---

① 范晔：《后汉书》卷62《韩韶传》，中华书局，2007，第2063页。
② 范晔：《后汉书》卷35《郑玄传》，中华书局，2007，第1207页。
③ 陈寿：《三国志》卷27《魏书·王旭传》，中华书局，1982，第748页。
④ 范晔：《后汉书》卷53《序》，中华书局，2007，第1740页。
⑤ 范晔：《后汉书》卷16《邓禹传附孙鹥传》，中华书局，2007。
⑥ 范晔：《后汉书》卷66《陈蕃传》，中华书局，2007。

崇。《通典》卷 17《选举五·杂论议中》载："进士者，时共贵之。"《唐国史补》中也提到，"进士为时所尚久矣。是故俊乂实集其中，由此出者，终身为闻人"。唐代社会也就自然形成了一种对科举的追捧，从上到下都形成了"酷嗜进士名"①以及"缙绅虽位极人臣，不由进士者，终不为美"②的社会心理。当时的社会民众都对士人充满了期待，方干《送吴彦融赴举》言，"上国才将五字去，全家便待一枝归"；散文家欧阳詹在一封家书中说："慰上下之望，在乎早成名，早归宁。"③这些都形象刻画了平民阶层对进士的热盼，以及整个社会对进士的高度评价。即使是位居高位者，只要不是通过科举做官的，通常会将未通过进士入仕视为终身遗憾。唐初薛元超以门荫入仕，官至中书令（宰相）。他曾说："吾不才，富贵过人。平生有三恨：始不以进士擢第，不娶五姓女，不得修国史。"④

由此，唐代产生了"榜前择婿"风俗。唐代长安每年曲江大会期间，进士成为万众瞩目的中心，也是权势人家择婿的对象。史书记载，"曲江之宴，行市罗列，长安几于半空。公卿家率以其日拣选东床，车马阗塞，莫可殚述"。又"其日，公卿家倾城纵观于此，有若中东床之选者，十八九钿车珠鞍，栉比而至"。⑤资源都是稀缺的，每届进士数量都是有限的。于是，一些上层官僚也将儿女婚姻押在那些尚未入仕的士子身上，以延续家族政治资本，投资未来的政治利益。如《云溪友

---

① 彭定求编《全唐诗》卷 497《寄陕府内兄郭冏端公》，中华书局，1960，第 5647 页。
② 王定保：《唐摭言》卷 1《散序进士》，载《唐五代笔记小说大观》，上海古籍出版社，2000，第 1578~1579 页。
③ 董诰等编《全唐文》卷 596《与王式书》，中华书局，1983，第 6023 页。
④ 王谠：《唐语林》，上海古籍出版社，1978。
⑤ 王定保：《唐摭言》卷 3《散序》《慈恩寺题名游赏赋咏杂记》，载《唐五代笔记小说大观》，上海古籍出版社，2000，第 1595 页、第 1600 页。

议》载："张延赏累代台铉，每宴宾客，选子婿，莫有入意者。其妻苗氏，太宰苗晋卿之女也，夫人有鉴，甚别英锐。特选韦皋秀才曰：'此人之贵，无一比俦。'即以女妻之。"①甚至皇帝也将士人作为女婿的最佳人选。《唐语林》卷7载："万寿公主，宣宗之女。将嫁，命择良婿。郑颢，宰相子，状元及第，有声名，待婚卢氏。宰臣白敏中奏选尚，颢深衔之。"②

所以，民间对读书入仕看得极重，形成了社会上重视读书、推崇读书人的风气。"草泽望之起家，簪绂望之继世；孤寒失之，其族馁矣；世禄失之，其族绝矣"。③又《通典》卷15《选举三·历代制下》记载，中唐时人沈既济曾说道："故太平君子唯门调户选，征文射策，以取禄位，此行己立身之美者也。父教其子，兄教其弟，无所易业，大者登台阁，小者仕郡县，资身奉家，各得其足，五尺童子，耻不言文墨焉。"④掀起了全国各地的读书、考试、入仕的热情。

3. 宋代士人的社会地位达到顶峰

宋朝立国之初，就将士人定位为"自己人"。相传宋太祖在太庙"誓碑"中强调，"不得杀士大夫及上书言事人"。士大夫"以天下为己任"的意识空前强化，"与皇帝共治天下"成为宋朝士人始终坚持的原则。"宰相须用读书人"的理念，被其后的宋朝历代君主执行下去。故而，宋朝士人的特权地位非常突出。首先是司法特权。士人在诉讼、拘捕、出庭方面享有特权。"在四民之中，士属特权阶层，士大夫可透过

---

① 范摅：《云溪友议》，中华书局，1959。
② 王谠：《唐语林》卷7，上海古籍出版社，1978。
③ 王定保：《唐摭言》卷9《好及第恶登科》，载《唐五代笔记小说大观》，上海古籍出版社，2000，第1654页。
④ 杜佑：《通典》卷15，中华书局，1984。

仆役提出诉状。即使被告，审案时被州县拘捕的，基本上也是仆役。对士人不可单呼其姓，必须使用某'省元'的称呼"。① 此外，士人还享受犯罪可以用赎的社会优待与司法特权。"此规定，始于北宋大中祥符五年（1012 年），曾经参加过礼部考试的贡举人，公罪徒可以收赎，后来扩大到私罪杖。"②

当然，这些社会优待与司法特权并不适用所有的读书人，而是需要满足一些条件。《庆元条法事类》卷 76《当赎门・罚赎》③对哪些人可以用赎有明确的规定："诸州县学生、医生、州职医助教，犯公罪杖以下，太学、武学外舍生、僧道犯私罪杖以下，摄诸州助教、翰林祇候、曾得解及应免解举人，④太学武学上舍内舍生、僧道录犯赃私罪、⑤公罪徒以下，御前忠佐犯赃私罪、公罪流以下，并赎⑥。"

由于士人的社会地位高，这些规定在地方具体的执行过程中，似乎更为宽松。"将犯法士人送往州学校读书，似乎是地方官常用的一种办法，在《名公书判清明集》中，还可以看到好几篇这类的判状，士人只要粗知读书，地方官在判决时便从轻发落"。⑦ 有些地方官甚至因为考试日期临近而免除士人的处罚，《淳熙三山志》卷 7《公廨类・试院》讲到淳熙元年（1174 年）史浩知福州，办理解试时的情况："上人有讼在官，除事干人命外，其他并与结绝，或召壮保许试。"⑧ 地方官对士人从轻发

---

① （日）近藤一成：《宋元史学的基本问题》，中华书局，2010，第 240~241 页。

② 梁庚尧：《宋代科举社会》，东方出版中心，2017，第 203 页。

③ 谢深甫纂修《庆元条法事类》，国家图书馆出版社，2014。

④ 原注：武举同。

⑤ 原注：以上称私罪、赃罪，并谓非重害者。

⑥ 原注：坑户以赏得副尉而依旧充应者，于本场治（冶疑应作冶）犯公罪流以下准此。

⑦ 梁庚尧：《宋代科举社会》，东方出版中心，2017，第 204 页。

⑧ 梁克家：《淳熙三山志》，方志出版社，2003。

落，这也不难理解，地方官也是士人群体的一部分。

宋朝时期，士人也能免除一定的赋役，主要包括身丁钱、差役和科配，这也在客观上提高了其社会地位。宋徽宗崇宁四年（1105 年）规定州县学生所享有的税役优待，"诸州县学生试补入学，经试终场，及自外舍升内舍者免身丁，内舍仍免役借，升上舍即依官户法"。① 大观元年（1107 年）颁布八行取士法，士人以八行贡入太学者，"上舍上等其家依官户法，中下等免户下支移、折变、借、身丁，内舍免支移、身丁"。② 南宋时期绍兴十五年（1145 年）所颁布的法令："诸未入官人，校尉，京府诸州助教，得解及应免解人，并见系太学生，并免丁、役。"③ 所谓丁，是指身丁钱，至于役，是指差役可以募人代替，而非免除。即"太学生及得解经省试者，虽无限田，许募人充役"。④

宋代如唐代一样，为女择婿时，同样希望从士人中选取，正如《魏国太夫人墓志》写道："男传家学，女嫁士人。"⑤ 王安石有诗云："却忆金明池上路，红裙争看绿衣郎！"时人谓之"捉婿"。

《萍洲可谈》卷 1 "买妾价贵捉婿费多"条云："本朝贵人家选婿，于科场年，择过省士人，不问阴阳吉凶及其家世。谓之'榜下捉婿'。亦有缗钱，谓之'系捉钱'，盖与婿为京索之费。近岁富商庸俗与厚藏者嫁女，亦于榜下捉婿，厚捉钱以饵士人，使之俯就，一婿至千余缗。"⑥ 甚至出现有些权贵以权势相逼的情况。《宋史》卷 317《冯京传》

---

① 章如愚：《群书考索》后集卷 28《士门·学法类（三舍附）》，文渊阁《四库全书》第 937 册，（台北）商务印书馆，1986。

② 徐松辑《宋会要辑稿》选举 12 之 33，中华书局，1957。

③ 徐松辑《宋会要辑稿》食货 66 之 2，中华书局，1957。

④ 脱脱：《宋史·志第一百三十一》食货上 6（役法下　振恤），中华书局，1985。

⑤ 刘克庄：《后村先生大全集》卷 153，四川大学出版社，2008，第 3913 页。

⑥ 朱彧：《萍洲可谈》，上海古籍出版社，2012。

云："冯京字当世，鄂州江夏人。少隽迈不群，举进士，自乡举、礼部以至廷试，皆第一。时犹未娶，张尧佐方负宫掖势，欲妻以女。拥至其家，束之以金带，曰：'此上意也。'顷之，宫中持酒殽来，直出奁具目视之。京笑不视，力辞。"[1] 李幼武《宋名臣言行录·续录》卷3《傅察》载徽宗时蔡京强逼进士傅察为女婿，云："公未廷试，蔡京辅政，卖弄威权……坚欲以女妻公，遣其子与术士数辈踵至视公。又托其姻，强公相见。公不从。"[2] 蔡京作为权势极大的重臣，也会考虑择进士为女婿，甚至到了强逼的程度。对于有才华的士人，更有甚者"榜前择婿"，《石林燕语》中记载了宋代宰相李沆为女榜前择婿的事迹：李沆在士人王曾参加殿试时即看重了他的才能与潜力，认为其"初就殿试时，固已有盛名……此人今次不第，后亦当为公辅"。并决定让女儿嫁给王曾，"吾得婿矣！"在他们完婚后不久，放榜时王曾"唱名，果为第一"。[3]

宋代时期，作为进士第一名，状元的荣耀更是无与伦比。状元要骑马在皇城巡视一番，供社会仰慕、观瞻。礼部还规定了具体的路线，"每殿庭胪传第一，则公卿以下无不耸观，虽至尊亦注视焉。自崇政殿出东华门，传呼甚宠，观者拥塞通衢，人摩肩不可过，锦鞯绣毂角逐争先，至有登屋而下瞰者，士庶倾羡，欢动都邑。洛阳人尹洙，意气横跞，好辩人也，尝曰：'状元登第，虽将兵数十万，恢复幽蓟，逐强虏于穷漠，凯歌劳还，献捷太庙，其荣亦不可及也。'"[4]

科举入仕的荣耀无比、状元郎的春风得意，形成示范效应，极大调动了社会各阶层的读书热情、动力。洪迈《容斋随笔》卷8《得意失意

---

①　脱脱：《宋史》卷317《冯京传》，中华书局，1985。
②　李幼武：《宋名臣言行录·续录》，北京大学出版社，2016。
③　叶梦得：《石林燕语》卷9，中华书局，1997，第139页。
④　田况：《儒林公议》卷上，中华书局，2017。

诗》记曰："旧传有诗四句夸世人得意者云：'久旱逢甘雨，他乡见故知。洞房花烛夜，金榜挂名时。'好事者续以失意四句曰：'寡妇携儿泣，将军被敌擒。失恩宫女面，下第举人心。'此二诗，可喜可悲之状极矣。"①金榜题名，举子下第，成了人们公认的大喜大悲之事。朱熹也不得不承认"居今之世，使孔子复生，也不免应举"。②陆九渊也说"科举取士久矣，名儒巨公，皆由此出，今为士者，固不能免此"。③

4. 明朝全社会热情高涨、趋之若鹜

明朝的时候，科举考试的功利性进一步增强，使得全社会趋之若鹜、热情高涨。明代生员作为最低级的科考功名，一旦考取，并在岁考中维持基本的资格，就可终身保有，而且拥有大量的社会优待与司法特权。

第一是社会人格方面的荣誉和优待。免于折辱的特权，确保了生员在生活场域中的人格尊严和礼遇。即，"免于编氓之役，不受侵于里胥；齿于衣冠，得于礼见官长，而无笞捶之辱"。④

第二是有权力存养奴婢、改善生活起居。《大明律》规定，平民是不能有奴婢的，这是士人的特权。一旦违反，会受到惩罚，即"庶民之家，存养奴婢者，杖一百，即放从良"。但士人一旦考取功名，就能够存养奴婢。此举一方面能够改善生活待遇，另一方面也是在试图发挥社会效应，在全社会鼓励读书考试。

第三是司法优待。古代社会有"刑不上大夫"之说，明朝在此方面也给予读书人很大的礼遇。明初规定，一般进士、举人、贡生犯了死

---

① 洪迈：《容斋随笔》，中华书局，2005。

② 黎靖德编《朱子语类》卷13《力行》，中华书局，1986。

③ 陆九渊：《象山集》卷23《白鹿书院论语讲义》，中华书局，1980。

④ 顾炎武撰，华忱之点校《顾亭林诗文集·生员论上》，中华书局，1983，第21页。

罪，可以特赦三次。虽然在实际过程中未能执行，他们还是受到了司法优待。例如秀才犯了法，地方官在通知学校把他开除之前，是不能用刑的，如犯的不是重罪，便只通知学校方面加以处分了事，而不会进入国家的司法程序。①

第四是礼节与优待。朝廷通过各种方式，在重要的公开场合，强化对读书人的礼遇。"顾公燮所记的大宾堂是有法律根据的，洪武十二年（1379 年）八月明太祖颁布法令，规定绅士只能和宗族讲尊卑的礼法，宴会要另设席位，不许坐于无官者之下。和异姓无官者相见，不必答礼，违反者按法律制裁"。②在穿着方面，朝廷允许士人与一般人有所区别，以凸显他们不一般的社会地位。具体是，"明季服色俱有等级，乡绅举贡秀才俱戴巾，百姓俱戴帽，寒天绒巾绒帽，夏天鬃巾鬃帽。又有一等士大夫子弟戴飘飘巾：即前后披一片者；纯阳巾：前后披盘云者。庶民极富，不许戴巾"。③这些服饰，都显著区别于庶民。

顾公燮曾这样描述明代缙绅崇高的社会优势地位，即"威权赫奕"。一旦中举，则产生巨大的社会轰动，即"凡中式者，报录人多持短棍，从门打入厅堂，窗户尽毁，谓之改换门庭。工匠随行，立刻修整，永为主顾。有通谱者、招婿者、投拜门生者，承其急需，不惜千金之赠，以为长城焉。……出则乘大轿，扇盖引导于前。生员则门斗张油伞前导。婚丧之家，绅衿不与民同座，另构一室，名曰大宾室"。④明末叶梦珠也曾描述过明代士人的出行状况，可以说是排场极大，"前辈

---

① 吴晗：《吴晗论明史》，江苏人民出版社，2015，第 224~225 页。
② 吴晗：《吴晗论明史》，江苏人民出版社，2015，第 224~225 页。
③ 瞿兑之：《杶庐所闻录·养和堂随笔》，辽宁教育出版社，1997，第 17~18 页。
④ 顾公燮：《消夏闲记摘抄》，谢国桢选编《明代社会经济史料选编》（下），福建人民出版社，2004。

两榜乡绅，出入必乘大轿，有门下皂隶跟随，轿伞夫俱穿红背心，首戴红毡笠，一如现官体统。乙榜未仕者，则乘肩舆。贡、监、生员新拜客亦然，平日则否，惟遇雨天暑日，则必有从者为张盖，盖用锡顶，异于平民也”。①

所以，士人一旦中举，就有数不尽的好处。明人陈益祥言：“今吴越士子才得一第，则美男蘸为仆，美女蘸为妾者数百。且厚赀以见，名曰靠身，以为避征徭、捍外侮之计，亦有城社为奸者。故今一趾贤科，不得入官，便足自润。”②即便是低级功名者在下层民众面前依然享有地位与优越感，即“吾少时乡居，见闾阎父老、阛阓小民同席聚饮，恣其谈笑，见一秀才至，则敛容息口，惟秀才容止是观，惟秀才之言语是听。即有狂态邪言，亦相与窃笑而不敢言短长。秀才摇摆行于市，两巷人无不注目视之曰：‘此某斋长也。’人情之重士如此，岂畏其威力哉？以为彼读书知礼之人，我辈材粗鄙俗，为其所笑耳”。③

5. 清代

清代士人同样享有一定的司法特权。生员违法犯罪，不进入国家司法程序，而是由学政处理。顺治十年（1653 年），朝廷颁布律令，“规定生员犯小事由府州县教官申饬，犯大事由学政斥革后定罪。并郑重声明如地方官擅责生员，由学政纠参”。④到了康熙九年（1670 年），康熙认为生员“关系取士大典”，将生员和“齐民”等同对待“殊非恤士之意”。遂颁布律令，生员“今后如果犯事情重，地方官先报学政，待黜

① 叶梦珠：《阅世编》卷 4《士风》，上海古籍出版社，1981，第 85~86 页。
② 陈益祥：《陈履吉采芝堂文集》卷 13《木钺》，《四库全书存目丛书》影印明万历四十一年刻本，集部第 195 册，第 552 页。
③ 吕坤：《实政录》卷 1《弟子之职二》，《四库全书存目丛书》影印明万历二十六年赵文炳刻本。
④ 素尔讷：《钦定学政全书》卷 24《约束生监》，载沈云龙主编《近代中国史料丛刊》第 30 辑，文海出版社，1989，第 435 页。

革后，治以应得之罪"。①康熙将生员、庶民区别对待。乾隆时期也规定，"生员犯杖笞轻罪褫革者，只详学院与本府本州，不纳入国家司法记录，通俗理解为一半性违法不留案底。只有严重违法，如徒罪以上，方用通详。若因重案牵连应褫革者，虽罪止杖笞，亦应通详。廪生并详藩司，以便开除廪粮。贡监生应褫革者，无论笞杖徒罪，均应通详，兼详学院"。②

读书人的内部也存在差异和分化。当遇有诉讼、被审讯的时候，秀才只可传讯，无大事不得拘提。在过堂时，平民须跪着回话，秀才则只需站立回话。③诉讼时，向衙门进呈，士人不必亲自出面，准用家丁、工人及弟侄子孙"抱告"，以维护其社会性"体面"。"轻罪准予纳银以赎，罪至杖一百者，也仅'咨参除名'而已，流罪发遣，在地区远近上予以照顾，只往云、贵、两广等'烟瘴少轻'地方管束，而且'不得加以"为奴"字样'，即在服刑方式上予以宽待。"④乾隆元年（1736 年），福建发生一起吏卒骂举人的案件，在判处中，官府把举人比照为六品以下长官，可见举人的地位是不同于一般读书人的。⑤

士人的特权地位还在各种外显的礼仪，包括所穿的服饰上体现出来，从而在社会生活场中区别于平民。顺治二年（1645 年），朝廷制定了"生员品服式"，即"银雀帽，顶高二寸；带用九品（乌角圆板四块）；蓝袍青边，披领同"。

除了服饰这种生活化的礼仪，区别还体现在称呼方面。平民百姓必

---

① 素尔讷：《钦定学政全书》卷 25《优恤士子》，载沈云龙主编《近代中国史料丛刊》第 30 辑，文海出版社，1989，第 453 页。

② 王荫庭：《办案要略》，载《如幕须知五种》，影印本，第 46 页。

③ 齐如山：《中国的科名》，辽宁教育出版社，2006，第 38 页。

④ 经君健：《清代社会的贱民等级》，中国人民大学出版社，2009，第 13 页。

⑤ 经君健：《清代社会的贱民等级》，中国人民大学出版社，2009，第 13 页。

须称所有的官吏为"大老爷"，称没有官职或官衔的绅士即举人、贡生、生员、监生等为"老爷"，绅士之间彼此也用各自特定的称呼。① 正如费正清等人所著的《剑桥中国晚清史》中所描绘，"绅士们有一派绅士风度来表明他们的身份——长袍、长指甲、能诗善赋，有欣赏艺术的闲情逸致，彬彬有礼"。②

甚至，士人只要入学，就被地方长官、乡党绅士所敬重，为平民所推崇，社会地位高。"所以府、县每逢岁、科入学，凡取六七十名，皆就文章抡拔。素封之子，文理荒疏者，虽累千金不可得也。是以一游黉序，即为地方官长所敬礼，乡党绅士所钦重，即平民且不敢抗衡，厮役隶人无论已。至等而上之，科乡会榜，则法纪愈严，名义益重，即势要子弟亦不敢萌关节之心，况素封乎？故一登科甲，便列缙绅，令人有不敢犯之意，非但因其地位使然，其品望有足重也。……若养高自重者，不特郡邑长敬畏服教，即上台亦往往禀命咨访焉。其视资郎异途，蔑如也。素封之家，非有姻戚交关，缙绅不与之往还抗礼；同姓者非有稽考，亦不通谱称宗。"③

所以士子本人对于科名固孜孜以求，锲而不舍，而这也是全家人、家人父兄、家族的共同期待。戴钧衡于道、咸年间述时下风气，便曾说，"自科举之法行，人期速效，十五而不应试，父兄以为不才；二十而不兴于胶庠，乡里得而贱之"。④ 在广大的农村地区，如果不去应试，这个家庭就会被瞧不起。《天水严氏家谱》的《彝训述》中，有两条家训也记载了家族先人对子孙的期许："凡我子孙，切勿出外游荡，勿学时

---

① 张仲礼：《中国的绅士》，上海社会科学院出版社，2007，第26页。

② （美）费正清等：《剑桥中国晚清史》（上），中国社会科学出版社，1985，第17页。

③ 叶梦珠：《阅世编》卷4《士风》，上海古籍出版社，1981，第85~86页。

④ 戴钧衡：《桐乡书院四议》，载盛康编《经世文续编》五六《礼政五·学下》。

下习气，务须闭门读书，体贴圣经贤传古人千言万语到底何意，熟读深思，识见自有增长。功名迟速，命运使然，安分守己，不断书香一脉，便为贤子孙。丈夫事业初不在此，但非此不足，读书之债故须着力，非借此混饱计也，汝辈需平日多读勤读，不可顷刻懈怠，族中人需猛力认真读书为祖宗争光，小学生犹极紧要，若有不读书便是下流不肖，不可救药矣。读书不必定中举人、进士，但晓得道，便可免于不肖矣。"① 读圣贤书，几乎成为每一个家庭的代际传承。家长都喜欢孩子不要外出游荡、游手好闲，而要努力学习、知书达理。此外，清代讽刺小说《儒林外史》中也形象地刻画了士人在乡村社会中的地位，虽然有夸张成分，但基本反映了农业社会的读书人地位，显著区别于平民。范进考中秀才后，其岳父胡屠户曾明确指出了其与普通百姓的差距。"你如今既中了相公，凡事要立起个体统来。比如我这行业里，都是些正经有脸面的人，又是你的长亲，你怎敢在我们面前装大？若是家门口这些种田的、扒粪的，不过是平头百姓，你若同他拱手作揖，平起平坐，这就是坏了学校规矩，连我脸上都无光了。"②

　　综上可知，国家依赖士人对国家、地方社会进行治理，而且赋予士人群体在经济、政治、司法、礼仪等方面大量的特权以区别于庶民，强化了士人群体居四民之首的社会地位，也成为其他阶层艳羡的对象，形成了强大的吸引力。

（二）匠人社会地位与影响力不足

　　"学得文武艺，货与帝王家"，农业社会的社会观念就是一直秉持

---

① 严成勋等：《天水严氏家谱》（十六卷），光绪二年吴郡天水木活字本，中国国家图书馆分馆藏。
② 吴敬梓：《儒林外史》，人民文学出版社，2002。

"治人"为本、"治物"为末，因此重视社会科学、轻视自然科学。具有科学价值的知识如医学、天文等，则被认为是"小道""方技"，《三字经》中就认为"医卜相，皆方技"。所以，从事科学行业的工匠、医生等社会地位非常低，在官办机构供职者受政府管理，身份不得随意更改。民间从业者虽有人身自由，但一直游离在社会的底层，很难实现阶层跨越、社会流动。

1. 秦汉时期

早在先秦时期，孔子就言"君子不器"，即君子应当志于道，不应像器物一样只有某一方面用途。这种二分类、歧视性的说法，深刻影响了封建专制时期匠人的社会地位。民众的首要目标是成为君子，就不能只限于一技之长。"君子不器"，成为士人与社会合谋打压匠人群体的幌子。这种观念一直延续到汉朝。汉朝统治者认为除了儒家学术，其余的都非"正术"。汉元帝时，曾敕令东平王刘宇的傅相："自今以来，非五经之正术，敢以游猎非礼道王者，辄以名闻。"[1] 汉成帝时，东平王又上疏求赐诸子及太史公书。"后年来朝，上疏求诸子及太史公书，上以问大将军王凤，对曰：'臣闻诸侯朝聘，考文章，正法度，非礼不言。今东平王幸得来朝，不思制节谨度，以防危失，而求诸书，非朝聘之义也。诸子书或反经术，非圣人，或明鬼神，信物怪；太史公书有战国纵横权谲之谋，汉兴之初谋臣奇策，天官灾异，地形厄塞：皆不宜在诸侯王。不可予。不许之辞宜曰：五经圣人所制，万事靡不毕载。王审乐道，傅相皆儒者，旦夕讲诵，足以正身虞意。夫小辩破义，小道不通，致远恐泥，皆不足以留意。诸益于经术者，不爱于王。'对奏，天子如凤言，

---

① 　班固：《汉书》卷80，中华书局，1962，第3323页。

遂不与。"① 当时有影响力的学者，也多轻视"器"、重视"道"。董仲舒指出："说不急之言以惑后进者，君子之所恶也……夫义出于经，经传，大本也。"② 此外，扬雄声称："师之贵也，知大知也，小知之师亦贱矣。"③ 王充也认为："其巧习者，亦先学之，人不贵者也，小贱之能，非尊大之职也。"④ 东汉末年的徐干，更是将"多技艺，好小智，而不通于大伦者"视为"足以追亡国之迹，而背安家之轨也"。⑤

在这种整体社会观念影响下，匠人在社会上始终不能获得应有的地位认可，这些自然工程科学从事者也很难对自己从事的工作和职业产生认同。东汉的张衡多才艺，既是我国著名的数学家，也曾制作了我国历史上著名的地动仪。但是，即便如此，他也认为自己工作的重要性不够大："通经释义，其事尤大，文武之道，所宜从之。乃若小能小善，虽有可观，孔子以为致远则泥，君子当致其大者远者也。"⑥ 汉代的士人群体中，充斥着对工匠的轻视态度。"扬子云好天文，问之于黄门作浑天老工，曰：我少能作其事，但随尺寸法度，殊不晓达其意，然稍稍益愈。到今七十，乃甫适知，已又老且死矣。今我儿子爱学作之，亦当复年如我乃晓知，已又且复死焉。其言可悲可笑也。"⑦ 黄门工匠能够制作浑天仪，扬雄参照他的做法留名后世，而桓谭却讥讽其可悲可笑。

在同一时期，医生等专业技术群体也被轻视。时人认为医学并非

---

① 班固：《汉书》卷80，中华书局，1962，第3324~3325页。
② 董仲舒：《春秋繁露·重政》，载江天一《传世藏书》第三卷，华艺出版社，1997，第1912页。
③ 扬雄：《法言·问明》，载汪荣宝《法言义疏》上册，中华书局，1987，第180页。
④ 王充：《论衡》卷12，上海人民出版社，1974，第195页。
⑤ 徐干：《中论》卷下15，载《百子全书》第二卷（影印本），浙江人民出版社，1984，第6页。
⑥ 杜佑：《通典》卷16，中华书局，1988，第89页。
⑦ 严可均辑《全后汉文》卷15，商务印书馆，1999。

正术，不应当为统治贵族所学习。东汉时期的名医张仲景，著有《伤寒杂病论》一书，奠定了中医辨证论治的原则，对中医的发展作出了不朽的贡献。在当时所谓正史中，竟无一字记载，其价值是到了后世才被认可。"然读者推为医中亚圣，而范晔《后汉书》乃不为仲景立传，是故君子有遗憾焉。"① 华佗是东汉的另一名医，即使在医术绝伦、名满天下时，仍为自己选择行医而后悔，这深刻地反映了匠人中医者的社会地位。"佗之绝技，凡此类也。然本作士人，以医见业，意常自悔。"② 医生除了被人轻视，甚至常有性命之忧。名医华佗为曹操诊治疾病，触怒了他，当荀彧以"佗术实工，人命所悬，宜含宥之"为华佗求情时，曹操竟说："不忧，天下当无此鼠辈耶！"将其杀害。③ 在如曹操等贵族、皇帝眼中，医者名气再大、医术再高明，终究是社会的"鼠辈"，地位低下。南北朝时期，前秦皇帝苻生，"尝夜食枣过多，至旦病，使太医程延诊脉。延曰：'陛下食枣过多，无他疾也。'生曰：'嘻，汝非圣人，焉知吾食枣？'乃杀之"。④ 再例如，北魏"（襄城王）击慕容麟于义台，中流矢毙，帝以太医令阴光为视疗不尽术，伏法"。⑤ 可见，古代的皇帝、贵族将医治不力视为行医者"原罪"，动辄杀害，自然科学素养极低，这从侧面反映了医者的社会地位。

总体而言，匠人与工商业的社会地位都比较低。魏晋南北朝时期的统治者，也视工商为末业，"习战务农，尤其本也。百工商贾，犹其

①　俞鼎芬、倪法冲、刘德荣校注《李镛医史》，厦门大学出版社，1992，第101页。
②　陈寿：《三国志》卷29，中华书局，1982，第802页。
③　陈寿：《三国志》卷29，中华书局，1982，第803页。
④　魏收：《魏书》卷95，中华书局，1974，第2075页。
⑤　魏收：《魏书》卷14，中华书局，1974，第345页。

末耳"。① 并且为了在社会场域中打压匠人，严格规定了工匠群体的礼仪穿着，同士人等高等级的社会群体严格区分开来。到了晋代，对于工匠的穿着有着严格规定："《晋令》曰：百工不得服大绛、紫襈、假髻、真珠、珰珥、文犀、玳瑁、越叠以饰路张、乘犊车；士卒百工，不得服真珠珰珥；士卒、百工履色无过绿青白；士卒百工，不得着假髻；士卒百工，不得服真珠珰珥；士卒百工，不得服犀、玳瑁。"② 而且对于违反者制定了严格的惩罚措施。"八年《己巳诏书》申明律令，诸士卒百工以上，所服乘皆不得违制。若一县一岁之中，有违犯者三家，洛阳县十家已上，官长免。"③ 总体来说，历代的思路是匠人群体不得穿着华贵、高调，这些与其社会地位不相匹配，也不利于昭示士人群体的优越地位。

统治者为了保证工匠群体能够持续地为他们提供享乐的各类物品，将他们严格限制在工匠位置，不允许、严格限制他们进行社会流动，这剥夺了匠人抬高其社会群体地位的机会。北魏时期，规定"不许工匠读书做官，不许私立学校教其子女读书，违者全家诛灭，连应聘的教师也要处死"。④ 可见限制和惩罚措施之严厉：不许做官、不许读书、违者直接处死，包括教书的先生。《魏书》记载了拓跋焘时期严格管制僧徒、师巫及工匠的诏令文本，即"自王公已下至于庶人，有私养沙门、师巫及金银工巧之人在其家者，皆遣诣官曹，不得容匿。限今年二月十五日，过期不出，师巫、沙门身死，主人门诛，明相宣告，咸使闻知"。又"其百工伎巧、驺卒子息，当习其父兄所业，不听私立学校。违者师

---

① 房玄龄等：《晋书》，中华书局，1974。
② 李昉等撰《太平御览》卷697，卷718，卷775，中华书局，2000。
③ 房玄龄等：《晋书》，中华书局，1974。
④ 曹焕旭：《中国古代的工匠》，商务印书馆国际有限公司，1996，第6页。

身死,主人门诛";①而且诏书中还规定,王公贵族和士人不得与工匠通婚,违者加以处罚。"今制皇族师傅王公侯伯及士庶之家,不得与百工伎巧卑姓为婚,犯者加罪。"可见,匠人既不能通过读书,也不能通过婚姻,提高社会地位。

2. 隋唐时期

由于统治者的偏袒,唐朝对匠人的鄙夷。观念仍旧,从官修史书中可以窥见。《周书·艺术》:"太祖受命之始,属天下分崩,于时戎马交驰,而学术之士盖寡,故曲艺末技,咸见引纳。"②显然,认为匠人从事的工作,都是"末技"。《晋书·艺术》:"详观众术,抑惟小道,弃之如或可惜,存之又恐不经。"③认为匠人的技艺是"小道"。《隋书·艺术》:"近古涉乎此术者,鲜有存夫贞一,多肆其淫僻,厚诬天道。或变乱阴阳,以成君欲,或假托神怪,荧惑民心。遂令时俗妖讹,不获返其真性;身催灾毒,莫得寿终而死。艺成而下,意在兹乎?"④认为匠人在社会上起到了变乱阴阳、荧惑民心等负面作用。"凡推步、卜、相、医、巧,皆技也,……小人能之……故前圣不以为教"。⑤文学大家韩愈在《师说》中也说:"巫医乐师百工之人,君子不齿。"士大夫群体,对匠人的态度是清晰的、一致的、负面的、轻视的。

唐朝工匠的社会身份低微主要体现在三个方面。一是限制婚姻。唐代延续了南北朝时期的规定,要求工匠不能与普通人结婚,限制了匠人通过与读书人联姻改变社会地位的渠道。《唐律疏议》载:"诸杂

---

①　魏收:《魏书》,中华书局,1974。

②　令狐德棻:《周书》卷47,中华书局,1971,第837页。

③　房玄龄等:《晋书》卷95,中华书局,1974,第2467页。

④　魏征主编《隋书》卷78,中华书局,1973,第1764页。

⑤　王溥撰《唐会要》,上海古籍出版社,2006。

户不得与良人为婚"条疏议曰："其工、乐、杂户、官户，依令'当色为婚'，若异色相娶者，律无罪名，并当'违令'，即乖本色，亦合正之。"① 核心意思是，要求匠人（工、乐、杂户等）只能与自己的"本色"类别通婚。二是禁止匠人通过收养、过继，与读书人群体建立联系，进一步限制了匠人群体的阶层提升机会。史料记载，朝廷规定匠人不能收养普通平民的儿子作为养子或继子，"男、女既成，各从其类而配偶之。并不得养良人之子及以子继人"。② 三是日常生活的规定与禁忌。唐朝统治者对工匠日常的衣食住行也有严格的限制，不得僭越。唐朝明确将匠人定为社会等级低的群体。高祖时规定，服饰要"贵贱异等，杂用五色。五品以上，通着紫袍，六品以下，兼用绯绿。胥吏以青，庶人以白，屠商以皂，士卒以黄"，③ 要求工商业者穿皂色。高宗时规定："庶人服黄，自非庶人，不得服黄。"④ 高宗咸亨五年（674年）再次强调，"自今以后，衣服上下，各依品秩。上得通下，下不得僭上。仍立有司，严加禁断"。⑤ 在日常生活中，手工业者与商人出行，一律禁乘车马，防止他们"招摇过市"乱了社会等级。此外，《旧唐书·高宗纪》记高宗时还规定，"工商不得乘白马"；《唐会要》卷31则记唐令工商不得乘马，其妻子"不得乘奚车及担子，其老疾者，听乘苇轝及箯笼"。⑥

　　所以，在这种社会安排、系统性观念影响下，唐代史籍中，官府工

---

① 长孙无忌等：《唐律疏议》，中华书局，1983。
② 李林甫：《唐六典》卷6《尚书刑部》，中华书局，1992。
③ 刘昫等撰《旧唐书》卷45，中华书局，1975。
④ 司马光：《资治通鉴》卷202，中华书局，2009。
⑤ 王溥：《唐会要》卷31，上海古籍出版社，2006。
⑥ 王溥：《唐会要》卷31，上海古籍出版社，2006。

匠与"昆仑奴"同列，以"丁奴"①"官奴"②"户奴"③等称谓出现，也就不足为奇了。唐代的官府工匠都是以服役的形式劳作，其社会地位较一般农民还要低。如鞠清远指出："一般说来，则两代之官工业劳动者，唐为输役工匠，而宋则为招募之匠也。"④而且，唐代统治者还规定匠人不得变更职业、身份，导致他们无法进行社会流动，很难进入其他职业，提升社会地位。"其巧手供内者，不得纳资，有阙则先补工巧业作之子弟。一入工匠后，不得别入诸色。"⑤当时，士人群体同样对工匠相当歧视，韩愈在教育子侄时就称工匠是"贱类"，不值得从事。"唐朝韩文公愈，有疏从子侄自江淮来，年甚少，韩令学院中伴子弟，子弟悉为凌辱。韩知，遂送街西僧院中，令读书。经旬，寺主纲复诉其狂率，韩遽令归，且责曰：'市肆贱类，营衣食，尚有一事长处。汝所为如此，竟作何物。'"⑥

隋唐时期，医生同其他匠人群体一样，地位低下。唐代的社会风气造成了"朝野之士咸耻医术之名，多教子弟诵短文，构小策，以求出身之道，医治之术，阙而弗论"。⑦治病救人、提升社会福祉的医学知识无人问津，大家对科举考试的相关知识更感兴趣。当时的名医孙思邈满腹经纶，却因从医而受到社会的歧视，朱熹对此甚为痛惜。"孙思邈，唐京兆华原人。幼称圣童，隋文帝召不拜。太宗即位召见，拜谏议大夫，

①　欧阳修、宋祁：《新唐书》卷46《百官志一》，中华书局，1975。

②　刘昫等撰《旧唐书》卷78《于志宁传》，中华书局，1975。

③　王溥：《唐会要》卷30，上海古籍出版社，2006。

④　鞠清远：《唐宋官私工业》，新生命书局，1934。

⑤　李林甫：《唐六典》卷7，中华书局，1992。

⑥　李昉等编《太平广记》卷409，中华书局，2013。

⑦　孙思邈撰，刘清国、吴少祯、韩秀荣等校注《千金方》，中国中医药出版社，1998，第8页。

固辞，隐太白山，学道养气，求度世之术，洞晓天文，精究医业，著《千金方》三十卷，《脉经》一卷，独于伤寒不及。朱子《小学笺注》谓：'思邈为唐名进士，因知医贬为技流，惜哉！'孟诜、卢照邻师事之，与论心欲小，胆欲大，智欲圆，行欲方之语。"[1] 由此可见，即使是士人，只要研习医学知识、从事医药行业，都会被社会污名化。而一些经典典籍如《素问》本为"三皇遗文，斓然可观"，一旦成为医学教材，读书人便不屑阅读学习了。所以宋代医学家高保衡曾感叹道："惜乎唐令列之医学，付之执技之流，而荐绅先生罕言之。去圣已远，其术晻昧，是以文注纷错，义理混淆。"[2]

唐代与汉代类似，从医者不仅地位低下，而且更为严重的是，需要时刻担心自己的生命安全。《资治通鉴》载，高祖武德三年（620年）十月，唐蔚州总管高开道"有矢镞在颊，召医出之，医曰'镞深，不可出'，开道怒，斩之。别召一医，曰'出之恐痛'，又斩之"。[3] 看一次病，连斩两个医生，这显然是将治不好病视为一种罪过，不合理，也不公平。但是在古代的社会风气下，大家都认为很合理，而且没有人去追究杀医者（高开道）的责任。除了地方大员，唐朝的皇帝曾多次杀医。史料记载，唐顺宗曾经迫害过侍医，太上皇后（唐顺宗之母）在公元816年留下遗令"侍医无加罪"，[4] 要求不得怪罪、戕害侍医。然而到了公元868年，唐懿宗又一次制造杀医冤案。"同昌公主薨，懿宗诛医无状者，系亲属三百余人。"[5] 女儿不治身亡，皇帝不仅诛杀医生，还祸及

①　李梃：《医学入门（上）》，天津科学技术出版社，1999，第20页。

②　郭霭春主编《黄帝内经素问校注》，人民卫生出版社，1992，第11页。

③　司马光：《资治通鉴》卷188，中华书局，2009。

④　李经纬、李志东：《中国古代医学史略》，河北科学技术出版社，1990，第164页。

⑤　欧阳修、宋祁：《新唐书》卷91，中华书局，1975，第3787页。

家人，株连了他们的数百名近亲属。荒唐至极，而且骇人听闻。

3. 宋代

宋代的官府工匠不同于唐代，实行差雇或名义上的和雇制度，官府要支付"请受"或"食钱"。虽不是无偿劳动，但大多仍带有强制性。而且随意打杀的情况屡见不鲜，社会地位不高。"（开宝）三年五月，诏润州造罗务人工仍旧限十二日成一匹。时有言旧限如此，王子如制置江淮，减勒一月，日限既促，功课不供，比至年终，颇用笞捶。"[1]《续资治通鉴长编》卷12开宝四年（971年）十月甲申记载，宋太祖时，梁周翰"监绞锦院，杖锦工过差"；[2]《续资治通鉴长编》卷355载："以和雇为名，强役工匠，非法残害，死者甚众。"

但客观来看，宋朝商品经济的发展推动了社会风气的变化，匠人作为一种职业地位已经有所提升，士大夫群体对其有了一定的认同、接受。宋人袁采在家训中指出，如若士大夫子弟"不能为儒，则巫医、僧道、农圃、商贾、伎术，凡可以养生而不至于辱先者，皆可为也"。[3]社会风气的变化，推动了社会的职业流动。冻国栋指出，"在唐宋历史变迁的过程中，社会的职业结构所发生的某些变化是引人注目的，最主要的变化乃在于'四民分业'界限的相对模糊以至混杂"。[4]所以，当时有不少的匠人子弟能够通过职业流动进入士人行列。《夷坚志》载："许大郎者，京师人。世以鬻面为业，然仅能自赡。至此老颇留意营理，增磨坊三处，买驴三四十头，市麦于外邑，贪多务得，无时少缓。如是十

① 徐松辑《宋会要辑稿》食货64，中华书局，1957。
② 李焘：《续资治通鉴长编》卷12，中华书局，2004。
③ 袁采：《袁氏世范》卷2《子弟当习儒业》，黄山书社，2007，第125页。
④ 冻国栋：《唐宋历史变迁中的"四民分业"问题》，载《中国中古经济与社会史论稿》，湖北教育出版社，2005，第483页。

数年，家道日以昌盛，骎骎致富矣。……自是生计浸衰，许亦死。其子以好身手应募为禁卫，至孙经以班校换免得官，庆元初为饶信州都巡检使。"① 可见，卖面师父的儿孙因为武艺好入选禁卫军而改换门庭，最后其孙官至饶州、信州的都巡检使。《邵氏闻见录》也记载："长安百姓常安民，以镌字为业，多收隋、唐铭志墨本，亦能篆。教其子以儒学。"② 从事镌字的普通百姓，儿子也是可以学习儒学知识的。对于宋代以来社会结构的开放性，清人沈垚有明确的评价，即"是故古者四民分，后世四民不分。古者士之子恒为士，后世商之子方能为士，此宋元明以来变迁之大较也。天下之士多出于商，则啬之风益甚。……是故为士者转益媺啬，为商者转敦古谊。此又世道风俗之大较也"。③

整体上相对来说，宋代的匠人地位已较前代有所提高。最为典型的是宋代医生地位的提升，可以说已经处于古代农业社会匠人地位的顶峰。宋朝的统治者都懂得医学，④ 故而对医学人才和职业颇为重视。宋太宗赵光义自云："朕昔自潜邸，求集名方、异术玄针，皆得其要。兼收得妙方千余首，无非亲验，并有准绳。贵在救民，去除疾苦……朕尊居亿兆之上，常以百姓之心，念五气之或乖，恐一物之所失，不尽生理，朕甚悯焉。所以亲阅方书，秤令撰集。冀溥天之下，各保遐年，同我生民，跻于寿域。"⑤ 在宋代，医学人才获得了和儒学人才一致的对待。宋

①　洪迈撰，何卓点校《夷坚志》，中华书局，1981。

②　邵伯温：《邵氏闻见录》卷 16，载《全宋笔记》第 2 编第 7 册，大象出版社，2006，第 225 页。

③　沈垚：《落帆楼文集》卷 24《费席山先生七十双寿序》，载《清代诗文集汇编》（第 598 册），上海古籍出版社，2010，第 312 页。

④　脱脱：《宋史》卷 3，中华书局，1985。宋太祖曾亲为其弟艾灸治背，"受命杜太后，传位太宗。太宗尝病亟，帝往视之，亲为灼艾。太宗觉痛，帝亦取艾自灸"。

⑤　赵光义：《御制太平圣惠方序》，载王怀隐《太平圣惠方》上册，人民卫生出版社，1958，第 1~2 页。

代在实行科举取士选拔官吏的同时，亦同样重视医官的选拔。"医学则赴礼部贡院三场选试，于《难经》、《素问》、《脉经》、《本草》、仲景《伤寒论》、《圣惠方》、《病源》此七经内出题。第一场，则墨义三道，脉义二道；第二场，大义三道，假令论方义一道；第三场，假令法二道，运气一道。比之士人，止不赴殿试，其举业亦为科场。"①

宋代知识分子更是改变了过去将医学视为方技的看法，给予相对高的评价。很多士人认为，医学能够产生的社会价值是非常大的，也表达过从事医学研究、工作的意愿。吴曾《能改斋漫录》卷13《文正公愿为良医》云："范文公微时，常诣灵寺求祷，曰'他时得位相乎？'不许。复祷之曰'不然，愿为良医。'亦不许。既而叹曰：'夫不能利泽生民，非大丈夫平生之志。'他日，有人谓公曰：'大丈夫之志于相，理则当然。良医之技，君何愿焉。无乃失于卑耶？'公曰：'嗟乎，岂为是哉？古人有云常善救人，故无弃人；常善救物，故无弃物。且大丈夫之于学也，固欲遇神圣之君，得行其道，思天下匹夫匹妇有不被其泽者，若己推而内之沟中。能及小大生民者，固惟相为然。既不可得矣，夫能行救人利物之心者，莫如良医。果能为良医也，上以疗君亲之疾病，下以救平民之厄，中以保身长年，在下而能及小大生民者，舍夫良医，则未之有也。'"这说明，文人领袖范仲淹对医学也是评价很高、心向往之的。

在这种背景下，宋代出现了我国历史上的特殊群体"儒医"，这一群体兼通医学和儒学，在一定程度上改变了医生的社会地位。从现代的视角看，"儒医"可能是中国最高的具有跨学科知识背景的人才。当然不得不承认，在古代整体偏重儒学的情况下，"儒医"群体的出现并未从根本上改变医者的社会地位，他们的社会影响力仍旧无法与士人相比。

① 　陶御风、朱邦贤、洪丕谟：《历代笔记医事别录》，天津科学技术出版社，1988，第10页。

宋朝不仅限制医官的升迁，而且也严厉限制他们的后代转入文官之列。《宋大诏令集》卷163《改武选官名诏·医职》云"宣和四年六月十三日，诏自翰林医学以上医官通理为官户仅翰林抵候除外，……伎术官非战功及随龙人不许换武职。医官阶迁转至和安大夫上不得转遥郡刺史以上。其官品自和安大夫从六品到翰林医学九品不等"。①《宋会要辑稿》中《职官三六之一一五》云："（宣和四年六月）二十七日诏，医官曹孝忠二子见任文臣，伎术杂流，玷污士类，可换医官，不得换授文资，令尚书省遵守。"② 而且，医生在面对官员时仍旧免不了生命危险，这种情况并没有得到根本性的改善。宋代王明清《挥麈录》卷2载："宋道方毅叔以医名天下……政和初，田登守郡，母病危甚，呼之不至，登怒云：'使吾母死，亦以忧去，杀此人，不过斥责'。"③ 郡守杀一名医生，得到的惩罚"不过斥责"，可见医生的地位在宋朝的统治阶层眼中仍旧是非常低微的。医生被重视，不过是因为其必需、有用。

4. 元代

元代规定了匠户制度，不同匠户之间不能相互变更，将工匠固定在本阶层内，很难进行阶层流动，否则会进行惩罚。"凡军、民、医、匠、阴阳诸色户，许各以原报抄籍为定，不许妄行变乱，违者治罪。"④ 而且，工匠的后代仍旧需要接替工匠继续服役，工匠的妻子都不能改嫁。此举从婚姻、亲戚方面断绝了匠户的阶层流动渠道。成宗大德八年（1304年），中书礼部上呈一宗案例，"大都路申：蔡阿吴系金玉局人匠蔡六妻室，夫亡，抛下男添儿应当身役。有本局官关提举，服内强将阿吴分付

---

① 司义祖整理《宋大诏令集》，中华书局，1962，第625页。
② 徐松辑《宋会要辑稿》，上海古籍出版社，1957。
③ 王明清：《挥麈录》，上海书店出版社，2001。
④ 申时行：《明会典》卷19《户口》，中华书局，1989。

一般银匠王庆和为妻。本部议得，蔡阿吴夫亡，已有男添儿应役，其本局官，服内擅将本妇配与王庆和为妻，于理未应，合令本妇离异，与伊男蔡添儿依旧应当匠役"。① 通过限制匠人妻子的再婚、改嫁，限制匠人的阶层流动。但在元代时期，在衣食住行方面已经没有对匠人的限制了，和庶民阶层相同。"诸乐人工艺人等服用，与庶人同，凡承应妆扮之物，不拘上例。"②

5. 明代

明代将民户分为三等"曰民、曰军、曰匠"，民户缴纳赋税、军户为国家打仗、匠户从事工程营造。明朝规定，不得随意更改户籍类型。洪武二年（1369 年），明政府下令，"凡军、民、医、匠、阴阳者诸色户，许各以原报抄籍为定，不许妄行变乱，违者治罪，仍从原籍"。③ 在三种民户之中，匠户最为卑贱，世代不能转业脱籍，不得做官。④ 明代的工匠，分为轮班匠和住坐匠。"凡工匠二等：曰轮班，三岁一役，役不过三月，皆复其家；曰住坐，月役一旬，有稍食。工役二等，以处罪人输作者，曰正工，曰杂工。杂工三日当正工一日，皆视役大小而拨节之。"⑤ 全国的工匠，依照班次轮番到京城参与城市建设工作。洪武十九年（1386 年）规定："量地远近为班次，置籍，为勘合付之，至期赍至部，免其家徭役，著为令。"⑥ 根据此法令，全国各地被划入匠籍的工匠，

---

① 方龄贵：《通制条格校注》卷 4《执配匠妻》，中华书局，2001。

② 宋濂：《元史》卷 105《志第五十三·刑法四》，中华书局，1976。

③ 王圻：《续文献通考》，现代出版社，1986。

④ 《明史卷》78《食货二》载："凡军、匠、灶户，役皆永充。军户死若逃者，于原籍勾补。匠户二等：曰住坐，曰轮班。住坐之匠，月上工十日。不赴班者，输罚班银月六钱，故谓之输班。监局中官，多占匠役，又括充幼匠，动以千计，死若逃者，勾补如军。"

⑤ 张廷玉等撰《明史》志 48，中华书局，1974。

⑥ 姚广孝：《明太祖实录》卷 177，清宣统元年石印本。

都需要到京城劳作。"籍诸工匠，验其丁力，定以三年为班，更番赴京输作，三月交代。"①政府对于服役工匠的轮班服役的日常管理非常严格，处罚也非常严厉，实行准军事化管理。"凡在宫殿内造作所、司，具工匠姓名，报门官及守卫官就于所入门首逐一点视、放入工作，至申时分，仍须相视形貌，照数点出。其不出者，绞监工及提调内使监官、门官、守卫官军点视，如名数短少，就便搜捉，随即闻报。知而不举者，与犯人同罪，失觉察者，减三等罪止杖一百。"②所以，工匠即便没有工作，也需要按期报到。"诸色工匠岁率轮班至京受役，至有无工可役者，亦不敢失期不至。"③

随着明代商品经济的不断兴盛，明代的匠户比元代要更自由一些。《大明会典》卷188载，无论住坐匠或轮班匠，"无工可造"时均"听令自行趁作"，即可以自由担任雇工，或自己营作，具有一些自主性和自由度。所以明代匠户可以说是半自由的手工业者，身份的限制没有军户严。由于这一制度在实行过程中暴露很多弊病，在明朝后期开始逐渐实行纳银代役制度。允许匠人缴纳钱银代替服役，官匠的人身依附关系被打破，其身份仅是纳银代役的依据，工匠不再受强制劳役束缚，因此更加自由。成化二十一年（1485年）颁布法令："轮班工匠有愿出银价者，每名每月南匠出银九钱，免赴京，所司类赍勘合，赴部批工；北匠出银六钱，到部随即批放。不愿者，仍旧当班。"④

当时的社会风气也有所转变，士人群体对待匠人的态度也有一定提升。王守仁就对匠人的价值予以承认，并且承认了各类从业者的社

① 姚广孝:《明太祖实录》卷177，清宣统元年石印本。

② 申时行:《明会典》卷138，中华书局，1989。

③ 姚广孝:《明太祖实录》卷230，清宣统元年石印本。

④ 李东阳等撰《大明会典》卷188，广陵书社，2007。

会价值。"古者四民异业而同道，其尽心焉，一也。士以修治，农以具养，工以利器，商以通货，各就其资之所近，力之所及者而业焉，以求尽其心。其归要在有益于生人之道，则一而已。"①工匠中一些高手匠人也能与缙绅平等对话了，王世贞在其《觚不觚录》中记载："吾吴中陆子冈之治玉，鲍天成之治犀，朱碧山之治银，赵良璧之治锡……皆比常价再倍，而其人与缙绅坐者。"②明时人张岱在《陶庵梦忆》中也提到："竹与漆与铜与窑，贱工也。嘉兴之腊竹，王二之漆竹，苏州姜华雨之籫篆竹，嘉兴洪漆之漆，张铜之铜，徽州吴明官之窑，皆以竹与漆与铜与窑名家起家，而其人且与缙绅先生列坐抗礼焉。"③甚至，在后期有不少工匠入仕之后，工匠竟然成为令人羡慕的职业群体。《续通典》卷27《职官五》云："时制以工部居六曹后，仕进者冷局视之。嘉靖间，兴大工，添设郎官数倍。营缮司尤盛，郎官多至十余员，骤得升京堂，或有先赐四品服者。人始慕之，而为语云：'马前双，马后方，督工郎。双者棍，方者杌也。'"④可以看出，明代的工匠在后期获得人身自由，并且能够进入仕途之后，社会地位已经得到了一定的提升。

不过，明代的文官集团，仍旧将医学视为小道。《明史·方伎传》言"夫艺人术士，匪能登乎道德之途。然前民利用，亦先圣之绪余，其精者至通神明，参造化，讵曰小道可观已乎"！⑤明代太医院景惠殿原先专门祭祀三皇（伏羲、神农、黄帝）及历代医家，而当时士人侍郎王希烈认为"三皇继天立极，而立医师之中，于礼不协"，于是上疏请撤

---

① 王阳明：《王阳明全集》卷25《节庵方公墓表》，上海古籍出版社，2006。
② 王世贞：《觚不觚录》，中华书局，1985。
③ 张岱撰，马与荣点校《陶庵梦忆》，上海古籍出版社，1982，第42页。
④ 《续通典》，浙江古籍出版社，2000。
⑤ 张廷玉等撰《明史》卷299，中华书局，1974，第7633页。

祠，得到皇帝批准。① 当时，社会上的权贵对待医生也非常轻视。明朝医家李中梓曾提及医生面对权贵时的卑微景象，"茫茫然朝值衙门，退候缙绅，酬应乡党，惟恐一人不悦，则谤端百出，飞祸无穷，所以无日不卑躬屈节，夜食俱废"。② 所以，就算当时的名医世家，也不愿子孙继承祖业。明初著名医家刘纯在《杂病治例》"兰室誓戒"第二条中说"以因虚名，多受权要掯撼，后吾子孙，遇道行时，仍守儒业可也"。③ 明代最著名的医药学家李时珍生于世医之家，祖父是"铃医"，其父李言闻是当地名医。但因当时医生地位卑贱，其父不愿李时珍继续从医，而要他走科举道路。李时珍14岁考中秀才后，三次参加乡试均名落孙山。第三次落榜后，23岁的他才不得不放弃科举而决心跟父亲学医。④ 可见，医者的社会地位，仍然与士人不可比。

6. 清朝

顺治时废除了匠户制度，官办手工业的工匠服役得以改善，工匠有了人身自由，并且取得了与庶民阶层相当的地位。乾隆五十六年（1791年）在规定农民、佃户、雇工作之人之平等关系的同时，还规定："店铺小郎之类，平日同坐共食，彼此平等相称，不为使唤服役者，此类人并无主仆之分，亦无论有无契约年限，俱依凡人科断。"⑤ 所谓店铺小郎应包括手工业主所经营的作坊和工场手工业雇用的工匠在内。随着清廷将平等地位法律化，标志着工匠对封建国家和行会、业主的二重人身依附

---

① 陶御风、朱邦贤、洪丕谟：《历代笔记医事别录》，天津科学技术出版社，1988，第5页。
② 李念莪辑注《内经知要》，人民卫生出版社，1963。
③ 章树林：《从〈名医类案〉看古代的医患关系》，《中国医学伦理学》1997年第2期。
④ 唐明邦：《李时珍评传》，南京大学出版社，1991。
⑤ 爱新觉罗·允祹：《钦定大清会典》卷17《户部》，载《四库全书》第619册，上海古籍出版社，1987。

关系解除。^①

当时的社会和民间对于职业的看法也发生了较大改变，认为应当依据个人的才能和资质选择职业。各行各业、士农工商"无不可为"，只要不违法犯罪。而且认为一技之长非常重要，即"一名一艺，皆可立业成家"。于成龙在《于清端公治家规范》中写道："士农工商，各执一业。子弟十二三岁，贤愚已定，贤者做向上事，愚者亦令执一艺，庶不致闭旷其身，到了长成，还可以赡养妻子。若一姑息，或听其暴弃，鲜不贻后日之悔也。"^②核心意思是，如果"贤"可以走读书做官的道路，那么"愚"则要学习一技之长、养家糊口。汪辉祖也认为，家中子弟应当依据材质选择职业，"故塾中子弟，至年十四五不能力学，即当就其材质，授以行业。农工商贾，无不可为"。^③此外，谢启昆也认为，不论何种行业，自身不断提升技艺水平，才是成功之路。"世间不过士、农、工、商四等人，以士言之，若能专志一力，积学问，取高第，致显官，守道勤职，上而尊主泽民，下至一命之吏，于物必有所济，仰不愧君父，俯不怍妻子，岂不受用？即他一穷秀才，工诗文，善书法，或称为才子，或尊为宿儒，桃李及门，馆谷日丰，岂不受用？农春耕夏耘，妇子偕作，沾体涂足，挥汗如雨，非老不休，非疾不息，及获有秋，欢然一饱，田家之乐，逾于公卿，岂不受用？百工研精殚巧，早起夜作，五官并用。其成也五行百产，一经运动，皆成至宝，上之驰名致富，次之自食其力，计日受值，无求于人，不因于天，岂不受用？商则贸迁有无，经舟车跋涉之劳，有水火盗贼之虑。物价之低昂，人情之险易，一一习知。行之既久，一诺而寄千金，不胫而走千里。大则三倍之息与

---

①　余也非：《中国古代经济史》，重庆出版社，1991，第816页。

②　包东波选注《中国历代名人家训精粹》，安徽文艺出版社，2000，第325页。

③　翟博主编《中国家训经典》，海南出版社，2002，第727页。

万户等，次亦蝇头之利若源泉然，岂不受用？然此皆从刻苦中来也。然则士之攻书，农之力田，工之作巧，商之营运，正其受用时也。"[1]

总体而言，当时清朝政权的政策仍旧是重农抑商，对工匠的限制仍旧非常严重，匠人依旧处于社会底层。参照雍正评价，"（雍正五年五月四日谕内阁）朕视四民之业，士之外，农为最贵。凡士工商，皆赖于农，故农为天下之本务而工贾皆其末也。今若欲于器用服玩之物，争尚华巧，必将多用工匠。市肆之中，多一工作之人，即田亩之中少一耕稼之人；且愚民见工匠之利，多于力田，必群趋而为工，群趋为工，则物之制造者必多，物多，则售卖不易，必至壅滞而价贱。是逐末之人多，不但有害于农，而并有害于工也。小民舍轻利而逐重利，故逐末易而务本难，苟遽然绳之以法，必非其情之所愿，而势所难行。惟在平日留心劝导，使民知本业之为贵，崇尚朴实，不为华巧，如此日积月累，遂成风俗，虽不必使为工者尽归于农，然可免为农者相率趋于工矣"。[2]当时，大多数的士人仍旧存在对匠人的轻视。明末清初遗老、著名儒学家孙其峰认为，"商贾近利，易坏心；工技役于人，近贱；医卜之类，又下工商一等。下此益贱，更无可言者矣"。[3]这种观点是整个士人集团对匠人态度的集中体现。

清代与明代相比，对医学的重视程度下降。尽管明清时期医学考试比较理论化，仍然能够代表国家的意志，但到了清朝索性不考了。"明则试医士不过论一篇，歌诀一首；今（清朝）则罢是科不试矣，无怪乎庸医遍天下也。"[4]清朝的士人，对医学评价普遍不高，并将其与巫

---

①　俞岳衡：《历代名人家训》，岳麓书社，2003，第2267页。

②　《大清世宗宪皇帝实录》卷57，影印本，第2~3页。

③　包东波选注《中国名人历代家训精粹》，安徽文艺出版社，2000，第295~296页。

④　陶御风、朱邦贤、洪丕谟：《历代笔记医事别录》，天津科学技术出版社，1988，第10页。

术、占卜视为一类。雍正时期，江西巡抚裴率度曾上疏："……医卜星相，往往假其术以惑民，虽非邪教，亦当以时严惩。"① 雍正皇帝对此的态度是深表认同，即"深嘉之"。此后，道光皇帝也对医学接受度不高，认为针灸等疗法不合时宜，将其禁止。"针刺火灸，终非奉君之所宜，太医院针灸一科着永远停止。"② 据此，可以窥见清朝统治者对医学的认知水平，以及对医生的态度。当时的士人群体，同样也对医生充满歧视。《老残游记》中，老残曾做过医生，就被人劝诫："先生本是科举世家，为甚不在功名上讲求，却操此冷业？虽说富贵浮云，未免太高尚了罢。"③

所以，清朝社会上一些达官贵人对医学从业者的态度非常鄙夷、不客气。"肆其骄慢之气，役医如吏，藐医如工，家有病人，遂促其调治，并以生死之权责成之。"④ 一方面他们看不起从医者，另一方面如果治不好还要威胁、惩罚医者。这种社会风气，导致医学从业者的数量不多。根据《中国医学通史·古代卷》及《中国医学源流概要》两书中的明清医家传记比较，两书共记载明清医家 79 位，其中就有 53 位医家早先因出仕受挫改习医学的或居官兼医的，又有 4 位是因自己年轻时多病或为父每疗疾而多少有点不得已习医的，有 6 位的从医途径不详，一开始就自愿习医的只有那么寥寥十余位。⑤

社会中的精英人士，都不愿从事医生职业，也导致大量的从业者缺乏职业认同感，找不到医学的社会价值所在。清代福建四大名医之一

① 赵尔巽：《清史稿》卷 292，中华书局，1977，第 10313 页。
② 傅维康主编《针灸推拿学史》，上海古籍出版社，1991，第 213 页。
③ 刘鹗：《老残游记》，人民文学出版社，1982，第 28 页。
④ 段逸山、孙文钟编著《新编医古文》，上海中医药大学出版社，1998，第 156 页。
⑤ 统计资料来源于李经纬、林昭庚主编《中国医学通史·古代卷》，人民卫生出版社，2000；周凤梧编著《中国医学源流概要》，山西科学技术出版社，1995。

的陈修园 24 岁便行医自给，可鉴于当时社会对医术的轻视态度，便决定"半治举子业，半事刀圭家……后出宰畿辅，恐以医名蹈癸丑岁之前辙，遂绝口不谈，而犹私自著书"。[①] 做官到了宰相级别，陈修园仍然不愿公开谈及自己之前行医的经历，这多半是因为医者的社会声望、社会地位不高。清代著名医学家薛雪，一生以精研湿热而著称，身后其孙薛寿鱼为他撰写墓志铭，竟然全文"无一字及医"，通篇墓志铭的目的就是要把其塞进理学大师的行列里去。对此，袁枚大为愤慨，认为其是"舍神奇以就臭腐"。[②] 一个专门研究湿热病的医学大师，在墓志铭中竟然不提自己的医学研究、行医经历，由此可以窥见清代社会对医者的歧视、污名化程度。笔者认为，这些现象背后最根本的原因，就在于医学等自然工程科学被古人认定为"小道""末业""贱业"，与人文社会科学"大道"难以相提并论。社会地位的低贱，导致社会精英不愿进入这一行业，没有社会精英的推动，自然工程科学也就难以提升自己的社会地位，形成了恶性循环。徐大椿中对此的总结十分精辟："医，小道也，精义也，重任也，贱工也。……道小，则有志之士有所不屑为；义精，则无识之徒有所不能窥也；……任重，则托之者必得伟人；工贱，则业之者必无奇士。所以势出于相违，而道因之易坠也。"[③]

秦汉到明清时期士人与匠人的分化，导致在自然工程科学和哲学社会科学方面的系统性畸形、不平衡发展。在自然科学领域，尽管有"四大发明"影响世界，但这些成就建立在工匠个人积累、零星经验的基础

---

① 陈修园：《长沙方歌括·自叙》，载林慧光、陈修园《医学全书》，中国中医药出版社，1999，第 529 页。

② 段逸山主编《医古文》，上海科学技术出版社，1984，第 91 页。

③ 徐大椿：《医学源流论》，载刘洋主编《徐灵胎医学全书》，中国中医药出版社，1999，第 115 页。

之上，没有形成科学体系，属于应用型科学技术，缺乏科学系统的原理积累与体系传承。《齐民要术》《天工开物》《梦溪笔谈》等技术方面的著作，均为士人所做，但他们仅是旁观者、总结者、编纂者、提炼者，而真正实际操作的匠人名字都不可靠。中国古代科学家中，工匠所占比例只有 2.5%，而王、官、官医、医生等都是读书人或受过良好教育的人，占到将近 90%。[①]形成鲜明对比的是，古代哲学社会科学由于政府重视、社会推崇，政治、经济社会影响力巨大。从先秦百家争鸣、汉代经学、魏晋玄学，到宋明理学；从《左传》《史记》，到《资治通鉴》、二十四史等；从《诗经》《楚辞》再到唐诗宋词元曲，这些思想著述为后世留下了灿烂的民族文化遗产。从秦汉到明清的 2100 多年的历史，总体而言是士人获利、匠人艰辛的时期。但 1840 年之后，这种局面开始遇到重大的转折，士人和匠人的命运、地位、荣辱又将随之激荡。

---

① 　马忠庚:《中国古代科学家整体状况统计研究》,《史学月刊》2004 年第 1 期。

第五章

近代：匠人地位跃升

鸦片战争之后，一方面上层统治者出于维护政权的需要，一方面官僚阶层中的有识之士目睹西方科学技术先进性，开始呼吁"师夷长技以制夷"，学习西方的先进科学技术。19世纪60年代，曾国藩与李鸿章等开展"洋务运动"，开办新式学堂，创办工业，重视自然工程科学。匠人陡然受到国家重视，从社会底层迅速跃升为"国之重器"，经济条件改善、社会地位抬升、从政渠道通顺。此后，匠人的社会地位始终"居高不下"，历经了清末、民国，直到新中国，至今也是如此。相反，士人的命运曲折，但总体向上。1840年以后，晚清政府见识到了国外的先进科学、技术，逐渐认识到差距，并着力培养、引进科技人才，士人群体进入下行轨道、逐渐受到冷落。1905年，清政府决定废科举，士人的境遇跌至冰点。到了民国时期，士人（知识分子）地位重新获得提升，国家给予较高的待遇，此情况一直延续到新中国。在改革开放后，国家更加注重发挥知识分子的建设性作用，士人的地位和待遇，逐步改善、稳健提高。

一　1840—1911 年：匠人的崛起与地位重塑

（一）士人地位逐渐边缘化

晚清以来，"士农工商"为主体四民社会解体，社会开始大分化。变化最大者、受冲击最大者，当属位居四民之首的士人。杨国强指出，"当日统称'四民'的人口中，他们是忧时的人，也是先觉的人，随后，在回应'西潮'逼来的漫长过程里，他们又成了最深地卷入了历史变迁的中国人"。[①] 在中西碰撞之中，统治阶级不得不"睁眼看世界"。国家的选才导向、社会的评价导向，都发生了系统性重大改变。士人从社会中心地位逐渐边缘化，政治作用、社会作用均有所下降。正如金耀基所指，"他们（士人）已非知识与社会价值的垄断与独占者；他们不再与政治权力必然地连在一起；他们不再是一个明显的身份的知识集团；他们不再是社会金字塔顶层上的人；他们不再是一个排他性的特权阶级"。[②]

在鸦片战争之后，中国社会中的士人仍旧处于统治地位。"国家的行政官员必须从文人中选出，如果我们认识到对这个地域辽阔的国家进行管理需要多少行政官员，那么这个阶层在国家中是多么强大和有影响力也就不难想象了。事实上，没能通过任何考试的书生人数也相当多，虽然他们没有得到官职，但他们在自己的家乡仍有着相当大的影响力。这些人在学校中做老师，是所在村镇的领导人物。他们所受的教育使他们的地位远远高于普通老百姓。在解决与官府产生的矛盾、村庄之间的长期不和以及阶级争斗的时候，人们总是征求他们的意见，

---

① 　杨国强：《晚清的士人与世相》，生活·读书·新知三联书店，2008。

② 　金耀基：《中国现代化与知识分子》，台北言心出版社，1977，第 74~75 页。

而他们也很自然地居于领导地位。"①清朝末期，读书人即使没有在政府做官，在地方也具有相当大的民间影响力，这是汉代以来开启的一种传统。

陈独秀也曾有记载，到了 1889 年，传统士人处于社会上层的理念仍旧支配着一些地区人民的头脑。"因为在那一时代的社会，科举不仅仅是一个虚荣，实已支配了全社会一般人的实际生活，有了功名才能做大官（那时捐班出身的官，人们还不大瞧得起。而且官也做不大，大官必须正途出身，洋博士那时还未发明），做大官才能发大财，发了财才能买田置地，做地主（那时存银行和做交易所生意，也还未发明），盖大屋（非洋房），欺压乡农，荣宗耀祖；那时人家生了儿子，恭维他将来做刚白度（即买办）的，还只有上海十里洋场这一块小地方，其余普遍的吉利话，一概是进学，中举，会进士，点状元；婆婆看待媳妇之厚薄，全以儿子有无功名和功名大小为标准，丈夫有功名的，公婆便捧头上，没有功名的连用人的气都得受；贫苦农民的儿子，举人、进士、状元不用说，连秀才的好梦都不敢做，用尽九牛二虎之力，供给儿子读几年书，好歹能写出百而八十字，已经算是才子，如果能够跟着先生进城过一次考，胡乱写几百字交了卷，那怕第一场就榜上无名，回家去也算得出人头地。穷凶极恶的地主们，对这一家佃户，便另眼看待。所以当时乡间有这样两句流行的谚语：去到考场收个屁，也替祖宗争口气。农民的儿子如果考取了秀才，便是一步登天，也就是立了将来做土豪劣绅的基础，一生吃着不尽。所以无论城乡，屡考不中的人们，往往埋怨祖坟的风水不好，掘出死骨来改葬，这便是那班圣人之徒扬名显亲的孝道。在这样的社会空气中，在人们尤其是妇女的头脑里面，科举当然是

① 〔英〕麦高温：《中国人生活的明与暗》，朱涛、倪静译，中华书局，2006，第36~37 页。

一神圣事业了。"[①]

清末时期是"大变局时期"，国家的被迫开放，洋务运动的开展，工业与商品经济的发展，社会风气的变化，重商主义抬头等，这些都导致匠人和商人的地位上升。与此同时，传统士人的社会地位不断下降。士人作为一个社会群体，不得不感叹、担忧读书人的命运。例如，上海等城市开埠以后，旧时代的文人便深切地感受到这种变化，他们感叹"德重才优，桃李春风次第收。师道尊无右，忠敬宜深厚。嗟！修膳薄云秋，防先虑后，呼马呼牛，眉眼谁甘受？因此把教读洋泾一念勾"。这种社会地位的巨大落差使"礼法之士，至于不忍见闻"。[②]据1872年8月17日的《申报》记载，上海"为师者日益众，延师者日益轻。其诗书士族之家，犹知重传，而市井之中，欲以经管贸易之余为设一席，无怪饮食起居视如伙友，即学俸之间，亦必握算无遗。……师至今日其自待亦太薄矣。迩来课读者流，大抵以求馆之艰难吞声下气，惟恐明年又在何处无以为糊口之谋，而隐忍之苦衷，实有不可明言者"。以教书为生者斯文扫地，社会地位的巨大落差，反映了国家战略的变化、社会风气的变化，这是时代与社会的大变迁、大变局。

不仅在大城市，这种风气的变化，也会传递到边远、基层的乡村。在广大农村，社会风气发生了重大的转变。读书人感同身受地经历了这一变化。晚清士人刘大鹏做了比较详尽的"乡风大坏"记录："1893年1月2日。近来吾乡风气大坏，视读书甚轻、视为商甚重，才华秀美之子弟，率皆出门为商，而读书者寥寥无几。甚且有既游庠序，竟弃儒而就商者……当此之时，为商者十八九，读书者十一二。"又1893年5月3

---

① 《实庵自传》，载《陈独秀文章选编》（下册），生活·读书·新知三联书店，1984，第556~557页。

② 王韬：《瀛壖杂志》，上海古籍出版社，1989，第113页。

日"吾乡僻处偏隅，士人甚少，即游庠序者，亦多不用功，非出门教书
而塞责，即在家行医而苟安，不特读书求实用者未尝多观，即力攻时文
以求科名者亦寥寥无几"。① 士人刘大鹏的视角仍然是传统的延续，在他
看来，不读圣贤书、不考试做官，就是"乡风大坏"。对于出门为商者、
弃儒而就商者，充满鄙夷。对于在家行医者，视其为"苟安"。

随着晚清统治者用人思路的变化，晚清功名泛滥（名器甚滥），社
会风气的转变，导致读书人对功名的认可度降低，读书应试者规模逐渐
减少。1897 年 2 月，"当此之时，名器甚滥，所到之处，有顶戴者甚多，
或金顶，或砗磲石顶，或水晶顶。究其顶戴之来历，彼亦不知其所以然
也。名器如斯，宜乎读书者之少也"。② 可见，当时除了读书做官，获得
官职（顶戴）的渠道五花八门。晚清末年，国家面临的赔款巨大，很多
人通过捐钱获得官职。又 1901 年 10 月 27 日，"为赔洋款，山西一省共
捐二百余万金，凡出捐输金者，皆赏给实职官阶。现在因捐输而得官职
者纷纷，上至道台、知府，下至知县、教官杂职，皆因捐输而得，名器
之滥，如此其极，无论至贱之人，亦有官职在身，良可慨也"。③

所以在此大转折时期，清末年轻士子，在新的风气影响及有见识的
父兄乃至官员鼓励之下，许多人放弃了参加科举制度的考试，改进新式
学堂、学习新知识，乃至出国留学，而不愿再应科举，或者脚踩两只船
（同时从事）。自 1894 年起，刘大鹏在日记中就有"太原府属应试童生
试者甚少"之类的记载。④ 1902 年，刘大鹏又记"吾邑于本月初四日开
棚考试童生，应童生试者才二十三人，较前锐减太甚，去日考试完竣。

---

① 刘大鹏遗著，乔志强标注《退想斋日记》，山西人民出版社，1990，第 65 页。
② 刘大鹏遗著，乔志强标注《退想斋日记》，山西人民出版社，1990，第 69 页。
③ 刘大鹏遗著，乔志强标注《退想斋日记》，山西人民出版社，1990，第 103 页。
④ 刘大鹏遗著，乔志强标注《退想斋日记》，山西人民出版社，1990，第 32 页。

余初应童试时尚百数十人（光绪三年），是岁晋大祲，光绪四年，余入泮，应童试者尚八十余人，自是而后，屡年递减，去岁犹垂四十人，今岁则减之太锐，学校衰微至是已极，良可浩叹"。① 在其他地区也是如此。1904 年春，朱峙三记录了武昌县试应试人数减少的情况。② 而据 1905 年 4 月 19 日《中外日报》所载："本届科试，广府所属各县循例考试，而应考者无不因之大减。其中人数之最减少者，以番禺为最。在该县初复时，与考者不过八百余人，以视往岁人数众多，殆有天壤之别。" 读书人规模的锐减，不是一省一地，而是全国普遍现象。其时《东方杂志》载文报道，"各府州县每遇岁科两试，报名与考之人数与曩时作比例，仅存三分之一"。③ 由此可见，从中央到地方，读传统圣贤书的群体规模逐年下降，读书入仕渠道已经失去了吸引力。

在这种情况下，士人逐渐从社会的中心被边缘化。这种社会过程不是一蹴而就，而是经历了从道光、咸丰、同治，至光绪时期，数十年的变迁。胡思敬记载了士人地位变化的历史性跨度与过程。"本朝最重科目，咸、同时俗尚未变，士由异途进者，乡里耻之。左宗棠以举人参楚南戎幕，叙功至郎中，加卿衔，曾国藩、胡林翼、宗稷辰交章论荐，坚不就官，乃欲请咨会试。文宗谓郭嵩焘曰：左某年且五十，可劝令早出，何改以进士为荣耶？奉新许振祎从国藩游最久，屡次军营保奖，皆辞谢不受，卒入翰林，擢道员，官至广东巡抚。江西人嫁女，必予秀才。吉安土俗，非士族妇人不敢蹑红绣丝履，否则哗然讪笑，以为越礼。新翰林乞假南归，所至鼓吹欢迎，敛财帛相赆，千里不赉粮。庐陵周氏、泰和萧氏由淮鹾起家，拥赀各数百万。新法初行，巡抚柯逢时劝

① 刘大鹏遗著，乔志强标注《退想斋日记》，山西人民出版社，1990，第 118 页。
② 《朱峙三日记》，载《辛亥革命史丛刊》第 11 辑，1904 年，第 321 页。
③ 《论中国学堂程度缓进之原因》，《东方杂志》1904 年 8 月 6 日。

令输财市义，为奏奖京堂，两家子弟皆不屑。周维藩选拔萧敷德、敷政兄弟，先后领乡荐，极力营求，一举掷数万金不惜。光绪庚子以前，予亲见者尚如此。后遇永新龙舍人于京师，询其遗俗，今不然矣。诸生焚弃笔砚，辗转谋食四方，多槁死。翰林回籍措赀，俗名'张罗'，商贾皆避匿不见。科举废，学堂兴，朝局大变，盖不独江西为然也。"[1]

光绪一朝，最后十一位状元的遭遇远不如前亦是一证。"近岁十一科，殿撰陈冕早卒。黄思永由狱中赦出，久之乃还原官。赵以炯、刘福姚、骆成骧皆困踬不起。后进若刘春霖、王寿彭入进士馆，屈伏充生徒。张建勋、吴鲁稍通声气，同时简放学使，又投之吉、黑。夏同龢游学东瀛，三年毕业归，自循其发已割辫，改易西装，妻孥相对悲咤。唯张謇以经商致富，人皆艳之。"[2]十一位状元，只有张謇一人获得世俗意义上的成功，但从事的是实业（工商业）。科举制度的最后一位状元刘春霖按惯例，得魁后到各地"打秋风"，连在张之洞那里也受到相当冷遇，后于1940年代在默默无闻中死去，[3]让人扼腕感叹、唏嘘不已。

1905年科举制度被废除，传统士人的一切特权也随之被取消，士大夫阶级彻底失去了其制度化的再生机制。晚清的大变局中，不仅四民社会解体，而且士大夫阶级也被彻底瓦解，消失在历史的舞台。但是，"读书人"这一群体仍旧存在，只不过不再读圣贤书了。他们在个人的知识内容、知识结构、职业出路等各方面都产生了新的变化。这一时期，士人从传统士大夫逐渐向现代的知识分子转变。"晚清的知识分子与传统的士大夫相比较，有诸多的不同。首先是知识结构变化了，从四

① 胡思敬：《国闻备乘》卷2，上海书店出版社，1997。
② 胡思敬：《国闻备乘》卷2，上海书店出版社，1997。
③ 参见张达骧等《张之洞事迹述闻》，载《文史资料选辑》合订本第34册，中国文史出版社，1986。

书五经变为亦中亦西的新学，从伦理政治的规范性知识变为应用性的自然知识。其次是知识的空间变化了，从过去的私塾、书院变为中西混杂的洋学堂，到民国以后又变为西方式的以学科化为中心的学校体制。最后是读书人的出路变化了，不再是像过去那样只有仕途一条路，他们与国家的制度化联系随着科举制度的废除被切断了，知识分子不再是国家精英，他们成为自由浮动资源，开始流向社会：军队、商业、金融、实业、媒体、出版业和学院，也有一部分生存在社会正式结构的边缘和外围，成为国家的反叛者和造反者。"①

　　传统士人失去了入仕的渠道，开始逐渐分流，转向其他机会和渠道。其中，最主要的流向就是"实业"，当时主要指工商业。山西士人刘大鹏记载，"当此之时，四民失业者多，士为四民之首，现在穷困者十之七八，故凡聪慧子弟悉为商贾，不令读书。古今来读书为人生第一要务，乃视为畏途，人情风俗，不知迁流伊于胡底耳"。②《申报》对这种从商潮流也有报道，"曩所谓转移风俗权操于士者，今且为商所攘。况士气不振，虽有一二明智，顾名思义，能矫流俗，克守为士之天职。其碌碌者，或以托业寒素、依附商人以救其乏"。③再例如江苏吴县（今苏州）的尤先甲（光绪二年的举人）"从未出仕，一直在苏州从事商业活动，经营绸缎、颜料、中草药等生意。苏州商会成立后，他先后出任五届商会总理"。④这个时期，传统士人转行从事工商业已成为一种趋势，如"晚清士绅之经商营工已不再单纯是偶发逐利或赶时髦，而是从上到

①　许纪霖：《20世纪中国知识分子史论》，新星出版社，2005，第2页。
②　刘大鹏遗著，乔志强标注《退想斋日记》，山西人民出版社，1990，第131~132页。
③　《广商学以开商智说上》，《申报》1904年10月31日。
④　张昭军：《科举制度改废与清末十年士人阶层的分流》，《史学月刊》2008年第1期。

下，从南到北，从东到西，汇聚成一股不可逆转的潮流"。[①]光绪二十九年（1903 年），林白水（号白话道人）以一介书生的身份道出了当时士人的无奈。他在《中国白话报》的发刊词中称，"现在中国的读书人，没有什么可望了！可望的都在我们几位种田的，做手艺的，做买卖的，当兵的身上"。[②]这是当时的士人个体，对于时代命运转换、社会剧烈变革的由衷感叹。

（二）匠人地位迅速提升

晚清时期，伴随士人衰败的，是匠人的崛起。国运日衰、国家落后挨打之现实，催生了对西方先进科学技术的渴求，洋务派以"自强"为口号兴办实业，以求"救亡图存"。在此逻辑之下，科技类、技术类人才受到了前所未有的重视，匠人的政治、经济、社会地位迅速提升。同时，社会风气的转变，从事实业者地位的提升，都为匠人提供了大量的社会资源与机遇。即"这些曾获传统社会最高科举功名的士大夫从事一向被目为'贱业'的工商业，由视工商为'末务'向重视工商是社会风气明显转变的一个重大的变化，标志中国社会已经开始接受以财富确立人的社会身份这一观念"。[③]由于晚清政府重视实业与用人制度的大调整，许多匠人出身的人得以升任高位，如"样式雷"家族中的雷景修、其子雷思起、其孙雷廷昌"于同、光之间因缘时会，以陵工蒙异数，得赐封通奉大夫，赠二品封典"。[④]当时最典型者，是徐氏科技世家。曾国藩创办

① 章开沅、马敏、朱英主编《中国近代史上的官绅商学》，湖北人民出版社，2000，第223 页。

② 白话道人：《中国白话报发刊词》，载《辛亥革命前十年间时论选集》卷一下，生活·读书·新知三联书店，1960，第 894 页。

③ 许纪霖等主编《中国现代化史》第 1 卷，上海三联书店，1995，第 161~162 页。

④ 朱启钤：《样式雷考》，载《中国营造学社汇刊》第 4 卷，知识产权出版社，2006。

江南制造局时，就邀请徐寿、华蘅芳等人担任技术骨干，"前因东南军务需才孔亟，以曾国藩酌保数员。监生赵烈文、方骏谟、华蘅芳、徐寿等，议叙从九品"。[1]徐寿之子徐建寅，则先后主持山东机器局、湖北铁路局、福建船政局和保安火药局，曾官至农工商务大臣。清廷对自然工程科学的学子，也按照、循照科举惯例给予极高的出身，不用再进行考试。如光绪三十二年（1906年）九月赐游学生毕业出身时，就有谢天保、徐景文等赏给医科进士，曹志沂、李应泌、傅汝勤等赏给医科医士。[2]宣统元年（1909年），朝廷"复有赏给旧日游学生以进士、学人者，如拟列一等之詹天佑、魏翰、李维格、郑清廉、邝荣光、吴迎会、杨廉臣均给以工科进士……皆回国多年，办事历有成绩，由各省督抚保送，简派大臣会同学部覆定，是又未经考试而给予出身者也"。[3]自然工程学科从业者（匠人），因为学识被授予士大夫们梦寐以求的功名，确立了匠人与士人同等的社会地位，也给社会带来极大的示范作用。随着新式学堂、留学运动与近代企业兴办，传统工匠开始向工程师、技术精英和科学家转变，匠人地位也不断提升。新式教育和留学途径培养的现代工程师、技术工人和科技专家，作为新鲜血液取代传统工匠，成为新"匠人"群体的构成。

二　1912 年至 20 世纪中叶：匠人的巩固和地位提升

1912 年后，中国进入现代化阶段，士人与匠人有了新的时代内涵，也有了新的存在形式，以及社会称谓。在本书中，我们大致分为哲学社

---

[1]　文庆等纂辑《筹办夷务始末》（同治朝）卷 21，上海古籍出版社，2008。

[2]　陈邦贤：《中国医学史》，商务印书馆，1937，第 231 页。

[3]　张之洞、刘坤一：《筹议变通政治人才为先折》，载《张文襄公全集》卷 54，台湾文海出版社，1970。

会科学工作者（也称知识分子）与自然工程科学工作者（本书中也称之为科学家）。当然，二者在国家政治话语和社会生活实践中也被视为同一个大的群体概念范畴，即"知识分子"。他们本来就是两大类知识的生产者、实践者。在国家管理者的重视下，知识分子群体的地位在这一时期都得到了提升，但是相较而言，掌握先进科技知识的匠人（自然工程科学从业者）在清末受到统治者重视之后，一直被国家委以重任，也更为社会推崇；而从事哲学社会科学的士人，不仅难以恢复传统社会中一家独大的局面，更无法重回传统社会中的中心。但是，传统社会中他们与政治的密切联系仍旧得以保存。因此，相对来说，士人群体在政治层面更为活跃，与此同时匠人在经济和商业领域似乎更加活跃。

（一）士人与匠人待遇获得整体性优待

不论士人还是匠人，中国社会进入现代社会之后，其大的称谓都是知识分子，只不过研究和讲授的学科内容不同罢了。民国时期的知识分子，最大的一部分是传统士绅转化而来的知识分子，其次是研究科学技术的新知识分子。

1. 民国知识分子的待遇

首先是教育界知识分子。民国历届政府非常重视教育，为从事教育事业的知识分子提供了丰厚的工资待遇。各级国立学校中教师的待遇相对丰厚，私立学校的待遇相对偏低，但是仍旧高于其他职业。首先，国家制定了教授收入的政策标准。1917 年，北洋政府教育部公布了《国立大学教员任用及薪俸规程》，其中规定了国立大学教员包括正教授、本科教授、预科教授、讲师、助教和外国教员等的工资标准，[1] 薪俸等级见表 11 所示。

---

[1]　潘懋元等编《中国近代教育史资料汇编·高等教育》，上海教育出版社，1993，第784~785 页。

表11　1917年《国立大学教员任用及薪俸规程》中教员薪俸等级

单位: 元

等级	正教授	本科教授	预科教授	助教	讲师	外国教员
第一级	400	280	240	120	每小时2元到5元	薪别数以契约定之
第二级	380	260	220	100		
第三级	360	240	200	80		
第四级	340	220	180	70		
第五级	320	200	160	60		
第六级	300	180	140	50		

1927年6月23日,国民政府教育行政委员会颁布并实施了《大学教员资格条例》及《大学教员薪俸表》,大致确立了南京国民政府时期高校教师的资格和薪俸标准。《大学教员薪俸表》中将教员薪俸等级分为4等,共12个级别,具体如下:教授为一等,副教授为二等,三等为讲师,四等是助教。每个等级下面分为三级,其中一级教授月薪为500元,约合今人民币1.7万元,二级教授450元,三级教授400元;一级副教授月薪340元,约合今人民币1.2万元,二级副教授320元,三级副教授300元;一级讲师月俸260元,约合今人民币9000元,二级讲师240元,三级讲师220元;一级助教月俸180元,约合今人民币6000多元,二级助教140元,三级助教100元。[①]工资待遇高于其他职业。

表12　1927年大学教员薪俸

单位: 元

等级	教授	副教授	讲师	助教
一级	500	340	260	180
二级	450	320	240	140
三级	400	300	220	100

---

① 马嘶:《百年冷暖: 20世纪中国知识分子生活状况》,北京图书馆出版社,2003,第68~69页。

其次，从实际情况来看，各学校的薪俸标准基本上依照国家的政策文件执行。20 世纪 30 年代，交通大学"各级教员的薪金分为个等级，教授月俸 400—700 元，副教授月俸 210—400 元，讲师月俸 120—260 元，助教月俸 80—180 元，兼任教员的薪金按每小时 3—6 元酌量计算。此外，对教师还有一些优待办法……交大教师的待遇，在当时是很高的，生活比较有保障"。[①]1931 年国立清华大学校长梅贻琦上任后，为招聘贤能，颁布规定：教授月薪 300—400 元，最高可达 500 元，而且每位教授可以拥有一栋新住宅；讲师月薪为 120—200 元，助教月薪为 80—140 元；学校行政职员月薪为 30—100 元，工人（勤杂工）月薪 9—25 元。[②]邓云乡也谈到，20 世纪 30 年代"清华、北大等国立大学的部聘教授由教育部下聘书，高的月薪五百元，一般都在四百来元。鲁迅在厦门大学月薪四百，后住上海，南京大学每月送干薪三百，其时北平各大学教授的工资均与此相同。由学校发聘书的教授，月薪均在三百元以上"。[③]

在高校待遇方面，士人和匠人两大类并无太大差别，只有名气不同、职位等级不同带来的收入差异。一般来说，著名士人的收入要高出一般群体。著名学者胡适 1917 年刚进入北大工作月收入就达到 260 元，[④]后致母亲信说："适在此上月所得薪俸为二百六十圆，本月加至二百八十圆，此为教授最高级之薪俸。适初入大学便得此数，不为不多矣。他日能兼任他处之事，所得或尚可增加。即仅有此数亦尽够养吾兄弟全家，

---

① 《交通大学校史》编写组：《交通大学校史（1896-1949 年）》，上海教育出版社，1986，第 311 页。

② 陈明远：《三十年代文化人的经济状况》（上），《社会科学论坛》1999 年第 7—8 期。

③ 谢其章选编《邓云乡讲北京》，北京出版社，2005，第 132 页。

④ 胡适《禀母亲》中载"适之薪金已定每月二百六十圆"，详见胡适《胡适全集》卷 23，安徽教育出版社，2003，第 144~145 页。

从此吾家分曲再合，更成一家，岂非大好事乎！"①

　　1926 年 7 月，鲁迅应厦门大学之邀任该校国文系教授，每月薪俸 400
元。几个月后，中山大学聘请鲁迅为该校教授，每月薪俸 500 元。② 匠人
方面，梁思成 1928 年到东北大学建筑学系执教，据考证，他的月工资是
265 元，虽然没有传说中的 800 元那么多，但仍属学校中薪金最高的教职
员之一。③ 黄宗江的父亲黄曾铭 20 世纪 30 年代初在北京担任电话工程师
的月薪为 300 余元。④1931 年，华罗庚在清华大学算学系担任行政助理，
月薪 40 元（合今人民币 1200 元）；第二年成为助教，月薪 80 元；第四年
升级为教员，月薪 120 元。⑤

　　这一时期，由于政府财政的支持，公立大学的教师工资普遍高于
私立大学。私立大学由于资金及运作情况的不同，教职员工待遇也有所
差别。复旦大学"校长李登辉的工资，每月才二百元，此外别无任何津
贴。复旦专任教授的工资，每月亦为二百元，但一年只支十一个月的薪
水，另一个月的薪水，以开办暑期学校的收入补足"。⑥1920 年代末期，
任教于上海法学院的潘大逵回忆，"教授上课，按钟点计算，每小时报酬
三元，只有少数几个专职教师，可领十二个月的薪金。校长和教务长，
皆属无给，只各月支车马费一百元"。⑦ 抗战前，在私立沪江大学任教的
蔡尚思说："抗战前两年是一生的两年（意即最好的两年），每月 220 元
（当时是低工资的——按指在教授当中），除了买大量书籍，还可以出钱

①　《胡适全集》卷 23，安徽教育出版社，2003，第 152 页。

②　吴琼：《民国时期教师薪俸的历史演变》，《教育评论》1999 年第 6 期。

③　高巍：《梁思成、林徽因他们是沈阳的四月天》，《华商晨报》2008 年 3 月 23 日。

④　陈明远：《三十年代文化人的经济状况》（上），《社会科学论坛》1999 年第 7-8 期。

⑤　陈明远：《文化人的经济生活》，文汇出版社，2005，第 246 页。

⑥　复旦大学校史编写组编《复旦大学志》第 1 卷，复旦大学出版社，1985，第 103 页。

⑦　潘大逵：《风雨九十年——潘大逵回忆录》，成都出版社，1992，第 81 页。

请人抄书。此外，亦有教师买洋房，自备小汽车，过着资产阶级式的生活，甚至有娶小老婆的。"[1]

中学教师的收入水平，相比大学要差一点，但在社会各群体比较中，具有很大的优势。在 1932 年以前，中学教员待遇一直实行时薪制，直至教育部颁布《中等学校教职员服务及待遇办法大纲》后，改时薪制为月薪制，规定："中等学校废除钟点计薪制，教职员之月薪应分别等级依次递进，兼任教员得依时计薪，经由各省市厅局酌量地方生活程度比照现制较优办法分别规定。"[2]办法颁布后，废钟点制改月薪制，"规定专任教员月薪 70 元至一百数十元，校长薪金 100 元至 160 元。教学成绩优良者酌增薪金。有些省市还制定了'年功加俸制'。教员除薪金外，还享有子女免费入学的待遇。有些学校还制定了各种优惠政策，如：（一）住校的教员由学校供给灯、煤、夫役及应用家具；（二）在校中用饭者，由学校担任其厨役及煤火费；（三）每学期往返住家之川资在 10 元以内者，由学校发给；等等"。[3]

当时中学教员的薪金已经属于高水平收入了。据邓云乡回忆，1930年代北京"一般公私立中学教员的薪水，除拿钟点费的代课教员外，大多均在一百几十元。高初中都教的英语、国语、算学教员，薪水都在二百元以上。如做过我的老师的申介人、萧佩苏、陈斐然诸先生，他们又是师大附中教师，又是志成中学教师，自己都有包车，和平门、小口袋胡同两头赶着上课，月入都在二百几十元。那可是个不小的数字呀！

---

① 《关于上海地区高等学校年来工资情况的调查报告》，1955 年 12 月，上海市档案馆藏档，A23/2/59/25。

② 慈鸿飞：《二三十年代教师、公务员工资及生活状况考》，《近代史研究》1994 年第 3 期，第 285~286 页。

③ 马嘶：《百年冷暖：20 世纪中国知识分子生活状况》，北京图书馆出版社，2003，第 67 页。

可买二两五钱黄金"。① 著名学者、北大教授季羡林在回忆 1934 年夏从清华大学西洋文学系毕业时写道："我大学一毕业，立刻就倒了霉，留学无望，饭碗难抢；临渊羡鱼，有网难结。穷途痛哭，无地自容。母校（省立济南高中）校长宋还吾先生要我回母校当国文教员，好像绝处逢生。……省立济南高中是当时山东唯一的一所高级中学。国文教员，待遇优渥，每月一百六十块大洋，是大学助教的一倍，折合今天人民币，至少可以等于三千三百元，这是颇有一些吸引力的。"②

其次是自由职业知识分子。除了进入学校教书，当时不少知识分子群体也会选择自由职业获取收入，收入都不会低。以上海医生群体为例，除去在医院供职的医生，自身开办诊所的也能获得不错的收入。而不少文人群体通过撰写文章赚取稿酬，也能取得相当丰厚的收入。当然，这种自由职业者的收入依据个人的名气、能力不同而不同，差距可能会相当大。

当时的中医一般都选择自己开诊所，但医术和名声的不同，收入自然也高下有别。上海中医陈存仁，曾经拜上海的中医名师学习，自己开办门诊，收费定为 1 元 2 角，他回忆说："开业十余天，差不多天天吃鸭蛋，同学们来访问我，都说：'你的门诊收费定得太贵。'我也有些后悔。不料有一个出售'小小豆腐干'而起家的陈万运，开办了三友实业社，职工有五百多人，他来访问我说：'我们全体职工由公司请你做常年医生，月薪订五十元。'以后，每天总有一两个到三五个病人到诊，心里就安定下来，这时我用了一个挂号职员，薪水每月六元，还买了一部钢丝包车，车夫薪金每月八元。从前的钢丝包车黑漆胶轮，走动时钢丝

---

① 谢其章选编《邓云乡讲北京》，北京出版社，2005，第 132 页。

② 季羡林：《留德十年》，东方出版社，1992，第 6 页。

闪闪生光，这是我从小就怀有的向往。"① 蔡元培曾经在《民立报》上为中医杜同甲做广告，文中称："杜君同甲，研究医学，垂二十年，苦心孤诣，实事求是，其所治愈，鄙人尝亲见而深知之，谨为病家介绍。杜君现寓上海武昌路太平里口绍兴杜寓内，门诊五角，出诊二元。"②

当时上海善堂医生的工资是比较低的，大约 30 元，通常被视为当医生的收入底线，③ 而著名医家每月数千元的收入也是一般医家所难以企及的。按照庞京周的估计，"假定新医连门诊统计，每日诊病四十号，每一号费时二十分钟计，其需时八百分钟，除去路途上往返等等，可算得已经潦草不堪。然而每天的工作，已经是在十三小时以上，自早上九时到晚上十时二十分，还没有腾出饮食便溺的工夫出来。平均每一号约费三四元，一天的收入，也不过百余元，恐怕做三个月，医师自己便要病了"。④ 据徐小群的推断，20 世纪二三十年代上海的医师每月收入平均在 300—3000 元，⑤ 已经属于社会的高收入群体了。

总体来说，这一时期匠人知识分子的收入水平，超过士人。作为自由职业者，文人群体的收入就不如医生那么稳定了，谋生的收入取决于作者的产量、受欢迎程度。"在官办的北京报纸杂志和学术期刊上，稿酬可达每千字 4—5 圆。而上海的报刊大多是民办的，一般稿酬为每千字 1—3 圆。因为官办的报刊行政拨款不计成本；上海报刊则多为商业性，必须讲究经济效益。《鲁迅全集》有几处提到当时上海的稿费标准，

---

① 陈存仁：《银元时代生活史》，上海人民出版社，2000，第 56~57 页。

② 《民立报》1912 年 4 月 1 日。

③ 陈存仁：《银元时代生活史》，上海人民出版社，2000，第 23 页。

④ 庞京周：《上海市近十年来医药鸟瞰》连载，1933 年 3 月 27 日第 11 版。

⑤ Xu Xiaoqun, *Chinese Professionals and the Republican State：the Rise of Professional Associations in Shanghai，1912-1937*(Cambridge，New York：Cambridge University Press，2001)，p. 57.

最低者每千字 5 角钱，高者每千字 3 圆。鲁迅文章一般稿酬是千字 3 圆，有时千字 5 圆（如商务印书馆和中华书局给鲁迅的稿酬标准），《二心集》的稿酬为千字 6 圆，这在上海就是比较高的了。"[1]

当时的著名文人如张恨水、林语堂、林纾等都属于高收入群体。当时通俗小说稿酬千字 3 元左右，而张恨水的稿酬在每千字 4—10 元。[2]20世纪 20 年代末期林语堂"编写的《开明英文文法》《开明英文读本》成为通用教材后，他按月可以支取 700 元版税，再加上在中央研究院兼职国际出版品交换处长的薪金和编辑费等，每月固定收入不下 1500 元"。[3]郑逸梅等回忆说，林译小说"在清末民初很受读者欢迎。他的译稿，交商务印书馆出版，十几年间，共达一百四十种。……稿费也特别优厚。当时一般的稿费每千字二至三圆，林译小说的稿酬，则以千字六圆计算，而且是译出一部便收购一部的"。[4]

而一些普通的文人收入可能就没有那么稳定，但仍旧能够保证基本的生活。左翼文人蒋光慈尽管知名度不如知名大家，但出书的收入却不低。史料记载，"当蒋光慈的著作多数被当局查禁、不准销售时，各书局和光慈算了一笔总账，总共积余一千元。这一千块钱的存款，就是光慈此后生活到他离开人间的费用。当时我们还是很乐观，对于今后的生活，仍充满着信心"。[5]徐霞村提及 20 世纪 30 年代末在上海的生活，"那两年在上海卖文，生活太不稳定。……当然，卖了一本书，稿费可得

① 陈明远：《文化人的经济生活》，文汇出版社，2005，第 54 页。

② 叶再生：《中国近代现代出版通史》第 2 卷，华文出版社，2002，第 434 页。

③ 施建伟：《林语堂出国以后》，载林语堂《八十自叙》，宝文堂书店，1990，第 123 页。

④ 据《藏晖室札记》，载《新青年》第 3 卷第 5 号，转引自中国社会科学院文学研究所编《中国近代文学论文集·小说卷》，中国社会科学出版社，1983，第 688 页。

⑤ 吴似鸿：《蒋光慈回忆录》，载方铭编《蒋光慈研究资料》，宁夏人民出版社，1983，第 145 页。

一百多块，能维持两三个月生活"。①

再次是出版界知识分子。当时有大量的士人从事报刊出版工作，虽然不同职位等级的收入存在差距，但是收入来源相对稳定，能够保证体面的生活。而且随着职级、管理范围的提升，收入也越来越丰厚。1906年，包天笑到《时报》任职时，《时报》总经理狄楚青见面时就谈到他的任职收入。据包天笑回忆当时的情况："他初次见面，好像我已答应他到报馆里来了，便和我当面讲条件了。他的条件，是每月要我写论说六篇，其余还是写小说，每月送我薪水八十元。以上海当时的报界文章的价值而言：大概论说每篇是五元，小说每千字两元。以此分配，论说方面占三十元，小说方面占五十元。不过并没有这样明白分配，只举其成数而已。这个薪水的数目，不算菲薄。"②1912年，包天笑"在宝山路商务编译所半天工作（每日下午1—5点，星期日休息），担任小学图文教科书的编辑，月薪40银圆。当时编辑共约40名"。③

1916年茅盾进入商务印书馆，其回忆录记载，"胡雄才同我年龄不相上下，他只读完中学，做过学徒。他的薪水只有每月十八元，而我的，是二十四元；据他说，这是'编译'一级最低的工资。照例，工作一二年，可以加薪，五元为度，如此递加，最高可达六十元。也有一进来就享受五十元以上高薪待遇的，那都是已在社会上做过事，薪水高，但这又要看介绍人的来头。例如周由廑，他是周越然的哥哥，而周越然在英文部势力极大，除了部长就数他，而况他又是创办'函授学校'的建议人，为商务印书馆开辟一条新的生财之道，宣传之路，此时风头正健。周由廑本人呢，在湖州的湖郡女校任教多年，本来薪水每月百元。

①　徐小玉：《徐霞村访谈录》，《新文学史料》1999年第2期。

②　包天笑：《钏影楼回忆录》，中国大百科全书出版社，2009，第390页。

③　陈明远：《文化人的经济生活》，文汇出版社，2005，第43页。

平海澜情况相同。黄访书已来了多年，又是部长介绍的，此时亦不过四十元一月而已"。① 张元济"进入商务印书馆主持编译所工作，多年省吃俭用，加上每年股息的收入，略有积蓄。时商务营业蒸蒸日上，每年分红有万元之数"。②

从 1919 年开始，茅盾月薪增加到 50 元，而他向《时事新报》《解放与改造》《学生杂志》等刊投稿的收入平均每月 40 元；③ 1920 年，茅盾月薪升至 60 元，逐步向中等阶层生活迈进。为了接母亲和妻子来上海共同生活，他开始在上海找房子。其赁屋条件是：①在商务印书馆编译所附近；②除灶间、亭子间外，必须有三间正房。他最后选中一幢一楼一底带过街楼的石库门。1921 年，当全家迁入新居时，茅盾已成为《小说月报》主编，月薪百元，他特地到荐头店雇用了一个年轻俊俏的女仆，专管洗衣买菜，母亲下厨，妻子进学校读书，生活十分惬意。④

当然，不同职位、不同级别之间工资是有差距的。王绍曾回忆在商务印书馆工作时，"我们到校史处的头二个月，按规定是试用期，……每月工资 40 元，试用期满，加成 50 元。届满一年，又加了 10 元，每年年终还多发一个月工资。听说这是商务的惯例"。⑤ 据《柔石日记》1929年 1 月 11 日载："晚上鲁迅先生问我，明年的《语丝》，要我看看来稿并校对，可不可以。我答应了。同时我的生活便安定了，因为北新书局每月给我四十圆钱。此后可以安心做点文学上的工作。"⑥

① 茅盾：《我走过的道路》上册，人民文学出版社，1981，第 106 页。
② 张树年：《我的父亲张元济》，百花文艺出版社，2006，第 24 页。
③ 陶菊隐：《记者生活三十年》，中华书局，1984，第 15、43 页。
④ 徐铸成：《报海旧闻》，上海人民出版社，1981，第 42 页。
⑤ 王绍曾：《商务印书馆校史处的回忆》，转引自《商务印书馆九十五年》，商务印书馆，1992，第 299 页。
⑥ 赵帝江、姚锡佩编《柔石日记》，山西教育出版社，1998，第 78 页。

　　总体来说，民国时期整个上海出版界的经济收入情况还是相当可观的。据戈公振的统计，当时上海各个报馆高级编辑、主笔的收入如下："总理为一馆之领袖，其月薪约在三百元左右。总编辑亦称总主笔，为编辑部之领袖，其月薪约在一百五十元至三百元之间。次于总编辑，为编辑长，亦可称理事编辑，其月薪约在一百五十元左右。在编辑长之下者，有要闻编辑，取舍关于全国或国际之新闻。有地方新闻编辑，取舍关于一省一县或一地方之新闻，其月薪均在八十元左右。有特派员，如上海报馆必有专员驻京，或专事发电，或专事通信，每人月薪均在百元左右，交际费在外。有特约通信员，或在国内，或在国外，大率以篇计算，每文一篇，在十元左右。有访员遍驻国内各要埠，专任者每名月薪约四十元，兼任者仅十余元。有翻译，每名月薪约五十元至八十元。有校对，有译电人，每名月薪二十元左右。"[1]1921年，胡适曾应邀在商务印书馆主持编译所改革事宜，他对当时商务编译所编辑的收入进行了统计，结果如下："除部长、所长及有特别情形者外，其余职员所得薪水非常之少。生活不宽裕，身体上大受影响。商务编译所计一百六十九人，我今天试将他们的月薪作一表如下：三百元及以上2人，二百五十元以上1人，二百元以上4人，百五十元以上8人，百二十元以上17人，百元以上5人，共计一百元以上37人。七十元以上14人，五十元以上17人，三十元以上46人，三十元以下（连学生8人）62人，共计五十元以下的108人。"[2]

　　最后是律师行业。一般来说，律师的收入来源有两方面：一种为律师公费。在民国初期，北洋政府司法部曾就律师公费规定了全国的一般

① 　戈公振：《中国报学史》，生活·读书·新知三联书店，1955，第244~245页。
② 　《胡适的日记》（上），中华书局，1985，第152页。

标准和最高标准，律师只能在一般与最高标准中收取酬金，不得超越最高限额；另一种为律师谢金，即诉讼委托人在按规定支付公费以外，私下约定诉讼成功后以若干所得作为酬劳律师的谢金。在上海，民事案件第一、二审总收律师公费为 1500 元，第三审总收律师公费 800 元，刑事案件第一、二审总收律师公费为 800 元，第三审总收律师公费 500 元；在武昌，民事案件第一、二审总收律师公费为 1000 元，第三审总收律师公费 500 元，刑事案件第一、二审总收律师公费为 400 元，第三审总收律师公费 300 元。[①]据了解当时上海律师情况的包天笑介绍："大银行、大公司，都是新兴事业，资本雄厚急思扩张发展，不似从前的一味保守行为。所以业务愈大，则纠纷愈多，事事牵连到法律问题。但他们的董事哩、经理哩，未必都能精通法律的，有了律师，便可以请他做法律顾问……其次，便是那些巨室豪门的家庭诉讼，也是足以使上海律师歆动的。一旦这个老头死了，留下遗产，便是祸根。不但兄弟争产，姊妹也可以争产，还有那嫡庶之争，妻妾之斗，离婚案、重婚案、遗弃案、奸污案，属于男女两性间的问题，正是多多。这些案子，也都出在富豪之家，而为律师所欢迎的。因为这种官司，都属于软性的，不必剑拔弩张，到结尾总是以经济为解决，律师的报酬，亦是从丰。"[②]

那么，我们需要知道，当时社会的一般生活水准又怎样呢？据史料分析，20 世纪 20 年代北京"四口之家，每月十二圆伙食费，足可维持小康水平"。即民国时期，一个普通家庭在北京维持小康水平的费用是 12 元。北平教授的工资，显然是其几十倍以上。此外，参考《1918—1980 年北京社会状况调查》，20 年代初一个四五口人的劳动家庭（父母

---

①　王申：《中国近代律师制度与律师》，上海社会科学院出版社，1994，第 72 页。

②　包天笑：《钏影楼回忆录续编》，三晋出版社，2014，第 112~113 页。

加两三个孩子，或老少三代）每年伙食费 132.4 圆，也即每月 11 圆就可以维持了。民国时期，一个标准家庭的贫困线定为每月收入 10 圆之下。我们再来看民国时期的上海，按照当时的生活水平来推算，若维持一个五口之家生活，月收入大约只需要 34 元。[①] 据民俗专家金受申先生 1938 年前后所写的《北京通》连载文章称："牡丹每朵花价在十元上下，一盆三朵，便是寒家一月生活之费。"[②] 到了 30 年代，北京、上海的基本生活成本有所提高。邓云乡提到 30 年代北京的生活水平，"四口之家，吃、住两项，十八元便可解决。如每月有二十五到三十元的固定收入，省吃俭用，便可维持住这样的小日子。如月收入在二十元之内，维持四口之家，就苦了，难免要啃窝头、拾煤核儿了"。[③] 由此可见，30 年代北平一户普通四口之家每月生活费平均 30 元左右。那么，当时的物价水平如何呢？"1911—1920 年间米价恒定为每旧石（178 斤）6 元，也就是每斤大米 3.4 分钱，一块钱可买 30 斤大米。猪肉每斤 1 角 2 分至 1 角 3 分钱，一块钱可以买 8 斤猪肉。这一时期，一块钱大约折合今天的人民币 40—50 元。"[④] 总体比较来说，民国时期知识分子的收入很高，是普通家庭收入水平的十几倍、几十倍以上。

据学者粗略估计："具有大学文凭的官员平均月薪 250 元（未算灰色收入），大学教师平均 200 元，教授平均 300 元，工程技术人员平均 200 元，高级工程师 400—500 元，中学教师平均 100 元。与工人平均收入（按 15 元算）比较，官员的收入是工人的 16 倍，高级官员是工人

---

① 卢勇在《中央研究院与中国近代学者群体职业声望的提升》一文中推算："20 世纪前期战前要在上海这样一个消费水平较高的城市维持五口之家的基本生活，年收入在 400 元左右即可，换算下来月收入大约是 34 元。"

② 金受申：《老北京的生活》，北京出版社，1989，第 10 页。

③ 谢其章选编《邓云乡讲北京》，北京出版社，2005，第 138 页。

④ 陈明远：《文化人与钱》，百花文艺出版社，2001，第 9 页。

的30倍以上，大学教师和工程技术人员平均收入是工人的13倍，教授是工人的20倍，高级工程师是工人的26—30倍，中学教师是工人的6.6倍。大体说，在二三十年代，大学毕业工作一年后月薪大约100元，即为工人的6.6倍。以此为起点，随着晋升，他与工人的收入差距逐步扩大。"[1] 所以，知识分子不论是进入教育界、成为自由职业者还是投身出版界，其收入都相当优厚，足以保证其优渥的生活条件。通过对上海社会结构的分层研究，很多学者都将医师、律师、会计师、新闻记者、职员、教员等并列，认为这些人所组成的数量庞大的、松散的、边缘模糊的群体，既不能与官僚、资产阶级等社会上层相提并论，也不能与产业工人、苦力等社会下层混为一谈，其与这两极均有一定距离，属于社会的中间阶层。[2] 民国时期的知识分子，要么进入官僚队伍，要么进入社会上层。即使未能如愿，也可以做社会中层，收入稳定。

2. 新中国成立初期

对于知识分子，新中国延续了民国政策，采取了稳健的过渡措施，充分保证其物质生活，激发知识分子建设国家的热情。对于新解放的城市，中共中央采取了"包下来"政策。中共中央在1949年1月发出《关于新解放城市职工薪资问题的指示》，决定了临时措施，"新解放城市中关于职工与留用的公教人员的工资问题，是一个非常复杂的问题，也是全国性的问题，不能草率地制定新的工资标准。而且，目前的形势又不允许我们召开全国性的会议来通盘解决这一问题。因此，凡留任原职的职工和公教人员，只有暂时一律照旧支薪，即按解放前最近三个月内，每月所得实际工资的平均数领薪。只有在个别地方三个月的平均数仍嫌

---

① 郑也夫：《知识分子研究》，中国青年出版社，2004，第143页。

② 忻平：《从上海发现历史——现代化进程中的上海人及其社会生活》，上海人民出版社，1996，第106页。

太高或太低，才可以稍为削减或增高"。[1]

1949 年 9 月，中共中央下发《中央关于旧人员处理问题的指示》，要求各级政府谨慎处理遗留人员，做好过渡工作，并解决国民党统治时期留下来的知识分子失业问题。中共中央指出，"不能用裁撤遣散方法解决，必须给以工作和生活的出路"，即"包下来"。[2]1949 年 10 月建国之后，"人民政府对知识分子采取'包下来'方针，虽不能都保证原薪，但尽可能使他们有饭吃，不致流离失所。对于国民党统治时期造成的大批失业的知识分子，也尽量设法安置"。[3]人民政府规定："原来在大专院校教书的，仍然教书，原来在政府机关任职的，也继续任职，一切维持原状，失业知识分子的基本生活反而得到前所未有的照顾。……其中比较特殊的是文学艺术界的社会团体，如参加作家协会者，不但不用缴纳会费，反而像进入政府机关一样，有固定薪资可领，作品也有该团体的刊物可供发表，甚至一年半载没有创作，也用不着担心饥寒冻馁。"[4]

新中国政府通过建立中华全国文学工作者协会等组织，团结了一大批的知识分子。对于知识分子，新中国比民国时期更加优待。新中国成立后，党和政府不仅重视团结知识分子，也重视解决在国民党时期知识分子受到不公正对待的问题。陈永发谈道，重庆时代因为反蒋而遭囚禁的经济学家马寅初，于 1951 年被新中国政府延揽为北京大学的校长，他也有同样的（知遇之恩）感觉。[5]

新中国成立之后的几年内，随着国家经济状况好转，国家也制定

---

[1]　陈明远：《知识分子与人民币时代》，文汇出版社，2006，第 28 页。

[2]　中央档案馆：《中共中央文件选集》第十八册，中共中央党校出版社，1992，第 460~461 页。

[3]　朱文显：《知识分子问题：从马克思到邓小平》，四川人民出版社，1999，第 399 页。

[4]　沈志华：《1956 年初中共对知识分子政策的调整》，《社会科学》2006 年第 8 期。

[5]　陈永发：《中国共产革命七十年》（修订版），台北联经出版事业公司，2001，第 661 页。

政策，改善知识分子的工作条件和待遇水平。"解放以后，中国共产党和人民政府采取各种措施不断地改善知识分子的生活待遇，尤其是一九五六年实现工资改革以后，知识分子的生活状况，已经比较解放以前，大大地改善了，绝大部分知识分子对于目前的生活情况是满意的。"① 这些政策，极大地鼓舞了知识分子的工作热情，促进了我国文化事业和科学技术事业的可持续发展。

（二）政治方面：士人活跃、匠人平淡

传统社会中，知识群体就有参与政治的传统，所以，民国政府也积极地邀请知识分子参与政府管理、社会管理。但是由于学科性质和传统文化的影响，士人和匠人与政治层面的联系存在明显的区别。总体而言，前者在政治领域更加活跃，而后者在政治方面表现得较为平淡。

民国初年，士人参与政治一般有两种渠道：一是组建政党参与政治；二是加入政府担任职务。民国时期，政党成为政治主体，出现了中国历史上的第一个组党高潮。据台湾学者张玉法统计，民国初年出现的政党或政党性组织多达 312 个。② 这些政党如雨后春笋般出现，给新式知识分子参与政治提供了广阔的舞台。第一个政党意义上的组织，应属同盟会，"中国同盟会的发起人和骨干分子都是较高层次的知识分子。教育背景主要包括参加科举考试、入新式学堂和留学；其所涉及的学科门类大部分集中在社会、人文科学上。当然，也有像医学这样的学科，但

---

① 杨源时：《谈党对知识分子的政策》，浙江人民出版社，1957，第 38 页。
② 张玉法：《民国初期的知识分子及其活动（1912—1928）》，《聊城大学学报》（社会科学版）2013 年第 1 期。

从孙中山看，他无疑是具有强烈的人文色彩的技术型知识分子"。^①南京临时政府成立伊始，宋教仁即主张："初组政府，须全用革命党，不用旧官僚。"^②所谓革命党，其中大半为留日学生，在有传可考的 329 名革命党人中，留日出身者达 285 人。^③

而宋教仁自身，即为当时的先进知识分子，"1903 年春，他考入新式的武昌文华书院普通中学堂。宋教仁在学校中常与同学田桐等议论国家大事，朦胧地产生了革命思想。同年夏天，留日学生黄兴由日本回国，到武汉两湖书院演讲，抨击清朝政府的腐败，力主改革整体以救国，宋教仁听后非常信服"。^④

此外，在中共早期 53 名党员中，除郑凯卿外，陈独秀、李达、李汉俊、陈望道、俞秀松、陈公培、林伯渠、李大钊、邓中夏、张国焘、张太雷、毛泽东、何叔衡、董必武等 52 名均为士人，中共"一大"13 名代表都是士人。^⑤由此可见，国民党与中国共产党在创立时期，基本上都是由知识分子组成，在两党的早期活动中，知识分子都扮演着最重要的角色。^⑥

除了组建政党，大量的知识分子以个人身份参与到政治事务中。在袁世凯为首的北洋政府中，有大量官僚是清末入仕的归国留学生。以北

---

① 金安平：《从批判的武器到武器的批判——二十世纪前半期中国知识分子与政党政治》，黑龙江人民出版社，2000，第 116 页。

② 丁中江：《北洋军阀史话》，中国文史出版社，1993，第 539 页。

③ 《革命先烈先进传》，台北中央文物供应社，1965，第 3 页。

④ 李英庭：《资产阶级革命家宋教仁的一生》，《广西大学学报》（哲学社会科学版）1980 年第 2 期。

⑤ 金安平：《从批判的武器到武器的批判——二十世纪前半期中国知识分子与政党政治》，黑龙江人民出版社，2000，第 143 页。

⑥ 刘晔：《知识分子与国家建设：中国早期现代化的政治逻辑》，《江苏行政学院学报》2004 年第 4 期。

洋政府第一届内阁为例，在 12 名内阁成员中，留学出身者多达 10 人，
其中唐绍仪、施肇基、王宠惠、段祺瑞、刘冠英等，皆属"北洋旧僚"；
只有陈其美、宋教仁和蔡元培等属"革命党"。① 而王宠惠、蔡元培等
都是当时先进的知识分子。王宠惠生于香港，1895 年考入天津的北洋西
学学堂，进入学堂法科攻读法律。"1902 年初冬，王宠惠转赴美国求学，
先就学于加利福尼亚大学，随后转入耶鲁。在这期间，王宠惠用英文翻
译了《德国民法典》，很快受到国际法学界的好评，迅速成为欧美各大
学的通用教材。"② 蔡元培原任北京大学校长，1926 年 1 月当选国民党中
央监察委员，此身份持续到 1927 年 3 月至 4 月间。③1930 年，钱昌照（教
育部常务次长）与蒋介石谈话。钱建议早一点准备国防工作，提出"得
士者昌"，要延揽优秀人才。蒋介石当即同意并说"如你知道有才能的
人，可以介绍来见，聘任政府工作"。④ 民国时期不少著名人文知识分子
都曾参与国民党政府工作，如马寅初、陈茹玄等参与了《五五宪草》和
其他法律法规、条令、条例的制定、起草工作；傅斯年担任国民参政员
和立法委员；蒋廷黻担任国民政府行政院政务处长；⑤ 胡适被任命为驻美
国大使以及蔡元培出任第一任教育总长。这些，都是士人群体进入政府
担任职务的典型代表。

　　这一时期，自然工程科学从业者（匠人）进入政界的人数和范围
都有限。⑥1932 年，在蒋介石同意和支持下，成立了国防设计委员会，

①　梁波：《中国近代新型知识分子的政治参与》，《北方论丛》2000 年第 6 期。

②　庾莉萍：《民国政坛"不倒翁"——王宠惠》，《湖北档案》2009 年第 8 期，第 43 页。

③　孙常炜主编《蔡元培先生年谱》中册，台北远流出版事业公司，1997，第 744~869 页。

④　《钱昌照回忆录》，中国文史出版社，1998，第 36 页。

⑤　许纪霖：《中国知识分子十论》，复旦大学出版社，2003，第 120~121 页。

⑥　参见王大明《试论二、三十年代中国科学家的社会声望问题》，《自然辩证法通讯》1988 年
　　第 6 期。

该委员会由大学者钱昌照、翁文灏主持，其成员包括了地质学家李四光、气象专家竺可桢、物理学家吴有训等人，但仍旧以人文知识分子为主。[1]朱家骅、翁文灏、丁文江等也都曾在政府中担任要职，[2]但改变不了匠人群体整体政治参与度低的状况。根据国民党政府1933年对中央机关公务人员的统计，在总数为12671人的中央机关公务人员中，学习理工农医出身的人有1315名，占总数的10.4%。[3]可见，在国民党政府中，匠人比例低。虽然匠人在公务员中的人数偏少，但是总体来看，匠人一样享有政治上的入仕机会，因为这一时期已经不存在制度障碍了。

新中国成立初期，士人仍旧与政治保持了紧密的联系，尤其是不少左翼知识分子，对中国共产党政权非常支持，其中以郭沫若最为典型，其在1949年6月15日的新政治协商会议筹备会上发言指出："今天的新政协筹备会的开幕，正好像在黑暗中苦斗着的太阳，经过了漫漫长夜的绞心沥血的努力，终于吐着万丈光芒，以雷霆的步伐，冒出地平线上来了……这是规模宏大的新民族形式的史诗的序幕，是畸形儿的旧民主主义转换到新民主主义的光荣的开始。"[4]而政治协商会议的召开，也标志着中国共产党领导的多党合作和政治协商制度正式确立，意味着中国共产党与各民主党派和无党派人士共同建设新中国。

在此基础上，各民主党派都积极地参与到国家建设中，如民盟的黄炎培、沈钧儒、费孝通、罗隆基、马寅初等人，民主促进会的马叙伦、

---

[1] 卢勇：《早期抗战的重要机构——国防设计委员会述略》，《抗日战争研究》2009年第3期。

[2] 卢勇在《中央研究院与中国近代学者群体职业声望的提升》中详细列举了他们的从政经历。

[3] 国民政府主计处统计局编《中华民国统计提要》，商务印书馆，1936，第192页。

[4] 杨建新、石光树、袁廷华编著《五星红旗从这里升起——中国人民政治协商会议诞生纪事暨资料选编》，文史资料出版社，1984，第256页。

叶圣陶、雷洁琼等大量的人文社科知识分子（士人）参与到国家政权建设中。

比较而言，这一时期的匠人群体整体来说是远离政治的。如陶东风指出，"反观科技知识分子，他们总的说来与政治中心离得相对较远，既没有成为思想批判的靶子，又较少进入权力中心或成为炙手可热的政治人物"。[①] 这一时期由于意识形态建设的需要，士人受到了更大的关注。掌握科技知识的匠人群体同样受到了国家的重视，被定位是提升国家硬实力，推动工业发展的重要力量。

（三）社会声望：匠人持续上升，士人不再崇高

民国时期，从事自然工程科学的匠人在国家重视的情况下，地位一路上升，一举改变了传统社会中的边缘底层的状况。从传统社会而来的士人群体，实现了现代化转变，士人群体在经历了清末时期新旧知识人群体的分化之后，传统知识分子逐渐边缘化，虽然不少人通过掌握西方知识转变为新知识分子，地位也逐渐上升，但已不可能恢复传统社会中知识分子的中心地位。总体而言，相对于传统农业社会，士人的地位不再崇高。

1. 士人的声望难回巅峰

我们考察民国时期、新中国成立初期两个阶段。具体情况如下。

（1）民国时期。虽然知识分子在当时收入丰厚，政治待遇较高，但是传统社会士人的社会地位却难以恢复，他们已经不再处于社会结构的顶端，而只是多元社会中的一个阶层，呈现出一种边缘化趋势。自晚清以来商品经济发展，商人阶层逐渐进入社会的中心，财富成为人们关注

---

① 陶东风主编《知识分子与社会转型》，河南大学出版社，2004，第272页。

的焦点。过去人们自我实现的主要目标是博取功名，跻身官场，以提高社会地位，现在却是经商赚钱，发家致富；过去社会的座右铭往往是告诫人们修身立世，现在却鼓动人们孜孜求利。

在商品经济最发达的上海，身为大学教员的知识分子能够时时感受到不被认可的尴尬。如梁实秋谈及，"大学教授是一种职业，比较得还算是赚钱的职业。要说干这种生意，也不容易。从小的时候，父母就要下本钱，由买石板粉笔以至于出洋旅费，纵然不致倾家荡产，也要元气大伤。学成之后，应该不难于立身扬名以显父母，设若遭逢非时，沦为大学教授，总算是屈尊俯就，很委屈了。一般的人若是生来没有什么大毛病，谁愿意坐冷板凳？以现代人的眼光论，谁要是一辈子做大学教授，谁就是没出息！他们以为大学教授本是升官发财的路上的驻足之处"。[1] 此外，邵洵美也指出大学教授社会声望的降低，"靠嘴吃饭的生意有几种，最不费力的是做教授。……站在讲台上跟衣裳店的伙计一样，口讲指画，把一件旧货炫耀那般没衣穿的人。……他们自己说，他们都有做官的本领不过他们不屑做。但他们也说，真本领不是书上读来的"。[2]

谢六逸也指出："大学教授在上海能值几个铜子呢？上海有的是富商大贾之流，这就是住在上海的人所崇拜的。有人初次和你会面，开口问道，'恭喜在何处发财？'你如回答，'在华东大学任教'，对方的脸色就沉了下去。你必须回答他说，'在华东洋行混混'，对方就肃然起敬，结果不免说出敝行买卖还请照顾之类。"[3] 汤茂如也说过，"梁启超是一个学者，梅兰芳不过是一个戏子。然而梁启超所到地方，只能受极少数的

---

[1]　梁实秋:《大学教授》，载《梁实秋文集》第2卷，鹭江出版社，2002，第44页。

[2]　邵洵美:《人类的典型》，载《不能说谎的职业》，上海书店出版社，2008，第37页。

[3]　谢六逸:《家》，《宇宙风》第2期，1935年10月1日。

知识阶层的欢迎；梅兰芳所到的地方，却能受社会上一般人的欢迎"。[①]
由于新式知识分子"天天把自己从西方学到的许多对中国民众并非切肤
之痛的思想和理论来无条件地向他们炫耀夸扬，外国的件件对，中国的
件件不对"，[②]这就导致他们的思想和行动和大众不断地疏远，甚至是孤
立和不容。正如鲁迅所说"民众要看皇帝何在，太妃安否"，向他们讲
什么现代常识，"岂非悖谬"。[③]所以，知识分子与民众距离的扩大导致
知识分子在社会上的认可程度不高。

（2）新中国成立。进入新中国之后，知识分子的社会地位在很大程
度上受到党的政策的影响，他们和从事体力劳动的工人一样，都是社会
主义劳动组织中的一员，都处在组织的统一安排和调动之下，他们中任
何人都不享有特权。1949年周恩来做《动员更多的力量从事社会科学研
究》讲话，呼吁全社会都要重视社会科学，要求调动旧中国从事人文社
会科学工作人员的积极性，吸取其科研积极成果。[④]《中国人民政协协商
会议共同纲领》规定："提倡用科学的历史观点，研究和解释历史、经
济、政治、文化及国际事务，奖励优秀的人文社会科学著作。"1956年，
毛主席提出"百花齐放、百家争鸣"这一发展和繁荣我国文化工作的
基本方针。同年5月26日，中央宣传部部长陆定一在《百花齐放，百
家争鸣》的讲话中对这一方针做了进一步的阐释，他解释共产党主张的
"双百"方针是"提倡在文学艺术工作和科学研究工作中有独立思考的
自由，有辩论的自由，有创作和批评的自由，有发表自己的意见、坚持

---

① 汤茂如：《平民教育运动之使命》，《晨报副刊》1927年1月25日。

② 钱穆：《中国思想史》，香港新亚书院自刊本，1962，第177页。

③ 《鲁迅致徐炳昶》，《鲁迅全集》第三册，人民文学出版社，1981，第24~25页。

④ 李铁映：《伟大的时代　辉煌的成就——新中国人文社会科学50年》，《中国社会科学》
　2000年第1期。

自己的意见和保留自己的意见的自由"。而且他还强调了发展哲学社会科学的重要性，"哲学和社会科学是极重要的科学部门，所以一定要把工作做好"，"应该考虑在哲学和社会科学的研究工作和教育工作中，依照情况，逐步改组力量，改变有些原来是错误的和原来不错误但现在已经过了时的制度和办法，以便动员一切积极因素，发展我国的哲学和社会科学事业"。[①] 在 1956 年 9 月召开的党的八大上，"双百"方针被写入了政治报告中，使其正式成为党发展科学文艺事业的科学指针。

2. 匠人社会声望不断提升

我们考察民国时期、新中国成立初期两个阶段。具体情况如下。

（1）民国时代。从北洋军阀政府到南京国民政府，均延续了清末以来对科学技术的重视，在政府和知识分子群体对科学技术的重视下，从事自然工程科学的知识人地位持续上升，相比于传统社会中匠人的地位，已不可同日而语。民国以来，重视科学（赛先生）在当时成为政府与社会的共识。胡适在 1923 年提出，"这三十年来，有一个名词在国内几乎做到了无上尊严的地位；无论懂与不懂的人，无论守旧和维新的人，都不敢公然对它表示轻视或戏侮的态度。那个名词就是'科学'"。[②] 匠人社会地位的上升在当时的社会风气中有明显的表征，年轻人为了实现富国强兵，不少人选择了学习"实科"。留美学生曾发出呼吁说："中国今日为建设时代，政治须建设，法律须建设，铁路、开矿、实业及一切之事莫非建设问题。故吾人生于今日……不可不注重实用之学。"[③] 吴宓留学美国时，从实科转到文科，即"逆家中父母……戚友亦皆以余之决定为误"；郭沫若也说民国时期的"青少年差不多每一个人都可以

① 《建国以来重要文献选编》第 8 册，中央文献出版社，1994，第 303 页。

② 胡适：《〈科学与人生观〉序》，载《科学与人生观》，黄山书社，2008。

③ 吴霓：《中国人留学史话》，商务印书馆，1997，第 60~61 页。

说是国家主义者，那时的口号是'富国强兵'。稍有志趣的人，谁都想学些实际的学问来把国家强盛起来，因而对文学有一种普遍的厌弃。我自己在这种潮流之下逼着出了乡关，出了国门，虽然有倾向于文艺的素质，却存心要克服它"。①

不少原来学习文科的青年人转向了科学，钱伟长"自然地想到学文史是远水救不了近火，我终于下了弃文学工学理的决心"，在室友殷大钧等人影响下，决定进物理系。"但学物理有什么用？当时并不晓得有原子弹，只是大概知道物理是制造飞机、大炮、坦克等武器的基础。"②于是颇费周折地从中文系转到物理系。化学家王序年少时就"朦胧地树立了'科学救国'的思想，以为科学就是数理化，学化学就能救祖国。于是考进了化学系"。③聂荣臻回忆说"军阀混战造成国家贫困落后，更增强了我对'工业救国'的信念，这是我决定去法国勤工俭学的另一方面的原因，也可以说是最重要的原因"。④

这时候的医师也常常受到世人的羡慕，"你们学医的好，不必去求别人，还要别人来求你，一天坐在家里不必去东钻西钻也有饭吃，无论政治潮流转到什么地方去，你们的行业终不至于受到影响"。⑤而且医生的自我职业认同也明显被强化，"医学的一切设施都是关于人类的健康问题，生命问题，生死问题。其于人类本身的关系当然要比别种职业密切得多，学医者的责任也就比学农、工、商、教育、政治、经济者较为

---

① 郭沫若：《创造十年》，现代书局，1933，第74页。
② 《钱伟长是怎样弃文从理的》，《语文世界》1996年第4期。
③ 中国科学院学部联合办公室编《中国科学院院士自述》，上海教育出版社，1996，第201页。
④ 《聂荣臻回忆录》上册，解放军出版社，1984，第8页。
⑤ 朱季青：《医生与做官》，《医学周刊集》1928年第2卷2期。

大"。① 但是，当时整个社会的观念还未能彻底地转变，1945 年，在周恩来的亲自指导下，在重庆成立的自然科学座谈会的成员起草并通过了发起组织中国科学工作者协会的文件——《组织中国科学工作者协会缘起》，其中提到"大多数同胞还根本不知道科学为何物。其余一部分也很少真正了解科学的性质和重要性以及培植的方法。就一般讲，中国社会中还很缺乏科学的空气。因此中国科学工作者所受的物质待遇是很不足的，所受的精神待遇是很冷漠的，所有的工作环境是很困难的"。②

（2）新中国成立。新中国成立之后，政府延续了对科学技术的重视思路。科学技术重要性凸显，匠人社会地位进一步提升。

首先，国家高度重视科学技术。1949 年 9 月，在中国人民政治协商会议第一届全体会议上通过的《共同纲领》第 43 条规定："努力发展自然科学，以服务于工业农业和国防的建设。奖励科学的发现和发明，普及科学知识。"此外，第 42 条还把"爱科学"规定为国民公德的"五爱"之一。③

1952 年，中共中央《关于编制 1953 年计划及长期计划纲要若干问题的指示》提出，"必须以发展重工业为建设的重点，集中有限的资金和建设力量（特别是地质勘探、设计和施工力量）首先保证重工业和国防工业的基本建设，特别是确保那些对国家起决定作用的、能迅速增强国家工业和国防力量的主要工程的完成"。④1955 年 3 月 31 日，毛泽东在党的全国代表会议上讲："我们进入了这样一个时期，就是我们现在所从事的、所思考的、所钻研的，是钻社会主义工业化，钻社会主义改造，

---

① 　朱季青：《医生与医学·病人及社会》，《医学周刊集》1928 年第 1 卷 1 期。
② 　参见《中国自然辩证法研究历史与现状》，知识出版社，1983。
③ 　《建国以来重要文献选编》第 1 册，中央文献出版社，1992，第 11 页。
④ 　《建国以来重要文献选编》第 3 册，中央文献出版社，1992，第 448 页。

钻现代化的国防，并且开始要钻原子能这样的历史新时期。"[1] 同年周恩来总理也指出："在社会主义时代，比以前任何时代都更加需要充分地提高生产技术，国家需要充分地发挥科学和利用科学知识。"[2]

其次，政府不仅妥善安置自然工程科学工作者，还为他们提供便利的工作条件。新中国成立后，国家妥善接收安置了原国民政府的技术专家。1949年，中共中央在《关于改造旧职员问题给北平市委的指示》中规定："有一些技术较高，能力较好，但因与国民党负责人不和而位置和薪水明显降低的，则应适当地提高其位置和薪水。"[3] 中共中央为确保科学家安心工作，还为其提供科研条件，解除其生活中的后顾之忧。

最后，国家还制定了一系列的奖励措施，鼓励科技创造。[4]1955年，国务院发布了《中国科学院科学奖金暂行条例》，并成立了以郭沫若为主任委员的"中国科学院奖金委员会"，负责科学奖金的申请与评审工作。条例规定："凡中华人民共和国公民的科学研究工作或科学著作，在学术上有重大成就或对国民经济、文化发展上具有重大意义的，不论属于个人或集体的，均可按照本条例的规定授予中国科学院科学奖金。"[5]

分析大历史趋势、规律，我们不难发现，某一大类知识分子群体

---

[1]　薄一波：《若干重大决策与事件的回顾》，中共党史出版社，2008，第352页。

[2]　《建国以来重要文献选编》（第8册），中央文献出版社，1994，第13页。

[3]　李成武：《中华人民共和国人才工作大事记（1949~2004年）》，载潘晨光主编《中国人才发展报告No.2》，社会科学文献出版社，2005，第303页。

[4]　依据《共同纲领》的规定，1950年8月，中央人民政府政务院发布了《政务院关于奖励有关生产的发明、技术改进及合理化建议的决定》，批准了《保障发明权与专利暂行条例》；1954年8月，国务院公布了《有关生产的发明、技术改造及合理化建议的奖励暂行条例》。在此条例中，对奖励的分类、奖励的标准和期限以及奖金的计算和支付办法做了详细规定。相关内容刊登于1954年8月28日的《人民日报》。

[5]　详见《中国科学院科学奖金暂行条例》（一九五五年八月五日国务院全体会议第十七次会议通过）。

的地位崛起，与国家荣辱、国家发展、国家需要密切相关。农业社会时代，造就了士人地位的历史高峰，那是因为士人能够紧密服务国家的社会治理、基层治理进程。1840年以来，西方的坚船利炮敲开了中国的大门，拉开了中国追赶西方的序幕。但是当农业社会被迫向工业社会转型的时候，匠人地位则迎来了巨大的跃升，达到了全社会尊崇的程度。1949年新中国成立之后，党和国家领导人高度重视提升匠人的工资收入、经济待遇、社会地位。即使在"文革"时期，国家依旧对自然工程科学界大力支持，保证了各项科研工作的开展，取得了诸多重大成果。同时在社会上，一直流传着一句话："学会数理化，走遍天下都不怕。"科学家被尊崇的社会趋势一直不减。

新中国成立之后，党和政府也一直在努力提升士人的地位，从各方面关怀他们的生活、收入、待遇，提升他们的地位。尤其是改革开放之后，国家恢复了知识分子作为工人阶级的属性定位，对于人文社科的知识分子是重大的政策利好。但是，在全社会尊崇科学的大氛围之下，士人地位的提升，受到很大的限制。笔者认为，这是暂时的现象，国家与社会的发展，最终将会形成一种均衡的态势。士人和匠人作为知识探索者，二者应该处于同一个水平线，在历史的长河中，这种理想状态却从未出现过。而改善这一局面的根本就在于给予知识的探索者相同的地位和待遇。所以，从这一角度出发，士人在地位与待遇方面仍旧有较大的提升空间，由于历史发展过程中的时序性所产生的路径依赖效应，其改善非一日之功。这就需要国家与社会力量共同推动，形成合力，士人的地位才会"更上一层楼"。

但是，我们也应该避免走向极端。共产党领导的社会主义中国，正在努力建设一个富强、民主、文明、和谐的社会主义现代化强国。这是一个开放包容、充满活力的社会，也是各类人才能够充分发挥聪明才智、参与国家建设的时代契机。笔者认为，一个健康、开放、多元的社会，是不可能单独依赖科学技术，或者是人文社科的。这样的社会，必然需要各方面的优秀人才，包括从事多种学科的专业知识分子。因此，农业社会士人的黄金时代，必将一去不复返，而士人的地位将在新时代实现重塑。对此，我们应有清晰的认知，要具备一种大历史视野。

第六章

分久必合：一体两翼与重回"百家争鸣"

在本书的最后部分，我们从宏大的历史中，做一些思考。我们应秉承多元、均衡的视角，去审视历史上的"士人—匠人"不均衡、非稳态现象的社会历史原因。总体上本书认为，历史中的匠人待遇过度低于士人、士人待遇长期高于匠人现象，是不健康的，不利于调动多学科、跨学科的知识力量参与国家治理、社会建设、基层治理。国家建设与社会发展，应树立"大人才观"。

一 士人与匠人的历史境遇演变

（一）传统社会士人优势与匠人边缘化的历史根源

在这里，我们探讨这一现象（匠人待遇过度低于士人、士人待遇长期高于匠人）何以在相应的历史阶段长期存在？其内在自我强化机制是什么？基于"国家—社会"理论传统，笔者引入了一个中间机制，即"知识"可以理解为两大类的知识分子（士人、匠人），也可以理解为社会成员的两种学习、职业方向的选择。笔者提出一种"国家—知识—社会"三角联动、互相强化锁定的社会历史逻辑。在特定技术水平之下，社会模态具有稳健性，从农业社会到工业社会、信息社会、智能社会，均是如此。在特定的社会发展阶段，国家（政权）对社会的管理与治理的需要，具有第一性。但是特定的社会发展阶段，具有特定的模态与特征，也对应着社会管理与治理的方式与方法。因此，国家从社会（民间）的知识分子中选择精英分子治理社会。社会（政权）是国家治理的对象，但既然知识（分子）来自社会，国家（政权）也只是嵌入社会的子系统。国家管理、社会治理模式，也必然受到社会有机体的整体性约束。我们尝试用此视角，分析农业时代的士人长期占据优势、垄断地位的社会与历史形成逻辑。

1. 农业社会特征：分工不充分下的机械团结

传统农业社会的社会分工不够充分，职业类别也不够多元化。主要经济生产方式就是自给自足的小农经济，社会形态呈现出一种涂尔干所说的"机械团结"，个体似乎不依赖他人就能够维持自身的生存。在这种情况下，社会整合的系统性生产、制度性维持，依赖一种集体欢腾，一种集体情感，从而实现将所有个体整合到整个社会中。一旦个体有破坏这种集体意识的行为，就会遭到整个社会的排斥和打压，以维持集体意识整合社会的有效性。在农业社会，士人群体就是集体意识的生产者和制造者。他们起源于原始社会中的巫师和祭师，依赖知识与道德意象的结合，生产一种集体意识，将所有人团结在一起，实现社会的持续性运行。掌握了集体意识生产者的士人就成为社会中的权威性载体，也掌握了关于世界、社会、生活、文化、艺术的话语权。

而在传统农业社会，匠人群体则很难发挥这样的作用。作为技术载体，他们的技术性知识（农业知识、水利知识等）虽然有助于生产力的提升，能够提高物质财富生产的效率。但对统治者而言，匠人能够发挥的作用，从整体上来说，对社会秩序的维护和持续性生产并不具有决定性的效力。甚而，在一些情况下会破坏原有的社会传统秩序，即便他们改良，或者发明了某种技术，推动了社会生产力的发展，但是在农业社会中缺乏技术知识发挥自身效能的社会条件和社会观念，无法从根本上撬动社会的结构，也必然无法改变自身的群体地位。

2. 历代王朝统治与社会秩序的需要

秦朝的建立，标志着国家权力从先秦时期的权力分治走向权力集中。秦汉大一统之后，过去的贵族政权统治秩序已经远去，不占据主流。历代王朝政权需要知识为政权建立一种新的统治秩序，构建一种意识形态维护政权合法性。哲学社会科学方面的知识，与王朝政权统治者的需求具有内在契合性。在这些学说中，尤其是儒家学说，获得历代统治者的青睐。汉代之后，儒家学说成为汉朝唯一认可的官定学说。除了法家，其他流派的知识都被统治者所排斥。致力于自然工程科学知识的墨家，更是在此后彻底消失在历史长河中。汉代之后的哲学社会科学知识分子，主要是儒家、法家。这个现象被总结为 "外儒内法"，也有学者称为 "儒法国家"。① 与政治权力实现了耦合之后，人文社科知识分子通过制度性建设（科举制度），将学校传授的知识限定在哲学社会科学范围内，通过国家权力不断强化士人的政治地位、社会地位与经济地位，从而塑造一种支配文化，农民、匠人和商人等其他的阶层只能屈服于这种支配结构，反抗只会导致主流文化的排斥，加剧自身的边缘地位。所以，士人的社会地位在传统社会中得以不断再生产。

除了制度性形式，士人群体为了维护其集团利益，也会刻意联合起来打压匠人，如声称 "君子不器" 等，将技术视为 "末技" "奇技淫巧"。通过思想意识的再生产机制，贬低自然工程科学，消除自然工程知识分子的自我认同，导致这一群体的价值失落。最终在社会层面，原本可以成为科技发明精英的学生、学子不断地被科举制度所吸附，实现

---

① 赵鼎新、巨桐:《〈儒法国家〉与基于理想类型集的理论构建》,《开放时代》2019 年第 4 期。

了自然科学的社科化与科技精英的逆淘汰。自然工程科学中，只有天文学、水利、农学等为统治者需要的知识，才受到必要的、基本的重视。但是，这些方面的从事者，依旧是掌握了人文科学知识的士人群体。所以，在王朝统治者依赖士人群体为其提供政权合法性、建立统治秩序的背景下，匠人群体被轻视甚至无视都成为一种普遍性、系统性现象。匠人在很长历史时期内，长期被要求世代沿袭，不得随意更改职业，限制他们的社会流动，所以，作为被剥夺了话语权的匠人依靠自身无法改变阶层属性。倚重士人治国的统治者，对此现象是了解的，但是没有动力去改变此局面。

3. 人文取向与社会价值固化

中国古代社会一直重视社会规范和社会秩序。这一文化传统导致中国的知识群体致力于哲学社会科学方面的研究和知识生产，对于社会秩序之外的自然科学知识缺乏兴趣。李约瑟曾指出："中国文化从未真正试图把自然科学看成是人类认识世界的唯一工具。由于一种并非建立于超自然约束力的伦理学体系，已在两千年来中国社会里占有完全的统治地位，这就使这种情况更为如此，因此知识界的女皇是历史学，而不是神学，也不是物理学。这种道德的统治，完全由当今的口号'政治统帅一切'所体现。"[①] 金耀基也曾说："中国人对于学问与道德最为尊敬，所谓'尊德性，道学问'即学者之最要功夫，普通人亦以'道德文章'来衡定一个人的价值，君子也者，实即具备此者之人。"[②] 古代社会的学问，主要是指代经学和诗赋，尤其是儒家经典，"经史子集"四大类中仅有少量的医学知识。所以，在这种观念取向下，在哲学社会科学知识

---

① 潘吉星主编《李约瑟文集》，辽宁科学技术出版社，1986，第322页。

② 金耀基：《从传统到现代》，广州文化出版社，1989，第17页。

处于垄断地位的过程中，造就了中国人对人文知识的追求，对自然科学知识的摒弃，导致中国科学技术方面的著作缺乏系统性传承，呈现碎片化状态、断裂性发展。这种对人文知识的社会价值的认识体现在中国的官方话语形态中，在中国历代的官方史书记载中，事迹的主体都是帝王将相，其中一大部分都是哲学社会科学知识的习得者，而作为科学技术载体的工匠却只有只言片语，散落在历史的缝隙里。再者，社会中留给知识群体的上升途径只有一条科举道路，而这条道路也只能通过学习人文知识才能进入。虽然自明朝起出现了匠人凭借技术入仕的现象，但是在整个中国古代社会仍旧属于一种突变的特殊现象，不具有持续性。所以，通过科举做官即 "学而优则仕" 成为民间第一追求，科学发明都是末流，没有政治与历史地位，不能居庙堂之高。作为特例，水利学家李冰，官职也就是太守。科举制度扼杀了人们对自然规律探索的兴趣，聪明才智被束缚在儒家学说与名利场上，从而形成了整个社会的价值取向，自然导致匠人群体社会地位低下，士人群体成为道德和知识的代表，符合统治者、整个社会的心理期待。

4. 农业社会的功能需求

中国传统社会一直是农业社会，统治者历来强调农业的基础性地位。在漫长的农业社会时期，对于统治者关注的秩序问题，儒家给出的方案是重视农业，即把主要的人口附着在土地、农业生产上。在农业社会，田亩是核心的身份、地位与财富定义的标的物。"据赖德菲尔德在研究一般农业社会中指出：人们对于在土地上工作视为一种德性，并以农耕是一具有 '尊严' 之生活。"[1] 海根则指出在任何 "传统的农业社会中，最高之身份即为依赖于土地而生之地位，土地之拥有变成一深刻的

---

[1]　转引自金耀基《从传统到现代》，中国人民大学出版社，1999，第16页。

情绪上重要的价值"。① 在中国许多价值观念（如多子多孙）皆从农业性而来，而一个人在社会上地位之高低与拥田的亩数常具有正比的关系。统治者为了维护农业的根本性地位，需要确保每年有大量的社会人口从事农业生产。因此制定了各种政策措施限制商人的社会地位，限制工商业的发展。自秦汉时期，"重农抑商"就是中国社会的整体共识，尤其是统治者及士人阶层都多次强调农业生产的重要性，将其建构成为官府的权威性话语，通过制度化的话语实践，将其内化为整个社会的集体无意识。统治阶层认为工商业的发展会导致农民弃本逐末，放弃农业生产，进而动摇农业的根基。此类观念在史籍中比比皆是。所以，在一个农业社会中，发展农业经济的功能性要求，就决定了统治者不会推动工商业的发展，缺少应用市场，匠人也就无用武之地。匠人的市场规模，仅限于对农业社会的必要性维系，被压缩在一个特定、狭小的发展空间。

（二）近代以来匠人崛起与士人挑战的现代动因

从秦汉到明清的两千一百多年中，在绝大部分时间里士人群体在政治权力、经济分配、社会地位等方面，牢牢占据垄断地位。匠人群体受到冷落，生存空间被长期、严重挤压。但是近现代以来，传统农业国家与西方工业社会对抗中败下阵来。历史迎来了大转折，匠人群体开始崛起，在政治权力、经济分配、社会地位、奖励荣誉等方面全面占优，这种局面一直持续到现在。这种大变革的历史逻辑如下。

1. 国家战略需求的现代性转移

1840 年之前，国家的需求主要是维持国内社会秩序，因此使用道德、文化、家族等方式统治民众、治理社会。但 1840 年之后，国家政

---

① E. E. Hagen, *On the Theory of Social Change*（Homewood, Illinois., Dorsey Press），1962. pp. 77–78.

权遇到外在侵略，面临"亡国灭种"的生存危机。为了维持政权的安全和存续，清政府突破了传统的意识形态限制，通过废除科举制，设立新学堂等自上而下的改革路径，重视发展自然工程科学，推动商业发展，自然科学的重要性逐渐被全社会认可。1937 年日本全面侵华，中国将科学技术提升到救国图存的高度，科学成为全民族共识。

1949 年新中国成立，出于国家安全、国防安全的需要，党中央审时度势，确立了优先发展重工业与国防装备产业的基本国策。国家尤其重视科学技术的发展，自然科学工作者因此受到保护和优待。即便在"文革"期间，知识分子仍旧得到了国家领导人的特殊关怀、照顾，提供科研条件、保护他们免受冲击。改革开放之后，中国共产党确立了"以经济建设为中心"的发展战略，进一步提升了自然科学工作者的地位。自然工程科学能够通过技术的创新发展，带动整个国家的工业化，推动经济社会的快速发展，哲学社会科学知识在经济建设中的作用相对没有那么显性，"这样一来，科技知识与政治权力的关系就取代了人文知识与它的关系，相应地，科技精英也一跃而成为知识分子精英结构的中心，并大规模地入主从中央到地方的各级领导岗位，成为新的政治精英或政治精英的技术顾问"。[①] 所以，不同类型的知识群体，随着国家政权建设的需要，呈现出此消彼长的变迁过程，必然伴随士人、匠人群体的境遇沉浮。

2. 社会工业化的功能需求转变

进入近代社会之后，中国由农业社会转向工业社会。尤其是新中国成立后，国家制定了工业强国发展战略，需要大量的科学技术人才。为了早日实现工业化，国家制定了各类政策激励科学技术的创新，促使科

---

① 　陶东风：《知识分子与社会转型》，河南大学出版社，2004，第 275 页。

技知识分子地位在社会中的不断提升。随着工业技术在社会发展中发挥的影响越来越大，工业已经取代农业成为中国经济的新支柱。随着我国社会主义市场经济地位的确立，与经济活动无关的知识受到冷遇，能够与经济、产业、科技"结盟"的知识就是科学知识，就是"显学"。在此背景下，人文学科从业者，他们在市场经济下所获得的报酬与许多其他职业相比，相对偏低。而且传统社会中笼罩在人文知识上的荣耀也不复存在，造成了人文知识分子在文化、心理和物质上的多重被边缘化。总体而言，社会有机体的发展需求，也是士人和匠人地位、两个子群体相对位势的基础性考量因素。

3. 现代社会的有机团结需要理性化

在现代社会，社会分工更精细，专业化程度更高。社会的有效整合依赖劳动分工造成的"有机团结"，不断发展的社会分工让每个人都被整合到整个社会中，相比传统社会，人们现在的生活和生产需要更多的彼此依赖，传统社会中自给自足的经济形式一去不复返，故而，与传统社会契合的集体意识退居其次，不再发挥唯一的整合功能。现代社会中，社会秩序的维护依靠的是社会组织，科学理性地不断发展推动社会组织技术的精确化、普遍化和有效性，个体从家庭中剥离，进入到不同的社会组织中，而社会组织更多的是一种生产机器，需要输出更多的效率，体现的是一种科学理性，而非集体情感。虽然个体可以在不同的社会组织中不断地流动，但是在整个社会布满社会组织的情况下，人无处可逃。所以，现代社会中的科学理性取代了过去的集体意识成为新的社会整体工具，匠人也就同它的同类士人一样，顺利地掌控了社会的话语权。

4. 社会价值观念的科学理性转向

随着科技知识分子地位在国家政权中不断凸显，社会观念也发生了转变，尤其改革开放以来，自然工程科学知识分子通过技术创新，不断引领中国科技发展，持续打破了西方对科学技术的垄断，成为中国"落后"耻辱史洗刷者，是民族复兴的最有力的奠基人，为"挺起民族脊梁"提供了强大的心理"正能量"，提升了个体、民族的自豪感，也持续提升了国家的安全感。国家在政治安排、经济待遇、社会地位等方面给予这一群体巨大的关怀、支持、荣耀。在社会场域，自然引发了对科技知识分子的崇拜和向往，吸引大量人才进入到自然工程科学领域。随着我国经济体制的转型，在市场经济中，自然工程科学知识能够发挥更大的作用，获得更好的工作职位，获得更高的收入、更大的发展前景。

二 从割裂到统一：知识领域的新篇章

（一）知识的割裂及其危害

知识群体社会地位的浮沉背后折射出两类知识体系的不同境遇，从大历史视角来看，国家应采取均衡发展的思路，不应长期偏重士人或匠人一方，这会导致系统性的危害，二者需要有机统一。

1. 社会的物质主义与思想道德滑坡

自人类进入工业社会，物质财富的生产能力极大增强。哲学社会科学长期发展缓慢，必将导致精神财富的生产能力弱化。物质主义、消费主义大行其道，会导致部分民众精神状态空虚，个体生存与社会生活的意义基础被消解。如果"谈房子、谈车子、比存款"成为常态，社会风气物质化严重，将出现严重的价值观危机。但如果价值观失落，国民会出现找不到思想标杆与指导性原则，思想道德与社会心理长期得不到升华与洗涤的情况。如新的道德价值观无法随着社会转型过程同步建设，社会民众将缺乏人文精神的滋养，缺少审美情感、道德理想和终极关怀等文化价值，在实现人的自由全面发展方面也将面临不小的障碍。

2. 缺乏文化自信与历史归属感

哲学社会科学的优势是思考主观性、主体性问题，为全社会生产精神财富。哲学社会科学发展滞后，会导致中国人对传统文化缺乏认知和了解。人是主体性的基本单位，群体、社会、文化是主体际互动的场域和涌现。士人的式微、人文社科的萎缩、断裂，都会使得社会元素（个体）主体性丧失和弱化，最终导致在宏观层面的社会和文化的弱化和式微。外在表现之一是历史层面的自信心、自豪感的缺乏。历史学不仅要研究过去，还要"古为今用"，从过去的历史经验中找到提升个体、组织、社会自豪感的现实解决方案。对传统中国道路缺乏了解，必然导致缺乏文化自信与历史自豪感。同时，在美国等西方国家极力宣扬"美国梦""西方民主"的当下，更容易陷入一种自我怀疑，片面相信海外"美好"，甚至"耻为国人"。这本质上与当前哲学社会科学发展不完善、不充分密切相关。近年来，社会上兴起了"汉服热""诗词热"等优秀传统文化热潮，参与者以年轻人为主。这也应是哲学社会科学大力研究的方向，以激扬整个中华民族的历史传统、精神风貌、文化水平、社会发展潜力。

（二）从割裂走向统一

士人与匠人境遇的三千年兴衰沉浮，提供很多来自大历史的启示。最核心者，知识群体的社会地位取决于国家政权需求与不同的知识体系的相互作用。在不同的历史时期，国家政权的需求不同，对知识体系带来的效应和功能要求不同，二者的相互作用共同塑造了不同知识体系中知识分子的社会境遇。

1. 先秦时期：士人与匠人界限模糊

先秦时期，尤其是战国时期，固有的社会结构逐步解体，导致了士人从贵族体系中分离，并依附于君王和贵族，整体上并非精英阶层。而且，这一时期的文献中，以士命名的称谓可达上百种，说明了士人群体的复杂性和多元性。也正是在这一时期，"士"实现了从等级到阶层的转变，士本是等级秩序中的一环，但是在社会剧烈的变动中，士人突破了等级制的限制，通过自身努力，实现了上下自由流动，导致这一群体的多元性，使其成为一种社会阶层的统称。而且这一时期儒家学说并未成为统治阶层的御用学说，孔子本人也不轻视各类凭手艺吃饭的人，他说："富而可求也，虽执鞭之士，吾亦为之。如不可求，从吾所好。"（《论语·述而篇》）可见，这一时期士人与匠人之间并未呈现出等级差别。同时，这一时期，工匠的社会地位并不低，《礼记·王制》云："凡执技以事上者，祝、史、射、御、医、卜及百工。凡执技以事上者，不贰事，不移官，出乡不与士齿。"可见，这一时期，工匠凭借其自身的专业技能，能够享有一定的政治地位。而且，先秦时期国家之间的战争非常频繁，而战争中技术的先进与落后往往成为决定战争胜负的关键要素，所以，各个国家为了在战争中占据有利地位，往往对工匠群体非常重视。故而，这一时期的匠人群体能够具有一定的社会地位。

2. 秦汉到明清：匠人是士人的兼职和延伸

在漫长的农业社会时期，国家管理者（统治阶级）奉行实用主义——管用的就支持，不管用的则不用。以儒家学说为主体的哲学社会科学，用礼仪与秩序教化民众以尊卑有序，从家庭秩序（社会细胞）出发实现社会秩序与稳定，得到君主帝王的长期大力支持。士人自然就成为"四民之首"。从个体出发，儒家构建了完善的指导个体、家庭、工作、社会、国家等各层面行为的理论与规则体系，例如"修身、齐家、治国、平天下"之说。但需要指出的是，"不用"并不是消灭。统治者知道，为了维持社会正常运行，以及社会有机体向其政权持续地提供兵、马、钱、粮，因此，自然与工程方面的知识，也是统治者所需要的，统治者对此有清晰的认知。举一个极端的例子，就是史书记载的秦始皇"焚书坑儒"事件。其真实性并不可靠，但即使如其所言，也清楚记载着农书、医术（不涉及意识形态）不在焚烧、销毁之列。如《史记·秦始皇本纪》，"所不去者，医药卜筮种树之书。"由此可见，对政权统治和农业生产有用的数学、天文历法、农桑技术、水利灌溉等方面获得了自发的发展。当然，此类知识的从业者，仍旧是从士人群体之中零星、部分、自发地转化而来，例如宋代的儒医群体。因此，除了士人和匠人二分法，我们还可以更进一步地得出一个更新的结论：匠人和士人是知识群体在两个导向的分类，士人是本职，匠人是士人的兼职性选择。先秦的墨家、宋代的儒医，都是历史上较早的具有跨学科特征的研究者、从业者、先行者。因此在这一时期，士人与匠人也是一体的，都是社会的知识分子群体，只不过选择匠人的权重极低。

3. 近现代以来：士人与匠人协力救亡图存

1840 年之后，来自海上的西方先进科学技术、坚船利炮，对落后的农业帝国形成沉重打击。晚清时期，西方列强入侵，使清政权统治不再稳固，国家风雨飘摇。1912 年到 1928 年，中国进入军阀混战、争夺最高领导权的北洋政府时期，知识分子（包括士人和匠人）有了共同扮演历史角色、发挥历史作用的机会和舞台，士人和匠人都在为追求国家统一、谋划民族未来而奋斗。1928 年到 1949 年，中国进入国民党统治时期。日本的侵略，使得中国面临"亡国灭种"的巨大威胁。各类物理人才、化学人才、卫生人才、工程技术人才、财经管理人才、统计人才等，不分学科地全部投入对抗日侵略者的历史进程之中。士人和匠人，都有着不可替代的巨大作用。回顾史料可以发现，为了救亡图存、应对"三千年未有之大变局"，大量的社会青年学生毅然选择自然与工程科学知识，立志成为匠人。与此同时，大量的士人转而选择成为匠人，从事工程师和实业等匠人的职业。同时，也有大量的士人在坚守，如章太炎、梁漱溟、钱穆等。[①]他们坚持认为，不论时局如何变化，国家与社会治理都需要首先解决"人心的治理"问题，并为国民、民族、社会提供价值观、文化价值、情绪价值，为个体、国家提供价值方面的精神财富。由此可见，士人与匠人实际上是可以互相转换的。

4. 士人与匠人具有内在精神的统一性

士人、匠人精神具有统一性，在先秦时期、秦汉到明清时期，都存在历史资料与案例的支持。在近现代时期，士人和匠人不仅是可以互相转换，甚至是可以在相同的历史时期下互相协作，共同为国家存续、民族大义和社会福祉，发奋读书、努力钻研、精益求精。如19世纪六七十年代的冯桂芬、王韬、薛福成等人，既积极倡导学习西方的科学技术，同时也坚持中国传统文化中的明道救世思想。而正是这一群体的倡导，影响了如曾国藩、左宗棠等传统知识群体，推动了"洋务运动"，使得不少匠人群体（徐寿、徐建寅父子）获得了重用。[②]这是什么精神？这是匠人、士人共同体现出来的精神内核、价值追求，即"为天地立心，为生民立命，为往圣继绝学，为万世开太平"。这种价值追求和治学理念，已经超越了某一学科的范畴，而是古往今来所有知识分子的整体性特质，是中国知识分子不变的风骨。

---

① 何晓明:《知识分子与中国现代化》，东方出版中心，2007，第74页；郑大华、邹小站主编《思想家与近代中国思想》，社会科学文献出版社，2005，第110~111页。

② 何晓明:《知识分子与中国现代化》，东方出版中心，2007，第72~73页。

三　一体两翼：平衡发展的知识生态

分析从古到今的历史资料发现，士人与匠人的所谓区隔、分立，实际上是一个伪命题。基于"国家—知识—社会"框架，士人与匠人在特定时代的分布，实际上是知识分子这一整体在两类知识方向上的选择。这种选择既受到国家（政权）需求的牵引，又被更深层次的社会发展阶段、社会有机体特征所决定。

（一）新中国成立：优先使用匠人的战略布局

新中国成立以来，国家按照战略层面的轻重缓急，发挥着匠人和士人的建设性作用。初期，国家迫切需要在短时间内实现工业化。因此，制定了一系列科学技术、重大工程方面的政策与规划，集中力量先发展自然与工程科学，取得了巨大的战略成功。推动了国家的工业化进程，并维护了国家安全，为后来的改革开放奠定了坚实的基础，创造了和平发展环境。在社会上，各界人士也对科学知识极尽推崇。邓小平认为"科学技术是第一生产力"，科学技术成为发展社会生产力、提升人民生活水平、增强国家综合实力、提升国际影响力、体现社会主义优越性的重大依托。截至目前，我国在自然工程科学方面的成就斐然。2013 年 1月 1 日至 2023 年 10 月 31 日 ESI 数据库显示，中国论文被引量和高引量均位居世界第二位，仅次于美国；[1]2023 年自然指数榜单中，中国科学院在全球科研机构综合排名中高居榜首，贡献份额是排名第二的美国哈佛大学的两倍。中国科学院在化学、物理科学、地球与环境科学三个

---

① 广东高等教育学会：《2024 年 1 月中国内地高校 ESI 排名情况》，https://gdgjxh.org.cn/details/3487.html，最后访问日期：2024 年 7 月 18 日。

学科领域继续排名全球第一，生命科学领域排名第二。[①] 依据世界知识产权组织数据，2021 年中国专利申请量居全球第一，为 159 万件，在全球的占比为 46.6%，是美国两倍多。2021 年中国拥有的有效专利数量达到 360 万件，超过美国成为有效专利数量最多的区域。[②]

（二）新形势下：匠人士人均衡发展时机已到

在新形势下，我国面临"百年未有之大变局"。在国家发展战略方面，依旧是以经济建设为中心，但是也需要在文化方面实现复兴。为此应从下面两个方面着手。

一方面，继续依靠匠人生产物质财富。

过去以资源大规模投入为特点的粗放式发展方式所具有的弊端更加凸显，为了保证我国经济发展方式顺利转型，就必须从科技创新中寻找新方法、新路径，以高水平科技自立自强为社会经济发展提供强大支撑。为了确保我国经济社会的高质量发展，习近平总书记也提出了加快发展新质生产力的要求。要求在新时期，必须依赖技术的革命性突破，只有通过科技创新催生新产业、新模式、新动能，才能实现新质生产力的发展。这就要求我们必须加强科技创新特别是原创性、颠覆性科技创新，实现高水平科技的发展和突破，推动我国产业化的更新迭代。所以，在我国经济建设过程中，不论是实现传统经济发展模式的转变，还是建构新质生产力、深化科技创新的过程，都必须继续依赖"匠人"智慧，调动其积极性。只有充分发挥匠人群体在科学技术领域的核心作

---

① 《中国科研超美欧跻身科学超级大国》，https://www.takungpao.com/news/232108/2024/0623/984041.html，最后访问日期：2024 年 7 月 18 日。

② 中国科学院战略咨询研究院：《世界知识产权指标 2022》，http://www.casisd.cn/zkcg/ydkb/kjzcyzxkb/2023/zczxkb202301/202304/t20230403_6726411.html，最后访问日期：2024 年 7 月 18 日。

用，才可能实现我国科学技术的不断突破。目前，我国在诸多领域实现了科技突破，并带动了产业发展。国产 C919 大飞机已经成功实现商飞，国产大型邮轮逐步投入运营，神舟家族太空接力，"奋斗者"号极限深潜，新能源汽车、锂电池、光伏产品扬帆出海……可以说，我国当前社会的科技日新月异，创新层出不穷，为发展新质生产力、推动高质量发展注入了澎湃动力。但我们可以看到，发展新质生产力，科技创新依旧任重道远，还有不少难关险隘需要攻克。尤其是在我国快速发展的过程中，一些领域关键核心技术受制于人的局面尚未根本改变。扭转我国面临的技术"卡脖子"困境，需要依赖我国的科学家和工程技术人员等大量的"匠人"群体通过不懈的努力去不断攻坚克难，实现我国科技产业的全面升级。故而，在当前国家需求的驱动下，"匠人"群体的科技产出不仅对我国整体的经济发展具有重要作用，而且对我国实现伟大民族复兴同样具有关键作用。所以，他们的学科地位得以不断提升，在社会层面也更加受到推崇和重视。

另一方面，迫切需要士人生产精神财富。

随着新兴技术的发展和普及，文化交流的形式和方式日趋多元化。与此同时，人类文明方面的竞争也呈现复杂、激烈态势。国家必须不断筑牢文化根基，坚定文化自信，为公民个体、全体国民提供能够带来自豪感、归属感、获得感的精神文化产品。应强调文化建设的突出位置，通过文化建设对内引领社会发展，对外传播中国声音、塑造中国形象。在资源与财力相对贫乏的阶段（1949—1979 年），需要制定优先发展方向，集中资源与精力做大事。优先发展自然工程科学、重视匠人群体，具有历史合理性。但长期来看，需要均衡发展。当国家安全（国家安全、核武器、装备国防）与温饱生存（农业科学等）问题先后得到解决之后，应及时进行战略调整。"仓廪实而知礼仪"，当前物质财富不断丰富，但精神文化却没有实现匹配性丰富，国家亟须为全民提供精神文化产品，重点解决我国当前的"文化堕距"问题。当前，社会原子主义、物质主义、（伪）精致主义等思想泛滥，导致了社会思想的物化和人文精神的萎缩，甚至出现了虚无主义。国家需要回答民众"我们是谁""我们到哪里去"等深层次精神诉求。习近平总书记指出："一个民族、一个国家，必须知道自己是谁，是从哪里来的，要到哪里去，想明白了、想对了，就要坚定不移朝着目标前进。"

同时，自然工程科学一家独大所造成的技术理性统治在西方国家已经造成了种种危害，而且士人的落寞和哲学社会科学的长期冷遇不仅对于整个社会的健康发展是不利的，更容易造成整个民族文化传统的失落。哲学社会科学带来的民族精神和文化繁荣既是民族复兴的必要条件，也是实现共产主义的应有之义。在这个过程中，需要我国的哲学社会科学等领域的"士人"群体在中华文明的基础上，广泛吸收其他文化的优秀因子，融会贯通，以中国式现代化推动中华文明重焕荣光。当前国家应当着力发展哲学社会科学，改善其学科地位，提升其在国家发展战略中的地位，继物质财富生产大胜仗之后，再打一场精神财富生产的大胜仗。唯其如此，才能切实提高国民精神文化素养与民族自豪感，才能更好地体现社会主义制度的优越性。"两个一百年"实现伟大复兴，这是一次全面的复兴，不仅是物质层面的，更是精神层面的。

四　再燃"百家争鸣"：多元思想的新时代

2021年7月1日，习近平总书记在庆祝中国共产党成立100周年大会上的重要讲话中明确提出"两个结合"理论，即将马克思主义基本原理同中国具体实际相结合、同中华优秀传统文化相结合。作为"第二个结合"，坚持将马克思主义同中华优秀传统文化相结合，是解决民族文化复兴、提升民族文化自信的关键举措。习近平总书记指出："'第二个结合'，是我们党对马克思主义中国化时代化历史经验的深刻总结，是对中华文明发展规律的深刻把握，表明我们党对中国道路、理论、制度的认识达到了新高度，表明我们党的历史自信、文化自信达到了新高度，表明我们党在传承中华优秀传统文化中推进文化创新的自觉性达到了新高度。"2023 年 6 月 2 日，习近平总书记在北京出席文化传承发展座谈会并发表重要讲话，再次强调："只有全面深入了解中华文明的历史，才能更有效地推动中华优秀传统文化创造性转化、创新性发展，更有力地推进中国特色社会主义文化建设，建设中华民族现代文明。"①

　　习近平总书记在 2016 年发表的《在哲学社会科学工作座谈会上的讲话》指出："哲学社会科学是人们认识世界、改造世界的重要工具，是推动历史发展和社会进步的重要力量，其发展水平反映了一个民族的思维能力、精神品格、文明素质，体现了一个国家的综合国力和国际竞争力。一个国家的发展水平，既取决于自然科学发展水平，也取决于哲学社会科学发展水平。一个没有发达的自然科学的国家不可能走在世界前列，一个没有繁荣的哲学社会科学的国家也不可能走在世界前列。坚持和发展中国特色社会主义，需要不断在实践和理论上进行探索、用发展着的理论指导发展着的实践。在这个过程中，哲学社会科学具有不可替

---

① 《习近平：在文化传承发展座谈会上的讲话》，最后访问日期：2024 年 7 月 10 日，https://www.gov.cn/yaowen/liebiao/202308/content_6901250.htm。

代的重要地位，哲学社会科学工作者具有不可替代的重要作用。"①

在新时代，国家需要培养大量的 "新匠人" 生产物质财富，也需要培养大量的 "新士人" 生产精神财富。"百家争鸣" 的新时代必将到来。届时，学科的交融、交叉、融合成为常态，大量的跨学科通才必将涌现。

（一）发展趋势：学科的交叉与智慧的融合

学科的交叉、知识的融合发展，成为最新的趋势，也为培养新时代的知识分子指明了方向。国家需要超前布局，培养具有跨自然—社会视野的通用人才。这样的通用人才在古代是零星的、个体的、自发的。在现代社会，有了学术共同体，可以推动跨学科通用人才的有组织、自组织成长。基于一段时间的学术界自主发展，国家有关部门可以通过制度性设计和安排，培养跨学科的通用人才。

从历史上来看，科学知识与人文知识并非彼此悬隔。在文明发展的早期，科学知识与神话、宗教等人文领域往往相互交错。春秋战国时期的儒家、法家、墨家、名家等学术流派既发展了人文知识，也推进了自然科学知识的拓展。而在当前知识的现实形态上，科学知识与人文知识也是密不可分，完全剔除人文内容的科学知识并不存在，语言作为思想的载体，总是包含着人文的意蕴。而且科学知识本身合法性的建立就基于以叙事的方式呈现的人文知识。当代法国哲学家利奥塔已指出了这一点："在实证主义出现以前，科学知识一直在寻找另一种解决合法性问题的方式。值得注意的是，长期以来，科学在解决这一问

---

① 《习近平：在哲学社会科学工作座谈会上的讲话（全文）》，最后访问日期：2024 年 7 月 10 日，http://politics.people.com.cn/n1/2016/0518/c1024-28361421.html。

题时所借用的程序，直接或间接地都属于叙事知识。"① 而完全排除科学影响的人文知识也只是一种理想形态。科学的思维方式和科学知识不仅体现在社会科学的研究中，而且即便在文学作品中也多有体现。我国著名的科幻作品《三体》《流浪地球》等，都包含了丰富、深刻的科技性元素。

1959 年 C.P. 斯诺在一次关于"两种文化"的演讲中就要求改变两种互不相通的文化之间存在的鸿沟，他呼吁科学家与人文学家积极地交流和沟通，改变两种文化的隔离。② 龚育之先生也指出："在强调弘扬科学精神的同时，也应该强调人文精神，尤其应该致力于科学精神和人文精神的相互结合、相互促进。……我们提倡的科学精神应该是有高度人文关怀的科学精神，我们提倡的人文精神应该是有现代科学意识的人文精神。"③ 从哲学社会科学角度，应在发展传统领地的基础上，开辟新领地，与自然工程学科融合发展，培养"匠人和士人的综合体"。教育部较早启动了相关战略，布局交叉学科人才培养。

2018 年，教育部开始推动新文科建设，实施"六卓越一拔尖"计划 2.0"四新"学科（新工科、新医科、新农科、新文科）。其中的基础学科拔尖学生培养计划，在原先数学、物理学等基础上，首次增加了心理学、哲学、中国语言文学、历史学等人文学科，并明确表述为"新文科"。2020 年 11 月 3 日，教育部发布了《新文科建设宣言》，明确中心任务是"构建世界水平、中国特色的文科人才培养体系"。高校纷纷响应，从不同维度进行了创新与探索。北京大学设置了中国学、数据

---

① J. Lyotard, *The Postmodern Condition: A Report on Knowledge*,（Manchester University Press, 1984）p.27.

② 国家科委社会发展科技司编《联合国环境与发展会议文件汇编》，1992 年 7 月。

③ 龚育之：《简论新世纪科学普及的"十大关系"》，《江西财经大学学报》2001 年第 1 期。

科学、整合生命科学和纳米科学与技术等四个交叉学科；开设了整合科学、外国语言与外国历史等跨学科专业；精心设计了古典语文学、思想与社会、严复班、图灵班等跨学科项目，引导学生构建跨学科、跨专业、跨领域的知识体系，培养其创新潜能。近年来，北京大学交叉学科人才培养成效显著，在各个交叉学科平台上，共计587人获得博士学位，233人获得硕士学位，学生毕业后继续从事科研类、研发类工作的比例达到80%。

2020年11月，科技部下辖的国家自然科学基金委成立"交叉科学部"。随后，国务院学位委员会、教育部在2021年联合发布《关于设置"交叉学科"门类、"集成电路科学与工程"和"国家安全学"一级学科的通知》，明确设置"交叉学科"门类（门类代码为"14"）。2022年9月，国务院学位委员会、教育部发布的《研究生教育学科专业目录（2022年）》中，交叉学科作为一个门类正式"入驻"，下设集成电路科学与工程、国家安全学、设计学、遥感科学与技术、智能科学与技术、纳米科学与工程、区域国别学七个一级学科学位，另外设置了密码学一个专业学位。此外教育部赋予高校在备案过程中自行开设交叉学科的权力。比如，东南大学布局了一批"四新"专业和双学士学位项目，打造交叉学科专业群，制定"学科交叉与交叉学科人才培养专项行动计划"。中国药科大学推进以"药学+X"学科交叉为关键，涵盖化学药、中药、生物药、医疗器械、活体药物、数字药物等现代药物类型的"新药科"建设。南京邮电大学布局建设智能科学与技术、纳米科学与工程两个一级交叉学科和未来信息学科交叉中心。

（二）学术界在跨学科方面的探索

21世纪以来，我国先后涌现了众多带有跨学科特征的学会组织（含二级组织）、跨学科论坛。学术界正在促进跨学科交叉融合，推动边缘学科发展，共同助力我国跨学科通用人才的培养。例如，2021年，北京交叉科学学会、中国比较文学学会跨学科研究分会等跨学科学会成立。2021年，清华大学举办了"全球教育治理"跨学科研讨会；2022年，四川大学举行了"文学与经济跨学科研究"学术研讨会；2023年，华东政法大学主办了中国法学与新闻传播学跨学科前沿论坛。这些跨学科学会和论坛的涌现不仅是对我国跨学科人才培养政策的回应，更多的是顺应时代需求，促进学科交叉融合的主动举措，对我国学科融合发展具有重要的促进作用。在二级学会组织方面，中国人工智能学会于2014年成立了社会计算与社会智能专业委员会，研究领域主要涉及社会计算、人工智能、大数据与社会学、管理学、经济学、复杂性科学、传播学、数字人文、计算机科学等学科的交叉融合。旨在通过多学科交叉融合，以社会计算为方法论，以人工智能、大数据等信息技术为科学工具，构建"社会计算试验场"。"全国大数据与社会计算学术会议"是该专委会的品牌活动。此外，中国社会学会于2020年成立了计算社会学专委会。

（三）面向"百家争鸣"的一体两翼发展格局

当前应实现自先秦之后更高层次的学科再融合，重回"百家争鸣"时代。应淡化学科壁垒，让自然工程科学与哲学社会科学充分交叉融合，实现学术大繁荣、大激荡、大发展。当前"新工科""新文科"与"高考不区分文理"都是有益的尝试。

具体应推进"一体两翼"战略应先明确如下概念。

（1）何为一体？就是科学研究永恒追求的因果性与必然性。哲学社会科学和自然工程科学都是科学，都寻求真理即探寻自然界和人类社会的规律，不存在高低之分。人为划分成不同的学科门类，在特定阶段有其必要性，但已经不符合当今潮流。我们应当从科学研究的本质属性出发，回归追求真理的初心，采取问题导向的范式，破除学科壁垒，让哲学社会与自然工程科学共融发展。

（2）何为两翼？一翼是传承"工匠精神"继续发展自然工程科学。工匠曾让我国科技水平领先世界两千多年，留下了精益求精、不断创新的"工匠精神"。"工匠精神"是我国科学与技术事业不断发展的精神图腾。另一翼是弘扬"传统文化"，繁荣哲学社会科学，增强文化自信。习近平总书记在哲学社会科学工作座谈会上指出，"解决中国的问题，提出解决人类问题的中国方案，要坚持中国人的世界观、方法论"。中华优秀传统文化传承与创造性发展，将为全世界贡献"中国方案"。哲学社会科学历经先秦百家争鸣、秦汉经学、魏晋玄学、隋唐儒释道、宋明理学等多次繁荣，涌现大批思想家，已然成为中华民族的文化血脉和精神基因，需要薪火相传，更需要创造性发展。

在新时代，在更高的层面上，学科大融合、大交叉再次成为趋势，将会涌现一大批兼具士人与匠人双重属性的高端的学科复合型人才，他们是既懂社会科学、又懂自然科学的跨学科、通用型人才，推动人类文明的迭代与升级。

图书在版编目（CIP）数据

士人与匠人：历史视角下知识的分野与演变 / 吕鹏
著 . -- 北京：社会科学文献出版社，2024.8（2025.9 重印）. -- ISBN
978-7-5228-4183-0

Ⅰ . C12

中国国家版本馆 CIP 数据核字第 2024UP5405 号

士人与匠人：历史视角下知识的分野与演变

著　　者 / 吕　鹏

出 版 人 / 冀祥德
责任编辑 / 孙　瑜
责任印制 / 岳　阳

出　　版 / 社会科学文献出版社·群学分社　（010）59367002
　　　　　　地址：北京市北三环中路甲29号院华龙大厦　邮编：100029
　　　　　　网址：www.ssap.com.cn
发　　行 / 社会科学文献出版社（010）59367028
印　　装 / 唐山玺诚印务有限公司

规　　格 / 开本：787mm×1092mm　1/16
　　　　　　印张：15.25　字数：188千字
版　　次 / 2024年8月第1版　2025年9月第4次印刷
书　　号 / ISBN 978-7-5228-4183-0
定　　价 / 89.00元